Asei Ito
伊藤亜聖 ── 著

現代中国の産業集積
「世界の工場」とボトムアップ型経済発展

名古屋大学出版会

現代中国の産業集積

目　　次

序　章　「世界の工場」中国の形成と変動 ……… 1
　　　　　——課題と視角

1 はじめに　3
2 「世界の工場」中国の形成から変動へ　5
3 高止まりする雑貨製品の国際競争力　11
4 本書の視角と先行研究　17
5 本書の構成　25

第1章　体制移行と雑貨産業 ……… 29
　　　　　——供給不足から産業集積の形成へ

1 はじめに　31
2 計画経済体制下の雑貨産業　31
3 改革開放期の雑貨産業　43
4 小　括　50

第2章　闇市から雑貨の殿堂へ ……… 51
　　　　　——浙江省義烏市に見るボトムアップ型産業発展

1 はじめに　53
2 義烏産業集積の概況と先行研究　54
3 義烏システムの機能・構造と企業行動　62
4 義烏システムの機能の検証とグローバルな影響力　81
5 義烏システムの形成要因　87
6 小　括　97

第3章　郊外農村から照明器具の都へ ……… 105
　　　　　——広東省中山市古鎮鎮に見る近隣産業基盤の意義

1 はじめに　107
2 照明器具産業集積の概況と先行研究　108
3 産業集積における企業行動　121
4 産業集積の構造と機能　129

5　小　括——急速な形成と広域化　133
　　補足資料　138

第4章　「世界の工場」中国の再編 …………………………… 147
　　　——立地変化と事例研究

　　1　はじめに　149
　　2　産業立地変化のマクロ分析　150
　　3　分析モデルと利用するデータ　157
　　4　定量分析の結果　164
　　5　中国の産業立地の変化をどう見るか　168
　　6　小　括　178

終　章　「世界の工場」は終わるのか …………………………… 183
　　　——大国における産業集積の形成と再編

　　1　中国における産業集積の形成と変動　185
　　2　ボトムアップ型経済発展とは何か　188
　　3　国際競争力高止まりの背景　195
　　4　「世界の工場」中国の変動と展望　198

　参考文献　201
　あとがき　217
　図表一覧　222
　索　引　224

序　章

「世界の工場」中国の形成と変動
―― 課題と視角 ――

洋山港のコンテナ埠頭（*Eurobiz*, 19, March/April 2014 より）

1 はじめに

　本書の課題は，「世界の工場」と呼ばれるに至った中国製造業の発展過程を検討し，とりわけ2000年代後半以降になおも労働集約的製品の領域で高い国際競争力を維持してきた点を，雑貨産業の事例研究から検討を加えることである。

　中国の製造業の成長パターンに関しては，これまで藤本・新宅編著（2005），丸川（2007），今井・丁編著（2008），渡邉編著（2013）が主に産業組織の視角から分析を加えている。この結果，ミドル・ローエンド市場が分厚いという国内需要条件を前提として，垂直分裂した産業組織が生成され，これにより旺盛な企業参入が生じて急速な産業成長が実現される一方，製品品質面や効率面では一定の限界を内包してきたことが明らかになっている。「世界の工場」中国が1990年代から2000年代前半にかけて，いかに「形成」されたのか，そしてそれがどのような「特徴」を持っているかをめぐって，研究が進展してきたと言える。

　しかしながら，これらの研究蓄積は企業レベルの能力構築や産業レベルのキャッチアップに焦点を当てていることもあり，次の点についての議論が不十分であった。第一に，中国製造業は，沿海地域への集中立地が顕著であったために，産業集積と空間に関わる論点は多くの研究者の関心を集めてきたものの，中国製造業の競争力全般に関わる論点として十分に位置づけられてきたとは言えない。また第二に，「世界の工場」の「形成」と「特徴」に関する分析はされてきたものの，その「変動」に関わる研究は，まだ始まったばかりであり，2000年代後半以降の変化に関して実証分析を行う余地は大きい。そこで本書では，近年中国で観察される急激な賃金上昇という環境下で，とりわけこうした環境変化の影響を受けやすい労働集約的な産業の産業集積に注目することで，先行研究を補完しつつ，「世界の工場」中国の「形成」，「発展」に加えて，「変

動」をも視野に収めた分析を行う。

　本論に入る前に，本書のアプローチについて，その着想を含めて明記しておこう。途上国・新興国研究の領域では，1960年代から80年代のマクロな産業政策・キャッチアップ政策に関わる議論から，近年では企業レベルの能力構築を基礎とする，よりミクロな分析が重視されるようになってきている[1]。その一方で，2008年のリーマンショック以降，とりわけ重視される地域的分析対象はインドと中国という大国であり，ミクロな分析アプローチの隆盛と分析対象の巨大さのアンバランスをどのように考えてアプローチしていくのかは悩ましい問題である。より端的に言えば，日本経済を考えるうえでのトヨタ自動車（藤本，1997），韓国経済を考えるうえでのサムスン電子（吉岡，2010），台湾経済を考えるうえでのノートパソコンメーカー（川上，2012），こうした企業レベルの能力構築の視野から一国の産業競争力を見通すことは，大国中国では容易ではない。本書は，中国経済という巨大な対象を，「世界の工場」中国説を下敷きにしつつ，企業レベルの能力構築でも，産業レベルのキャッチアップでもなく，特に産業集積の視角から，その全体像をつかもうとする試みである[2]。

　以下，本章では，第2節で本書の基本的な問題意識を述べ，そのうえで第3節にてより具体的な分析対象と課題を設定する。続いて第4節では関連する先行研究を，特に日本の研究から多くの示唆を引き出す形で整理し，本書の視角を述べる。最後に，第5節にて本書の構成を述べるとともに，分析結果の全体像を先取りして示しておく。

---

1) 例えばアジア経済研究の変化については，個人の研究経緯の視点からは末廣他（2010）が，レビュー形式では絵所（2013）が参考になる。
2) 本書は現代中国研究の以下の3つのアプローチから影響を受けている。毛里（2011）は大きな仮説を提示したうえで，3つほどの事例研究からその仮説を検討するアプローチを提案している。中兼（2012）は開発経済学を念頭に，標準的なモデルで説明できる範囲と，中国特殊な範囲とを把握することによるアプローチを試みている。産業研究では駒形（2011）やBreznitz and Murphree（2011）に見られるように，主要地域をいくつか取り上げることで全体像を描き出そうとするアプローチが参考になる。

2 「世界の工場」中国の形成から変動へ

1）改革開放と「世界の工場」中国の形成

　中国経済の急成長のきっかけとなった市場経済化改革を中心とする改革開放政策は，1980 年代の農業改革，計画統制の緩和，そして国有企業改革から開始された。1988 年には「沿海地区発展戦略」が趙紫陽総書記（当時）によって提起され，毛沢東時代の内陸重視の発展戦略からの脱却が鮮明となる（岡部，1989，第五章；加藤，1997）。「沿海地区発展戦略」は労働力が豊富だという中国が持つ最大の比較優位を，プラザ合意を契機とする東アジアでの直接投資ブームの中で発揮しようとする対外開放戦略とリンクしており，1989 年の天安門事件の影響を受けたものの，沿海部主導の輸出指向型工業化の重要な契機となった（丸山，1993a）。

　その後，1990 年代以降，沿海部を中心に，非国営企業（民営・集団所有制企業，外資企業）を主体とした成経済長が加速する。Chen and Feng（2000）は 1978 年から 89 年の省レベルのデータをもとに，この期間に中国のどのような地域の成長率が高くなる傾向があったかを分析しているが，その結果，国外貿易が盛んな地域では成長率が高まり，また国有企業の生産額が多い地域では成長率が低下することを報告している。外資企業の受け入れのみならず，鄧小平が「予想外であった」と評価した沿海部の農村立地企業（郷鎮企業）の急成長もあり，1990 年代以降には沿海部への産業の集中が加速していた。Fan and Scott（2003）が 2000 年のデータを基に明らかにしているように，この時期には労働集約的産業で産業の集中立地傾向が観察され，また地域の産業構造が特定の産業に特化した地域ほど経済成長率が高くなる傾向が観察された。丸山（1993b）は 1993 年の時点で上海の浦東開発計画を念頭に，この時期の経済成長の潮流を以下のように印象的に展望している[3]。

3）2013 年夏に上海が自由貿易区として指定されたが，こうした展開も歴史的な視野の下に位置づける必要があるだろう。

今や改革・開放に触発された各地域のエネルギーは内陸から沿海へ，沿海から海外へと東に向かいつつある。モノ，ヒト，カネの流れは沿海の各経済圏の拠点都市に集中しつつあり，いずれ渤海湾周辺から広東沿岸に至る東部臨海工業ベルト地帯が形成されていくであろう。

その後，「東部臨海工業ベルト地帯」なる概念は生まれなかった。しかし丸山の予感は，2001年，中国のWTO（世界貿易機関）加盟を次なる契機として的中することとなった。中小企業も含めた外資の活発な中国進出を経て，この頃から中国は「世界の工場」と呼ばれ始めることとなったのである。「世界の工場＝中国」なる呼び名は，事実上，中国沿海部に集中的に形成された製造業を総称する言葉だったと評価できる。中国はそれまでの東アジア諸国とはけた違いの人口と国内市場を抱え，膨大な外国直接投資を集めることで，瞬く間にアパレルや雑貨などの労働集約的な製品から，より先端的とされた家電製品やパーソナルコンピュータまでを生産・輸出し始めた。この状況を踏まえて，「世界の工場」中国なる把握は，まず日本の主要紙や雑誌で用いられ，そしてこの日本発の用語は全世界に伝播していった[4]。

---

4) あまり知られていないことだが，「世界の工場」中国というキーワードは日本発の言葉である。日本国内でこの用語が一般に流布するうえで重要なきっかけとなったのは『日経ビジネス』2000年11月27日号「気が付けば中国は世界の工場　日本は呑み込まれる」であったと言われている。この後，『日経ビジネス』2001年10月15日号「翔ぶ「世界の工場」中国」，『週刊ダイヤモンド』2001年11月3日号「世界の工場　世紀の市場　沸騰する中国」が続いた。「世界の工場」が中国を意味する言葉として新聞各紙（『日本経済新聞』，『読売新聞』，『朝日新聞』）に登場する回数を数えてみても，2000年の6回から，2002年には165回となり，この時期に流布した言葉であることがわかる。英語圏で影響力を持った記事としては，*Financial Times* の2003年12月24日記事 "A Merry Christmas — thanks to China : The Chinese make most of the presents and paraphernalia" が挙げられる。「世界の工場」中国をキーワードとした研究書であるZhang, ed.（2006）やGao（2012）は，中国を「世界の工場」と呼び始めたのは日本人で，それも経済産業省の白書あるいはレポートにおいて初めて登場したと認識しており，中国の場合にも，新華社はXinhua News Agency（2004）にて同様の認識を示している。なお，中国では「世界の工場」中国は，当時高まりつつあった中国脅威論と対になる概念だと受け止められ，社会科学院を中心に，否定的な見解が主流を占めた。この点については，呂（2001），『人民日報』2002年12月20日記事「"世界工廠論"的誤導」，中国社会科学院工業経済研究所（2003）p. 23参照。

確認しておくべきことは，中国の登場によってそれまでの東アジアで観察されてきた産業間の国際分業関係が崩れ，新たな国際分業パターンが観察され始めたことである。1990年代後半から2000年代初頭の中国の製造業の状況を，黒田（2001）は雁行型モデル[5]を念頭に以下のように描写していた。幅広い品目で，中国を最終組み立て地として全世界に輸出するような，これまでに見られなかったパターンが観察されつつあったのである[6]。

中国はその得意分野を次々と拡大し，周辺国から企業を，世界から投資を吸い寄せていく。雁行型モデルを前提に話すならば，こうした状況を周辺国の目から見ると，これまで整然と飛んできた雁の群が大きく乱されるということになろう。しかもやっかいなことに，急に現れたこの鳥は，中国の伝説上の怪鳥「鵬（おおとり）」の如く巨大で，前に向けては得意分野を次々と飲み込み，高度な製品や研究開発分野までカバーしていく一方，後ろに向けても低コスト生産力を一向に失わず，後続の雁（例えばベトナム，ミャンマー）にいつまでたってもバトンタッチをしない[7]。

換言すれば，中国製造業の台頭により，それまでアジアで観察されてきた製品別・産業別の国際分業体制が大きく崩れることとなったのである。中国が先に持続的な経済成長を開始していたASEAN（東南アジア諸国連合）諸国を追い越す形で幅広い品目の輸出競争力を確保した理由については，①毛沢東時代以来の工業化の遺産，②中国の経済規模の大きさ，③積極的な産業・技術振興政

---

[5] ここでは戦後の東アジアにおいて，日本を先頭とした工業化が，順次後発国に伝播していき，地域の経済発展が輸出産業の連鎖とその結果としての産業間分業にとって成り立つ状況を指す。先進国はより資本集約的な製品を生産・輸出し，途上国はより労働集約的な製品を生産・輸出することとなる。Akamatsu（1962）および小島（2003）参照。

[6] 類似した指摘として，『通商白書』2001年版，第一章は東アジアの雁行型モデルの限界を指摘している。「世界の工場」中国の登場が雁行型モデルを壊した，とも言え，絵所（2013）にも同種の指摘が見られる。この点については，産業内貿易の増加（木村，2009；若杉，2009；天野，2005；エスカット・猪俣編著，2011），新興国の産業政策の変化（末廣，2005），貿易協定や地域統合の進展（浦田・三浦，2012）などの要因も指摘されている。

[7] 黒田（2001）p. 213 より。

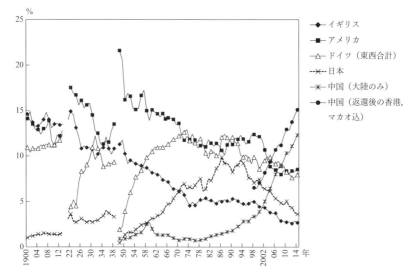

図序-1　主要国の工業製品輸出額の世界シェア推移（1900〜2014年）

出所：1960年までは UN Comtrade，それ以降は WTO データベースより作成。

策，④国内における産業集積とフラグメンテーションの発生，⑤外国直接投資の多さと近隣諸国からの技術導入のチャンネルの多さ（中兼，2012，pp. 145-147；末廣，2003，pp. 125-127）といった中国および近隣諸国の要因のほかに，とりわけエレクトロニクス製品において生じた主要部品の組み合わせによる製造方法の普及（モジュラー化）による後発国企業および産業のキャッチアップの前倒し（延岡・伊藤・森田，2006；新宅，2009）といった要因もあった。また実際には，2000年代半ば以降に中国において労賃の急上昇と労働力不足が指摘され始め，近年ではベトナムやミャンマーへと新規投資が流れ込む状況が生まれており，必ずしも上記の見立て通りに事態は進展していない。

しかし，図序-1の通り，中国の工業製品輸出額は2000年代以降急伸し，賃金上昇が顕著となる2008年前後にアメリカとドイツを抜いて世界一となった。周知の通り，中国の膨大な輸出のうち，特に電子機器製品は多くの国外部品を活用しており，東アジアの生産ネットワークの最終組み立て地として中国を見ることが可能である。このような観点から見た場合，アジア全体を工場（Factory Asia）と捉えて，その一部に中国が位置づけられることになる。しかし，この時期に，アパレル製品や玩具に代表される労働集約的製品のみならず，電子機器製品においても中国が輸出拠点として輸出額を増加させ，中国国内での部品調達が拡大していったことも確認されている[8]。幅広い輸出品目に加えて，世界最大の生産額と輸出額を誇り，また国内での付加価値額を増加させつつあるという意味においても，中国は「世界の工場」としての立場を強めていたのである。アジア内における相互貿易の深化が重要な論点であることは疑いないが，同時に，中国国内においてどのように産業が成長し，また競争力を高めていったのかについても注目する意義は大きい。

2）「世界の工場」中国の特徴と変動

そこで，「中国製造業はどのように形成・発展したのか。いかに先進国にキャッチアップしたのか。またその特徴と限界をどう評価できるか」という課題をめぐって，2000年代以降に多くの研究が蓄積されてきた（藤本・新宅編著，2005；丸川，2007；今井・丁編著，2008；渡邉編著，2013）。現在では，中国の産業組織が垂直分裂的であり，それゆえに新規参入企業が多く，量的拡大の速度が速い一方で，製品品質のレベルでの限界性や，過剰生産の頻発といった問題も抱えていることが，一定のコンセンサスとなりつつある。

例えば，丸川（2007）は家電産業，携帯電話産業，自動車産業を取り上げ，中国においては，かつて日本企業を特徴づけたハードウェアからソフトウェアの開発と製造，そして完成品の販売までをも自社内で行う「垂直統合」とは異なり，各社が特定事業範囲に特化する「垂直分裂」的産業組織が形成されたこ

---

[8] OECD-WTO が公表した貿易額に含まれる付加価値比率のデータ（OECD-WTO TiVA データ）によれば，中国の輸出額に占める国内付加価値比率は2005年の63.9％から09年の71.5％に上昇している（直接，間接，再輸入を含む国内付加価値比率で算出）。電気製品・光学製品では2005年時点では国内付加価値比率は51.1％とほぼ付加価値の半額が海外に由来していたが，2009年には同指標は62.5％に上昇している。テキスタイルおよびその製品，皮革，靴製品では，81.0％（2005年）から85.2％（2009年）へ，木材加工，製紙，紙製品，印刷出版業では63.7％（2005年）から71.1％（2009年）などとなっており，業種により水準は異なるが，2000年代後半に国内付加価値比率の上昇が起きていたことが確認できる。

とを指摘した。この結果，とりわけ最終製品分野では組み立て生産による量的な急成長が実現されると同時に，製品の同質化も生じるために価格が下落する，というパターンが多様な産業で観察された。中国国内のミドル・ローエンド需要にはこのレベルの製品が適合的であるため，垂直統合的なシステムのもとで相対的に高コストかつ高品質な製品を供給する日系企業のシェアは低下することになった。直近の成果である渡邉編著（2013）も，中国製造業発展の基本的特徴を，「垂直分裂」的な産業組織による「旺盛な新規参入」と総括し，個別産業の事例から検討を加えたうえで，さらにエネルギー，食糧，労働といった投入コストが安く抑えられた要因にまで分析の視野を広げている。渡邉編著（2013）では基本的特徴が確認された一方で，近年の変化についても各所で言及しており，今後さらに近年の変化を視野に入れた分析も重要であることが指摘されている。

そして「世界の工場」という用語の流布から11年余が経過し，上記のような環境変化を背景として，2012年に「世界の工場」中国の時代が「終わる」と一部メディアで指摘され始めたことは，興味深い認識の変化だと言える。その代表例は『日経ビジネス』2012年1月16日号であり，以下のように述べる[9]。

　広大な工場に捨て去られた運動靴と作業服。廃墟と化した東莞市（広東省）の工場は，つい最近までウォルマートなど世界的な格安店に向けて，運動靴を大量生産していた。出稼ぎ労働者を使って，安価な製品を作る……。そんな中国の「世界の工場」が終焉を迎える。「一人っ子政策」の導入から30年余，労働力不足が深刻化し，世界に中国製品をばらまく成長モデルが崩れる。だが，それは「中国経済の終焉」ではない。むしろ，より強力な生産大国が姿を現す。出稼ぎ労働者に頼った人海戦術は，精密なロボットが並ぶ最新鋭工場に変貌する。その時，日本企業は撤退するしかないのか。

確かに2000年代後半以降，中国産業はその産業立地，輸出のパターン，そ

9）『日経ビジネス』2012年1月16日号特集記事「「世界の工場」が終わる　中国が迎える大転換」より。なお，同誌は2013年5月13日号で「メコン地域＝2020年の世界の工場」説へと舵を切っている。

して製造業の設備投資額などの面でも大きな変化の只中にある。先に引用した丸山（1993b）が感じ取った「内陸から沿海へ」と流れるエネルギーはむしろ逆流しつつあるのであろうか。また黒田（2001）が怪鳥「鵬（おおとり）」に見立てた中国が呑み込んできた産業や工程は，どのような変化を遂げつつあるのであろうか。2010年代以降はすでに「ポスト世界の工場」時代，つまり2000年代の中国産業とは著しく異なる特徴を持つに至ったのであろうか。中国製造業に関する先行研究の多くが，その「形成・発展」と「特徴」について産業組織の視角から焦点を当ててきたこともあり，2000年代後半以降の変化を視野に入れた中国の産業研究はいまだ蓄積が薄い状況にある。そこで本書は，怪鳥「鵬」とまで呼ばれた中国製造業を，その形成期のみならず，2000年代後半以降の変化にも目を向けて分析を加える。

3　高止まりする雑貨製品の国際競争力

1）高止まりする中国の国際競争力

　本書では，中国製造業の中でも，分析の対象を一部に限定することで，より踏み込んだ検討を加える。

　まず確認しておくべきことは，表序-1で示されるように主要な労働集約的製品と，通信機器製品で中国は高いシェアを2000年代後半以降にも維持している事実である。例えば，2010年時点で旅行用品，アパレル製品，靴，家具といった分野では，中国製品は全世界の輸入の30％を超えるシェアを有しており，リーマンショック後になお高い競争力を示すと同時に，通信機器の分野でもテレビを除けば軒並み40％を超えるシェアを維持している[10]。「世界の工場」という言葉は定義が不明確な言葉であるが，暫定的な定義として①工業生

[10) ここで言うシェアとは，全世界の輸入額に占めるシェアである。なお，国連統計における労働集約的製品はSITC rev. 3の611-613, 633-635, 641, 642, 651-659, 661-666, 821, 831, 841-846, 848, 851, 894，以上の34製品を指す。統計上，本カテゴリーの正式名称は「労働集約的および資源依存的製品」であるが，事実上，労働集約的製品と捉えることができる。

表序-1　中国および各国・地域の労働集約的製品の世界シェア（1995～2014年）

a）各国・地域の労働集約的製品輸出額の世界シェア　　　　　　　　　　　　　　（%）

年	1995	2000	2005	2010	2014
中国	13.5	17.6	25.0	31.7	31.7
インド	1.9	2.1	2.4	2.9	3.2
ASEAN	6.8	7.7	6.8	7.7	8.8
中南米	3.7	5.4	4.8	3.8	3.6
サブサハラアフリカ	0.7	0.8	0.7	0.7	0.7

b）中国の個別品目で見た輸出額世界シェア　　　　　　　　　　　　　　　　　（%）

年	1995	2000	2005	2010	2014
皮革製品	3.0	5.9	13.4	11.1	10.5
コルク，ベニヤ，木材製品	4.2	7.6	12.5	19.4	21.6
紙製品	1.3	2.4	4.3	7.0	9.3
繊維	10.0	12.3	21.0	28.9	32.9
石灰・セメント用品，ガラス製品，陶器製品	5.9	9.2	14.4	20.2	22.7
家具	6.7	14.9	26.7	34.0	33.6
旅行用品，バッグ	46.7	54.1	59.7	59.9	52.0
アパレル製品	21.7	25.4	34.8	43.0	39.2
靴	34.0	41.4	46.3	49.8	45.0

注：全世界の輸入に占める各項目のシェアを示した。ここで労働集約的製品の分類はUNCTAD（国際貿易開発会議）の区分に従った。
出所：UNCTAD データベースより作成。

産額あるいは輸出額が世界一である，なおかつ②幅広い品目（労働集約的製品から資本集約的製品）で高い輸出競争力と国際市場でのシェアを持つ状況を指すと考えれば，まさに 2000 年代は「世界の工場」中国が形成された時期であった。旅行用品・バッグとアパレル製品では 2010 年から 14 年にかけて，シェアの減少が目立つが，引き続き大きなシェアを占めている。

　表序-1 に示されている中国の労働集約的産業の競争力の高さについては，一般に，まず安価な労働力を最大の武器として成長してきたことが指摘されるだろう。つまり，「中国経済は発展途上であるため賃金が安く，このために労働集約的製品の競争力が高い」という理解である。中国が低賃金を強みとして

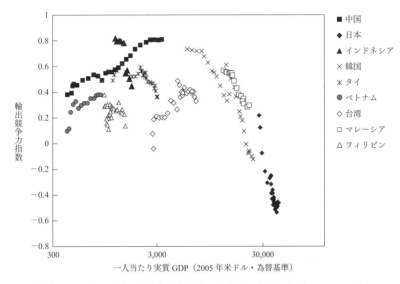

図序-2 アジア諸国の労働集約的製品の輸出特化指数推移（1985〜2011年）

注1：輸出特化係数は（輸出額－輸入額）／（輸出額＋輸入額）で算出。
 2：データの制限から中国は1987〜2011年，インドネシアは2003〜11年，ベトナムは1997〜2010年，台湾は1996〜2011年である。
出所：表序-1に同じ。

きたことは否定できないが，それは労働集約的産業の発展の必要条件であるものの，十分条件ではない。1985年から2011年の期間について東アジア諸国の労働集約的製品の輸出特化係数と一人当たりGDP（国内総生産）の関係を見たものが図序-2である[11]。ここで輸出特化係数は当該品目の輸出額と輸入額の差を，輸出入総額で割ることで算出しており，輸出のみで輸入が皆無の場合には1となり，その逆の場合には－1となる。この図から東アジアにおいては労働集約的製品の輸出競争力は，経済成長の初期の段階では高まり，先進国化するに伴って低下する逆U字の傾向が見て取れる[12]。中国の0.8という水準は，

---

11) 高中（2000）の方法を参考に，横軸を年ではなく，一人当たりGDPに変更して作図した。
12) なお，同様の図を世界222カ国のデータを用いてプロットするとほぼ無相関となる。労働集約的製品の輸出特化係数を被説明変数とし，説明変数に一人当たりGDPと一人当たりGDPの二乗を用いて回帰分析を行うと，クロスセクションでの決定係数は，東ア

輸出額と輸入額の比率が9対1の状況を意味しており，すでに中国がインドネシア，タイを一人当たりGDPで追い抜いたにもかかわらず，より高い競争力を示していることがわかる。Milberg and Winkler（2010）も指摘し，また表序-1にも示される通り，リーマンショック後にも中国は労働集約的品目におけるシェアを総じて拡大している。また，Greenaway et al.（2008）では，2000年代初頭以降，ASEAN諸国は中国製造業の急成長を前に，中国への機械関連部材輸出による恩恵を受けつつも，競合する労働集約的品目では負の影響を受けたとの評価を示している。中国の国際競争力の高さを「賃金の安い発展途上国だから強い」という一般論で片づけることはできず，またこの中国の高い輸出競争力はアジア，あるいは新興国にも影響を与える現象なのである[13]。

中国の労働集約的産業の規模について，2010年のデータを整理したものが表序-2である。中国の労働集約的産業は過去20年間，生産額としては拡大しつつも，全鉱工業に占める比率を低下させてきた。しかし紡織・アパレル産業と雑貨産業を合計すると，2010年時点でも依然として全鉱工業企業数の21.3％，同雇用人数の21.8％，同生産額の10.7％，同輸出額の19.4％を占めている。一定規模以上の工業企業を対象とするデータではあるが，雇用規模は両産業合計で2,000万人に達する。すでに表序-1で確認した通り，2000年代に中国はこの種の製品で世界シェアを高めており，産業全体としての規模を維持しながら，国際競争力を高めていた。次に，表序-3から集計可能な雑貨について生産量を整理してみると，その圧倒的な規模が理解できる。例えば，2000年時点で中国の革靴の生産量は約15億足であったが，2010年には40億足を突破している。鉛筆の生産量は2000年には，67億本，2010年には180億本に

　ジアでは0.601，その他208カ国では0.003，パネル推計では東アジア諸国が0.451，その他208カ国では0.036となる。安価な賃金水準は輸出工業化の可能性をもたらすが，それが実現される保証はない。無論，この点については労働分配率を含めた検討や賃金水準を見る必要もあるが，他の東アジア諸国とそれほど変わらない賃金であるにもかかわらず，なぜこれほどの競争力の差が生じるのかに注目する必要があるだろう。

13）このほかに，大西編著（2006），Blazquez-Lidoy et al.（2006），Gallagher et al.（2008）が類似した分析を加えている。中国製造業，特に労働集約的産業の発展が他国に与える影響を念頭に置くと，中国においてこれらの産業の有力産業集積がどのような状況にあるかを検討することは有意義であろう。

表序-2　中国の労働集約的産業の概況（2010年）

	企業数（社）	従業員数（万人）	総生産額（億元）	輸出額（億元）	固定資産（億元）	資本労働比率（万元）	輸出比率（％）
全鉱工業総計	452,872	9544.7	698,590.5	89,910.1	211,217.9	22.1	12.9
紡績紡織・アパレルと雑貨産業合計	96,593	2080.4	74,675.0	17,471.0	13,303.7	6.4	23.4
紡績紡織・アパレルと雑貨工業総計の対全鉱工業シェア（％）	21.3	21.8	10.7	19.4	6.3	—	—
紡績紡織・アパレル産業合計（A＋B）	51,931	1094.3	40,839.2	7,965.2	8,068.2	7.4	19.5
紡績紡織・アパレル産業総計の対全工業シェア（％）	11	11	6	9	4		
(A)紡績紡織業	33,384	647.3	28,507.9	4,620.5	6,276.7	9.7	16.2
(B)アパレル・靴・帽子製造業	18,547	447.0	12,331.2	3,344.6	1,791.5	4.0	27.1
雑貨工業総計（C〜N）	44,662	986.1	33,835.8	9,505.8	5,235.5	5.3	28.1
「雑貨」工業総計の対全鉱工業シェア（％）	9.9	10.3	4.8	10.6	2.5	—	—
(C)皮革・毛皮・羽毛および同製品製造業	8,854	276.4	7,897.5	2,311.6	963.8	3.5	29.3
(D)木・竹・藤・棕櫚・草製品製造業	2,039	26.4	927.1	214.1	140.5	5.3	23.1
(E)家具製造業	5,934	111.7	4,414.8	1,203.2	741.8	6.6	27.3
(F)文化・教育・スポーツ用品製造業	4,827	128.1	3,135.4	1,358.2	517.6	4.0	43.3
(G)日用化学製品製造業	1,848	33.9	2,746.6	206.0	439.6	13.0	7.5
(H)日用プラスチック製品製造業	2,980	47.7	1,632.0	585.8	297.9	6.2	35.9
(I)日用ガラス製品および保温容器製造業	1,340	30.6	1,089.1	111.5	269.2	8.8	10.2
(J)陶器製品製造業	2,424	61.4	1,909.5	401.6	394.1	6.4	21.0
(K)金属製日用品製造業	2,934	47.9	2,055.6	528.6	344.0	7.2	25.7
(L)時計・眼鏡製造業	819	23.4	411.9	205.4	96.8	4.1	49.9
(M)照明器具製造業	3,442	70.1	2,500.0	824.0	381.0	5.4	33.0
(N)工芸美術品・日用雑品製造業	7,221	128.6	5,116.3	1,555.8	649.2	5.0	30.4

注1：すべての国有企業と年間営業収入500万元以上の非国有企業が対象である。
　2：金額はすべて当年価格。
　3：資本労働比率は従業員一人当たりの固定資産額（償却済）。
　4：輸出比率は生産額に占める輸出額の比率。
　5：集計業種の番号は，紡績（17--），アパレル（18--），皮革関連（19--），木材製品（20--），家具（21--），文化・教育・スポーツ用品（24--），日用化学製品（267-），日用プラスチック製品（308-），日用ガラス製品および保温容器（3145, 3146），陶器（315-），日用金属製品（348-），時計・眼鏡（413-, 4142），照明器具（397-），工芸美術品・日用雑品（421-, 422-）である。
出所：『中国軽工業年鑑』2011年版，『中国工業経済統計年鑑』2011年版より作成。

表序-3　一部雑貨製品の生産量推移および主要生産地域（1980〜2010年）

年	日用陶器（億個）	ガラス製保温容器（億個）	革靴（億足）	鉛筆（億本）	照明器具（億個）	メガネ（億個）	傘（億本）
1980	34.56	1.38	1.57	29.44	—	—	0.49
1985	36.36	1.76	2.31	34.25	0.45	—	0.49
1990	52.73	1.91	4.38	44.57	1.14	—	0.78
1995	95.57	2.97	28.47	104.62	18.21	6.46	—
2000	67.59	3.1	14.68	67.45	7.99	4.47	1.13
2005	99.05	2.89	25.25	103.93	9.15	6.7	5.51
2010	271.24	5.7	41.93	180.5	22.76	6.46	10.52

2010年上位3省の生産量

	日用陶器	ガラス製保温容器	革靴	鉛筆	照明器具	メガネ	傘
1位 シェア（%）	湖南省 88.36	湖南省 2.24	広東省 12.17	浙江省 40.2	広東省 10.06	浙江省 3.47	福建省 5.56
2位 シェア（%）	広東省 48.44	安徽省 0.73	福建省 11.43	上海市 36.1	浙江省 7.32	広東省 1.53	浙江省 4.01
3位 シェア（%）	江西省 40.68	重慶市 0.7	浙江省 10.92	山東省 30.9	上海市 1.71	福建省 1.16	広東省 0.45
合計シェア（%）	65.4	64.4	82.3	59.4	83.9	95.4	95.2

出所：《中国軽工業輝煌60年》編輯弁公室編（2009）および『中国軽工業年鑑』2011年版より作成。

達した。また，これらの品目の生産の地理的集中も顕著である。革靴を例にとると，広東省，福建省，浙江省がそれぞれ10億足以上ずつ生産しており，これら3省で生産量の82.3％を占めている。こうした事実は意外に知られておらず，中国の労働集約的産業はその高い競争力が自明とされるがゆえに，その規模に見合うほどには分析が進展してこなかったとも言えそうである。

2）雑貨産業に注目する意義

　以上のように，中国の労働集約的な製造業は，沿海部に集中的に立地し，なおかつ世界市場で高い競争力を維持してきたことがわかる。本書では，これらの産業のうちで，特に日常生活に必要な様々な消費財を生産している雑貨産業に注目し，分析を加えていくが，これは以下の理由による。

　第一に，労働集約的産業の中でも，紡織・アパレル産業に比べて，雑貨製品

はより多様な品目を含み，その生産には多様な部材（金属，プラスチック，ガラス，陶器，電子機器）を必要とする。そのため，雑貨産業の事例から，より幅広い関連産業との連関を検討することが可能である。

第二に，多様な製品の産地は，日本においても地域経済の担い手として長い期間存続している事例が少なくない。中国のそれぞれの地域経済の歴史を踏まえ，より長期的に観察するうえで，事例として雑貨産業に注目することは有効なアプローチであろう。

第三に，労働集約的産業，そして雑貨産業はアジアの工業化の波の先端に位置してきたが，「世界の工場」中国の時代以降に，この工業化の波はどのような形になりうるのであろうか。換言すれば，中国の沿海部に世界最大規模の産業集積が多数形成されて以降，労働集約的産業の移転はどのようなパターンとなりうるのだろうか。

このような観点から，本書では，日用雑貨製品の製造業に注目して事例研究を行う。

4　本書の視角と先行研究

1）担い手としての民営企業

中国の雑貨産業を取り上げて事例研究を行ううえで，本書では以下の3つの視点を重視して分析を加えていく。

第一に，中国の雑貨産業の発展が，主に民営企業によってけん引されてきたことを重視する。東アジア諸国の工業化過程では，外資企業と国有企業といった担い手の違いは重要な論点であり（末廣，2014），中国の場合，計画経済体制からの移行の中で，民営企業と外資企業が経済成長をけん引してきた（大橋・丸川，2009）。表序-4は紡織・アパレル産業と雑貨産業について，各所有形態別の生産額の推移を見たものである。両産業は総額で見てほぼ同額であるだけでなく，そのシェア構成の変化も類似している。2003年の時点では，紡織・アパレル産業では民営企業の生産額は3,189億元（28.6％），雑貨産業では

表序-4　紡織・アパレルと雑貨産業の生産額推移（2003〜10年）

1）紡織・アパレル産業
(億元)

年	2003	2004	2005	2006	2007	2008	2009	2010
合　計	11,150	14,351	17,647	21,475	26,334	30,829	33,416	40,839
国有企業	652	483	485	427	445	435	372	420
集団所有制企業	949	668	742	737	750	415	420	475
株式合作企業	383	243	239	249	275	198	187	252
聯営企業	785	844	1,052	1,166	1,240	1,249	1,276	1,593
民営企業	3,189	5,036	6,592	8,779	11,185	14,697	17,460	20,707
外資企業	3,417	4,730	5,492	6,526	7,891	8,849	9,173	10,699
その他企業	1,775	2,347	3,045	3,591	4,548	4,986	4,528	6,694

2）雑貨製造業

年	2003	2004	2005	2006	2007	2008	2009	2010
合　計	9,555	12,140	14,940	18,407	23,780	28,948	32,296	40,360
国有企業	256	191	250	239	202	195	194	287
集団所有制企業	722	434	467	436	490	421	478	493
株式合作企業	217	163	169	165	191	155	159	159
聯営企業	424	391	441	512	614	814	931	1,077
民営企業	2,600	3,521	4,787	6,544	9,199	12,467	14,900	19,166
外資企業	4,461	6,052	7,096	8,452	10,213	11,423	11,544	13,976
その他企業	874	1,388	1,730	2,060	2,871	3,473	4,090	5,202

注：表序-2の注5の分類で集計。外資企業は香港，マカオ，台湾系を含む。
出所：ミシガン大学 China Data Center データベースより作成。

2,600億元（27.2％）にすぎず，外資企業は民営企業を上回る生産額を記録していた。ところが2010年までに，両産業においてこの関係は逆転し，紡織・アパレル産業では同業種生産額の50.7％を民営企業が占め，雑貨産業でも同シェアは47.5％に達した[14]。この間の対前年比の生産額増減を見ても，2000年代のこれら労働集約的産業の成長を支えたのは民営企業であった[15]。外資企

---

14) 中国の統計区分上，「民営企業」は外資企業を含まない概念である。本書では，以下，「民営企業」という用語を用いるがこれも，同様に外資企業を含まない，地場の民営企業を意味するものとして用いる。
15) リーマンショックの影響が外資企業と民営企業とでは全く異なることは注目に値する。これは民営企業が中国国内市場と新興国市場への販売を担っていることによると考えられる。

業の生産額シェアが高いことは否定できないが，外資がこの部門の成長を主導した時代は1990年代までであり，「外資主導」という従来のイメージから2000年代以降の中国産業を見ることには，すでに限界が生まれている[16]。

中国経済における各類型企業の位置づけをめぐっては，共産党の指揮系統および国有巨大企業が決定的に重要だと見る「国家資本主義（State Capitalism）」論と，無数の民営企業家の活動とその企業家精神の発露こそが核心だと見る「大衆資本主義（Mass Capitalism）」論との間に見解の差があるものの（加藤・渡邉・大橋，2013；丸川，2013），労働集約的な産業では国有企業のシェアはすでに低いため，民営企業の持続的な成長が重要な論点となる。ただしここで重要な点は，本書の事例研究で検討を加える通り，民営企業の成長環境を整えるうえで，地元政府が大きな役割を果たしたことである。本書の結論部では，地域産業集積の視点から上記の論争への筆者の考察を加えることとする。

2）産業集積と広大な空間の役割

第二に注目するのは，すでに指摘したように，特定地域に生産が集中する現象，すなわち産業集積が形成されてきたことと，もう一方で中国が広大な国土を持つ点である。

紡織・アパレルと雑貨産業について，二大デルタ地域（上海市・江蘇省・浙江省，広東省）の生産額シェアによると，紡織・アパレル産業と雑貨産業ともに，2000年代後半に二大デルタ地域のシェアが低下しているものの，2010年

---

[16] 産業政策の中での労働集約的産業の位置づけも指摘しておこう。有力な研究機関である中国社会科学院工業経済研究所のメンバーが執筆した中国社会科学院工業経済研究所課題組（2010）や，金・呂・鄭（2011）は，中国が依然として最大の比較優位とするのは豊富な労働力であるとし，その比較優位は弱まりつつあるものの，引き続き労働集約的産業の発展が必要であるとの見解を示している。また，工業情報化部の苗部長は2012年3月8日，中央テレビで「米国が製造業の回帰を唱え，ベトナムなどの東南アジアの労働力コストが中国よりも低く，中国製造業は前に狼，後ろに虎がいる局面にいる。中国製造業の今後の発展趨勢を考えるうえで，高・新技術産業の企業発展とともに，労働集約型産業を忘れることはできない」と現状認識を示し，特に雇用面の貢献の大きさにも触れて，労働集約的産業の役割について注意を促している（中国広播網2012年3月8日記事「工信部：不能放松対労働密集型産業扶持」より）。

時点で依然としておおよそ半分の生産が沿海部のデルタ地域で行われていることが確認できる。産業によってばらつきはあるが，労働集約的産業における二大デルタの生産シェアは全鉱業平均よりも総じて高く，また同時にその比率の低下幅も比較的大きい。中国国内での特定地域への産業集中と，近年の立地変化傾向が示されている。

それでは分析に先立って，関連先行研究からどのような示唆が得られるであろうか。まず，ここで確認しておきたいのは，現在の中国のような急速な発展過程にある経済において，産業集積をどのように分析すると効果的か，という点である。

産業集積の研究は，アルフレッド・マーシャルを源流としつつ，多様なアプローチでの研究が蓄積されてきているが[17]，現在の中国のようにダイナミックな経済成長の過程にある事例を考えるうえで示唆に富む先行研究は，高度成長期以降の日本経済と製造業の変化を分析したものである。Fujita and Tabuchi (1997) は，空間経済学を土台としたマクロな分析を行っており，高度成長期以降に東京・大阪を二大中心とする産業集積が，近隣地域に拡張しつつより広域な工業地帯（太平洋ベルト）を形成し，1970年代以降には国内遠隔地と国外

---

[17] 理論面で大別すれば，帰納的な方法で産業集積にアプローチし，同一産業が集中することによって生じる様々なメリットに注目したマーシャルの議論と，より演繹的な方法でアプローチし，産業が集積することによる費用の節約に注目したアルフレッド・ウェーバーの議論があった（松原，2006，第四章）。近年の実証研究では，生産者の収穫逓増と消費者の製品バラエティへの選好を想定する空間経済学や新しい経済地理学のフレームも登場している。国際労働移動を想定しない国際経済学のフレームとは異なり，空間経済学の理論では，労働者と企業の移動を前提としていることから，一国内での企業と人口分布の変化を理解するのに適している。重要な仮定は，消費者のバラエティへの嗜好（love of variety）と，生産者の規模の経済（economies of scale）である。この結果，前方連関効果（労働者が効用の大きな都市へと移動する）と後方連関効果（企業が市場が大きいところへと移動する）によって産業集積が生じる。ただし都市部での製品バラエティの増加という正の集積効果と，もう一方での投入コストの増加（混雑効果）という負の効果も発生するため，初期時点でのわずかな市場規模の差異が，集積力（agglomeration force）をもたらし，その後の特定地域における累積的な成長と産業集中が起きるものの，次第に発生する混雑コストにより分散力（dispersion force）も生じ，産業性質にもよるが，一般に過度の集中は持続できない（藤田・クルーグマン・ベナブルズ，2000；佐藤・田渕・山本，2011；Puga, 1999；Puga and Venables, 1996）。

を含めた分工場の設置も見られたが，経済活動の知識集約化の進展に伴い，1990年代には東京への一極集中構造に至ったと総括している。同論文では，長期にわたるマクロな産業立地の変化を跡付けたうえで，日本の主要エレクトロニクスメーカーの本社機能，試作工場，量産工場の分布についても分析している。それによると，東京と大阪に本社機能が集中する一方で，量産工場が国内遠隔地に立地していたが，1980年以降，国内工場は試作機能に重点が置かれ，量産工場の拡張は国外に向かっていたことにも言及している[18]。

これに対して，渡辺（1997）は，中核地域に位置する機械産業集積，とりわけ東京都大田区の機能に注目し，高度成長期以降の日本における環境変化のもとで，産業集積がいかに機能し，またいかに変化しつつあったかについて，踏み込んだ事例分析を加えている。そこで強調されているのは，大田区が相対的に高い土地価格と量産発注が減少した市場環境のもとで，工業集積全体として多様な種類の少量生産あるいは単品生産を担い，なおかつ高度な技術を必要とするような需要に，迅速かつ相対的に低コストで対応するという「独自の機能」を持つに至った点である。その背景には，中堅機械メーカー，高度な特定加工に特化した中小企業群，そしてさらに零細な加工企業群が存在し，また特定親企業からの発注にのみ依存するのではない，多角的な取引関係の展開があった[19]。

---

18) このほかに，Fujita et al.（2004）は日本の事例と中国の経験を比較しながら分析している。なお，Mano and Otsuka（2000）も1960年から80年を対象に日本の産業立地変化の要因を定量的に検討し，既存産業集積地の成長率が低く，産業立地が拡散傾向にあることを見出している。この点については園部・大塚（2004）の第三章も参照。これらの結果は，「経済地理学」の分野での発見とも整合的で，例えば西岡・松橋（1990）は，高度成長期から1980年代にかけて生じた日本国内での工業の「地方分散」を綿密に分析し，東北と山陰地域がその主たる受入地域であったことを指摘している。

19) 渡辺（1997）p.203より。同書，pp.288-289には高度成長期以降から1990年代初頭までの日本国内での機械産業の変化について以下のような総括がある。即ち，「インフラストラクチャー整備と大都市圏工業集積地域の一般的立地条件の顕著な悪化は，国内地域分業構造を大きく変化させた。中でも，国内で最も機械工業が集積し，多様な部門の数多くの製品（完成品・部品）メーカーが存立し，地域内で山脈構造型社会的分業構造を形成していた京浜地域が，影響を最も激しく受けた。一般的立地条件の悪化により，京浜地域の製品メーカーは，量産工場を中心に京浜地域外の周辺地域へと工場立地を展開した。この際重要なのは，京浜地域の生産機能が全面的に地域外に移転したのではな

このように，Fujita and Tabuchi（1997）では長期にわたるマクロな産業立地を全体として把握するために，地域別の産業構造を分析していき，徐々にミクロな企業レベルの機能の立地にまで議論が展開していったのに対して，渡辺（1997）は逆に，定性的な個別の産業集積の機能分析からスタートし，産業集積を他地域と同質の当該産業の集中立地と捉えるのではなく，生産・加工能力や，受発注関係の面で，特徴ある企業群の集まりだと捉えつつ，そこから日本機械工業のマクロな全体像を描いた。日本の高度成長期以降の産業発展を，立地と産業集積の視角から1997年の時点で総括したこの2つの研究は，アプローチは違えども，経済発展過程における一国のマクロな産業立地とミクロな企業行動を一貫して理解するうえで，重要な示唆を与える具体的な先行研究だと言える。中国という国土が広く，急速な経済発展を経験してきた地域での産業集積を分析する際にも，上記のようなマクロな全体像と，ミクロな産業集積と企業の具体的な姿をともに理解することが極めて重要であろう[20]。

3）労働集約的産業の歴史的発展

　そして第三に，本書では各々の地域の産業集積がとりわけ改革開放期に入って以降に，それぞれの地域の歴史的な要因を活用した形で発展を遂げたことに注目する。日本の場合，新潟県・燕三条の金属関連産地の形成には，江戸時代以来の和釘・きせる製造の伝統と製品の転換があったとされ，また福井県・鯖

　　く，量産機能を中心とした特定機能だけが周辺地域に転出し，他の生産機能は京浜地域内に残っただけではなく，京浜地域内で拡大したことである」。
20）日本の経験は示唆に富むが，1970年代までは国際化が限定的であったこともあり，グローバリゼーションが進展した1990年代から2000年代に多くの産業集積を形成した中国とは大きく異なる環境にあったことも明らかである。グローバル化の中での新興国の産業集積の位置づけを考えるうえでは，国際価値連鎖（Global Value Chain）論が，近年後発国の工業化を，企業のレベルでの能力構築と付加価値創出活動の取り組みに注目して分析しており，参照できる（Gereffi et al., 2001；川上，2007；小池，2010）。このアプローチは，いかに後発国の企業が国際化市場の中で成長を実現できるのかについて，もっぱら取引関係と付加価値創出の取り組みに焦点を当てている。これらの研究では産業集積の役割についてはあまり言及されていないが，グローバル化した市場環境下で，中国のローカルな産業集積の中の地場企業がどのように成長してきたかを検討することは有意義であろう。

江のメガネフレーム産地の場合には農閑期の副業として大阪からのメガネ加工を請け負った歴史的な契機があったとされる[21]。技術的な伝統のみならず，地理的要因もそれぞれの地域産業の形成に大きなインパクトを与えていると考えられる。現代中国の産業集積の場合，その多くが 1980 年代以来，すなわち改革開放期の農村工業化と深く連関しているが，それ以前の計画経済期からの連続性・非連続性に加えて，地理的には沿海部の優位性と国内市場の大きさという論点も加わる。

改革開放期中国の農村工業化を担った郷鎮企業を分析した Lin and Yang (2001) は，地理的な条件のほかに，改革開始時点での現地の国有企業の比率が低い方が，その後の現地農村工業化が進む傾向を報告しており，沿海部での民営セクター主導の工業化のメカニズムを報告している。また Naughton (1995) は，郷鎮企業が一般に国有企業に比べて圧倒的に労働集約的な投入構造を持っていたこと，そしてそれが中国の要素賦存に適合的であるゆえに効率的な組織となっていたことを指摘している。このような一般的な特徴に加えて，例えば費孝通は 1985 年の段階で，蘇南地域（長江デルタの江蘇省の南部）での計画経済期の集団所有制企業（人民公社に属する社隊企業）の基礎とその意味について，各地域の条件の違いに注目して次のように指摘していた[22]。

> 農民が工業をやるとき，地方ごとに条件と基礎が異なるため，多くの異なる方法がとられる。中国の地方は広大で，各地の条件は異なり，農民が豊かになろうとするとき，各地の異なる条件に依拠していかなければならず，多くの異なるモデルを創り出す。蘇南農村は社隊企業制度が取り消される以前

---

21) 日本における産地の形成，産地内の取引構造，そして高度成長期における変動については山崎（1977）が参考になる。1990 年代以降の日本産地の構造変化については，中小企業研究センター編（2001）や渡辺編著（2007）参照。

22) 改革開放初期の基層レベルでの地域経済調査が，ブロニスワフ・マリノフスキーの弟子にあたり，「中華民族多元一体論」で知られる社会人類学者・費孝通によっても刺激され，またその分析が中国の地方ごとの発展パターンの違いを把握するうえで大変効果的であった事実は見逃せない。今日から見て，こうした類型化を批判し，更新することはたやすいが，むしろいま問われるべきは，なぜこうした社会人類学的考察がかくも有効であったのか，という点であろう。

に，すでに企業が存在し，農民は自ら蓄積してきた集団的資金を用いて工場を興した。社隊企業の基礎のない地方で「蘇南モデル」を学んで企業を興すことは難しい。集団的な蓄積がないためだ。(中略) 社隊企業期に工業が発展しなかった温州では農民が別の方法を思いついた。彼らは温州の条件のもとで，「家庭工業」を主体とする経済モデルを発展させたのだ[23]

つまりマクロに見れば，「沿海部で非国有経済主体の成長が観察された」のは改革開放期の特徴であったものの，その実態は，1970年代までの基層レベルの発展パターンの影響を受け，地域ごとに異なる特徴を伴うものであった。とりわけ有名な沿海部の3つの地域の発展パターンは例えば次のように要約されている。

「蘇南モデル」とは，大都市近郊という地理的条件に恵まれ，集団所有制郷鎮企業を主体とする農村経済発展の一類型であり，江蘇省南部（蘇州，常州，無錫）を典型地域とする。「珠江モデル」とは，外資導入と委託加工型貿易に依拠する農村経済発展の一類型であり，珠江デルタを典型地域とする。そして「温州モデル」とは，地場の非公有制経営体を主体とし，主に国内市場に依拠して成長を実現した農村経済発展の一類型であり，浙江省温州市を典型地域とする[24]。

これらの議論は，その後に多くの実証研究によって拡充され，また一部修正がなされたものの，改革開放期の地域経済発展，ひいては産業集積の発展を考えるうえでの土台となった把握であった。例えば，温州地域については，史・金・趙・羅編著（2002）や盛・鄭（2004）が，地域において民営の中小企業こそが地域発展の主体であったことを示し，また市場経済志向の制度と，現地における専門卸売市場の存在によって産業集積が形成されたことを，定性調査から跡付けている[25]。珠江デルタ地域については，2000年代に入り，中山大学

---

23) 1985年10月18日の南開大学社会学系座談会での発言（費，1999, pp. 340-346「従"江村"到"温州模式"」より）。
24) 駒形（2004）より。
25) 邦文の関連する成果としては，丸川（2001），駒形（2005），丸川編著（2009），林

が「改革開放30年広東専業鎮発展案例研究叢書」を出版し，個別の産業集積の事例について掘り下げた分析を加えている[26]。その結果，温州に比べて外資企業の直接・間接の貢献が大きいことが確認される一方で，やはり現地の民営中小企業が主要な担い手となって形成された産業集積が多いことも確認されており，「珠江デルタモデル」からイメージされる外資主導というパターンに一定の修正が必要なことも判明している。これらの研究は，マクロな分析から指摘されている「沿海部の民営企業が中国経済の成長をけん引した」という大きなストーリーを確認するとともに，特に地域ごとの特徴の違いを実証的に理解するうえで欠かせない資料を提供していると評価できる。これに加えて，それぞれの地域に形成された地域産業の特徴の違いが，どのようにその後の発展パターンや，ひいては環境変化への異なる対応として現れるかは，興味深い論点ともなる。

以上のように，本書では世界市場で高い競争力を維持する中国雑貨産業に注目し，国内の歴史と市場環境に対応した独自の発展パターンを切り開いてきた担い手として，民営企業と産業集積に注目して分析を加える。

5　本書の構成

本書の構成は次の通りである。

第1章では，中国の雑貨産業の系譜を歴史的に遡り，1950年代から70年代までの計画経済期にどのような体制の下に位置づけられ，またどのような課題を抱えていたのかを整理する。計画経済の時代には重工業化が目指されていたため，雑貨製品の生産は軽視され，一般に日用消費財は供給不足の状況に置かれていた。改革開放期に入ると，この不足の市場は，特に沿海部の民営企業が

(2009)，『社会科学研究』63巻2号「特集　中国沿海部の産業集積」，『三田学会雑誌』96巻4号「小特集：移行期・中国における市場形成・制度改革・産業発展──「温州モデル」を中心に」，同誌105巻3号「特集：中国産業論の帰納法的展開」が挙げられる。

26) この他にはWang, Jun（2009），Barbieri et al.（2010），大橋（2009），丸川編著（2009）が広東省の専業鎮の事例を取り上げている。

生産に参入することによって解消されていくことになった。第1章の後半では改革開放以降に産業集積の形成が顕著であった，浙江省と広東省の主要な産業集積の概況についても言及する。

第2章と第3章では，よりミクロな視角からケーススタディを実施する。ここでは地域産業の発展をより歴史的に検討し，地方政府の産業政策や企業家の行動にまで踏み込んだ検討を加える。第2章では汎長江デルタに含まれる，浙江省義烏市の雑貨商工業集積を取り上げる。中国の軽工業領域で最も知られている産業集積が，単なる工業集積ではなく，むしろ商業を全面に押し出している点は，改革開放期の産業集積形成の特徴を考えるうえで示唆に富む。特に卸売市場の開放性やネットワーク，そして生産組織の多様性に注目して分析を加え，特色ある産業集積の形成が，どのようにボトムアップに展開したのかを検討する。

第3章では，南方の珠江デルタに位置する，広東省中山市古鎮鎮の照明器具産業集積を取り上げる。本事例からは，近隣に多数の集積地があるという，重層的な経済空間の意味が，多様な部品の調達の面や，企業の流動性といった面から顕著に確認される。またこの分析から，中国の代表的産業集積において，現地政府の積極的な介入のもとで，多様な品種を安価に提供するための供給体制が地理的な広がりとサプライチェーンを背景として形成されたことを明らかにする。

第4章では「世界の工場」の変化に着目し，産業立地の変化をデータと事例から検討する。まず各省各産業の成長の要因を検討することで，産業立地の再編が2004年以降，どのような要因によって生じているかを探り，2000年代に中国国内での産業移転ともう一方での集積効果が同時に観察されることを示す。また追加的な事例から，産業立地の変化に関わる地域政策や貿易パターンへの影響も検討する。

終章では本書の結論を述べる。結論を先取りして言うならば，2000年代の中国の労働集約的産業の競争力の高止まりは，産業集積の観点から見ると，中国が国土として，また市場として大国であることを前提として，沿海部の主要産業集積における供給能力の拡充が起きたことと，集積地を基点とした分業の

再編と空間的広域化が生じたことによってもたらされていた，と総括できる。賃金上昇の環境下において，沿海部の主要産業集積は製品バラエティの拡充を，国内の各種関連集積地との産業連関と空間的な重層性を前提として実現していたが，同時により労働集約的な工程と品目については国内で投入コストがより低い地域からの供給と加工が進展していた。こうした対応が幅広い品目での高い国際競争力の維持につながっていたと考えられ，さらに中国製造業の内部での構造調整と変化を伴うことで，「世界の工場」が2000年初頭の姿とは大きく異なる性質を持つに至る可能性を指摘する。

　以上の分析を通じ，本書は二つの仮説的な視角を提案する。その第一は，改革開放期中国の産業集積が各地の草の根の企業家と地方政府の協働によって形成され，ボトムアップ型の経済発展と呼ぶべき特徴を持っていた点である。そして第二に，2000年代後半以降に生じている，有力産業集積を起点としたダイナミックな再編が持続することで，「世界の工場」中国がバージョン 2.0 へと更新される可能性を指摘する。今後の中国経済の展望を得るうえで，これらの視角が何らかの手がかりを提供できればと考えている。

第 1 章

体制移行と雑貨産業
―― 供給不足から産業集積の形成へ ――

1982 年，初代義烏市場の様子（銭江晩報 2009 年 9 月 9 日記事「浙江義烏改革開放後商業奇跡成長記録」より）

1 はじめに

　本章では，世界市場で高い競争力を維持してきた中国の雑貨産業の系譜を，歴史的に遡り，改革開放の時代に当該産業がどのように位置づけられ，またいかなる制約を受けていたのかを検討する。中華人民共和国建国後の最初の30年間にあたる計画経済期に，雑貨産業がどのような制度環境と需給状況に置かれていたのかを検討することを通して，改革開放期に生じた新興産地の形成の背景を理解することができるだろう。本章後半では改革開放期の経済改革の流れを確認したうえで，沿海部の，特に浙江省と広東省に形成された主要な産業集積の現状についても概観する。

2 計画経済体制下の雑貨産業

1）計画期の雑貨と雑貨産業――周辺に位置づけられた雑貨産業

　中国の近代工業化は，清末から中華民国期にまで遡るが，この時期には上海を中心とした軽工業化が進展した。1933年と1947年の都市部における工業立地を見ると上海への集中が顕著であり，特に1947年には工場数と従業員数の両面で，都市部工業のおよそ6割が上海に集中していた[1]。一方で，主に農村部における副業と個人経営として成り立ち，機械化されていない手工業部門では，日常生活に必要とされる消費財を生産しており，在来綿業やその他の靴下編み，わら帽子製造などの零細手工業が広く存在した[2]。民国期工業は開港地・都市を中心に点として成長を始めた近代工業と，農村を基盤として面とし

---

1) 厳編（1955）p.106 より。
2) 在来綿業については中井（1996），瀬戸林（2012），1900年代から30年代のその他の手工業については，弁納（2004）第六章参照。

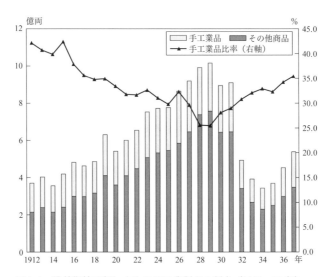

図 1-1　戦前期輸出額に占める手工業製品の割合（1912～37年）

注：ここでは手工業製品以外の輸出品目を「その他商品」としてある。
出所：彭編（1957）p. 816 より作成。

て広がった在来的な手工業が併存していたと考えられる。戦前期に，零細規模の手工業製品が果たしていた役割は，当時の全輸出に占める手工業製品（シルク，土布，絨毯，靴下，縄，網，紙，餅，帽子，傘など67品目の合計）の比率を見ることでわかる。図 1-1 は1912年から37年までの輸出額の推移と，その内訳を示したものである。1920年代から30年代の輸出拡大期に，手工業製品の比率は下がっていたものの，輸出額全体の3割程度を占めており，手工業製品の比率の高さを指摘できる。

　抗日戦争と国共内戦を経て，1949年に中華人民共和国が成立したのち，こうした手工業生産が再び安定的に成長するようになるのには，かなりの時間を要した。1950年代と1960年代には政治的運動の余波を大きく受けたためである。社会主義への移行は建国当初，時間がかかるものと想定されていたため，人民共和国建国後の数年は「過渡期」と呼ばれ，個人経営を含める多様な所有形態の企業が併存していた。しかし朝鮮戦争を筆頭とする厳しい国際環境を背景として，1953年以降に社会主義計画経済が実施されるようになると，軽工

業よりも重工業が，沿海部よりも内陸部の発展が重視され，また大躍進運動に見られるような政治運動が展開された[3]。実際には，時期によっては，軽工業の発展が政策的に模索された時期もあったものの，国家財政の投資額から見て，ほぼ一貫して重工業の発展が最重要課題となっていた[4]。ここで中国の計画経済の重要な一側面は，中央政府の管理が相対的に見て「緩い」計画体制であったことである。端的には，中央政府の国家計画委員会が管理を行う生産財の品目数が，ソヴィエト連邦との対比において圧倒的に少ないという点が挙げられる。それゆえに，Naughton（2006）pp. 61-62 は中国の計画経済を「集権化の程度が低い（less centralized）」と呼び，中兼（1999）pp. 200-203 は「緩い集権制（slackly centralized system）」と呼んでいる[5]。

雑貨産業に関わる分野では，まず1955年の社会主義改造運動は，農業集団化，工商業の公私合営化，手工業の共同経営化を「三大改造」として実施し，これによって各地の手工業が共同経営化され，1952年から57年のわずか5年間に全国で466.7万人の手工業経営者が集団化されることとなった[6]。手工業合作化の対象は，農業副業と個人経営による日用雑貨の生産であり，原料調達と製品販売は「手工業供銷小組」によって，生産と加工は「手工業生産小組」と呼ばれる集団経営主体によって管理される体制へと変化した。

---

3) 重工業化路線を比較優位無視の発展戦略であったと評価する代表的な研究としては林・蔡・李（1997）参照。
4) 田島（2002）参照。
5) なお，Naughton（1995）pp. 38-46 ではこの点について，より詳しく検討されている。また中兼（1990）は計画経済期の集団農業について「中国の集権体制のもとでは，末端においては無統制，無規律といった，集権制とはまったく逆の動きをしばしば許容してきたし，それが体制全体を維持するための安全弁として機能していた」と，その無規律性を指摘している。また田島（2002）は計画期の経済開発がソ連に比べて地方レベルにおける分権的，分散的性格を持っていたと指摘している。また久保（2009）の「中国社会主義の一つの特徴は，ソ連東欧諸国に比べて計画性がきわめて乏しい社会主義だったことである」という評価，Qian and Xu（1993）における decentralized system との評価も参照。
6) 手工業部門の96.4％の企業が独立採算性の集団所有制企業，わずか3.6％が国有企業であったことから，手工業は工業分野の中で，特に分権的セクターであったとされる。手工業合作化については，中華全国手工業合作総社・中共中央党史研究室編（1992），天児慧他編『岩波現代中国事典』岩波書店，1999年参照。

この社会主義改造によって在来手工業は計画経済の管理体制の中に位置づけられることとなり，管理部門の変遷を経ながら，「手工業管理総局」あるいは「第二軽工業部」系統によって管理された[7]。1965年に設立された第二軽工業部を例にとると，同部が管轄する「手工業」には，プラスチック製品，皮革および同製品，金物（日常・工具・建築用を含む），家具，灯具，服・靴・帽子，文具・スポーツ用品，工芸美術品，竹・籐・草製品，家庭用電器，日用雑品，衡器などの各種製造業が含まれており，多様な雑貨製品製造業が含まれていたことがわかる。換言すれば，中華人民共和国成立当時に存在した，雑貨工業の大部分が計画経済の「手工業」と「二軽工業」に位置づけられ，管理されることとなったのである。

　ここで指摘しておくべきことは，雑貨製品が政策上は「三類商品」，一般には「小商品」と呼ばれ，計画経済体制の中での優先順位が低い財として位置づけられていたことである[8]。中央の国務院が直接管理を行う「一類商品」，中央の省庁にあたる各工業部が管理を行う「二類商品」に対して，「小商品」とは国家計画委員会の資料によれば，「我が国商業の慣用句で，その意味するところの境界線はあまり厳格ではなく，過去には一般に非計画商品あるいは三類

---

7) 第一軽工業部が比較的規模の大きな軽工業，例えば紙，たばこ，自転車，ミシンの生産を管轄した一方で，第二軽工業部はより雑多な日用消費財を管轄した。なお紡績工業はこれらとは別に管理された。

8) 計画経済期の財管理システムは，まず「物資」と呼ばれる生産財（物資局系統）の管理と，「商品」と呼ばれる消費財（都市は商業部系統，農村は供銷社系統）の管理に大きく分かれた。生産財の中でも，より重要な生産財は「統配物資」と呼ばれ，この中には鋼材，有色金属，木材，セメントなどが含まれ，国家の計画策定の際に最も重要視された。消費財を意味する「商品」についても，3つのレベルで管理がなされ，最重要な「一類商品」は国務院商業部の各専門公司管轄とされ，国家が統一買い付け，統一販売を実施した。この中には穀物，食用油，綿花，綿糸，ガソリン，重油，潤滑油などが含まれ，国務院商業部管轄の各専門公司が商品分野ごとに管理を行った。次に，「二類商品」は国務院の関係部門が管理する重要消費財で，生きた豚，卵，たけのこ，茶葉，ミシン，自転車，一部薬品などが含まれた。そして，「三類商品」と呼ばれた商品群には，上記2種類以外のすべての商品，例えば日用雑貨（原文では「小百貨」）や，主要産地のものでないドライフルーツ，調味料などが含まれ，生産が分散的な地元製品を指し，国務院の一部管理と，輸出あるいは特別な必要のあるものを除き地方政府が管理した。事実上，多くの消費財，特に雑貨と呼ばれるような財の多くは，この「三類商品」に含まれていたことになる。

表 1-1　計画経済期の第二軽工業の概況（1957〜78 年）

年	企業数（万社）			従業員数（万人）			平均規模（人）		
	工業企業全体	うち二軽工業企業	二軽工業比率(%)	工業企業全体	うち二軽工業企業	二軽工業比率(%)	工業企業全体	非二軽工業	二軽工業企業
1957	17.0	10.6	62.6	1,022	491.9	48.1	60.1	83.3	46.2
1962	19.7	11.5	58.2	1,596	411.7	25.8	81.0	143.9	35.9
1965	15.8	9.6	60.8	1,743	443.4	25.4	110.3	210.0	46.1
1970	19.5	9.7	49.8	2,575	602.3	23.4	132.1	201.7	62.0
1975	26.3	12.9	48.9	3,754	923.3	24.6	142.7	210.6	71.8
1978	34.8	5.9	16.9	4,354	684.3	15.7	125.1	126.9	116.4

出所：中華全国手工業合作総社・中共中央党史研究室編（1994）pp. 799-800.

商品を指し，例えば特産品，水産品，食品，百貨品，金属製品などがそれにあたる」とされる。その他の資料によっても，類似の指摘が見られ，雑貨製品は一般に地方政府が管理を行う体制に位置づけられていた[9]。表 1-1 は 1957 年から 78 年までの第二軽工業の規模を示しているが，企業数と従業員数の両面で，計画経済が実施された期間中に一貫して第二軽工業が工業全体に占める比率は下がっており，労働集約的な雑貨産業の発展が相対的に遅れたことが確認できる。

　以上のように，計画経済期において，雑貨産業は社会主義改造によって「手工業，二軽工業」系統の管轄となり，財としての雑貨製品は「三類商品，小商品」として位置づけられることとなった。ここで重要な点は，すでに確認した

---

[9] 国家計画委員会市場物価司編（1993）「小商品批発市場」の項目（p. 813）より。馬編（1982）p. 294 の説明では「一類商品と二類商品を「中央管理商品」，三類商品を「地方管理商品」と呼んだ。また実務上，一類・二類商品と三類商品のうちで地方計画に含まれるものを「計画商品」，三類商品のうちで地方計画に含まれないものを「非計画商品」と呼んだ」とされる。また，郭主編（1986）では，「小商品」は「我が国商業の慣用句。一般に生産が分散的で，品種が多く，価格が比較的安く，かつ国家の計画に組み込みにくい商品。おおよそ①「小百貨」，例えば哺乳瓶，ボタン，くし，石鹸置きなど，②「小文化用品」，例えば鉛筆削り，消しゴム，筆箱，毛筆など，③「小針織品」，例えば靴紐，石油ランプの芯，ゴムバンド，レースなど，④民間用「小五金」製品，例えば縫い針，指貫，とめピン，ヘアピンなど，⑤日用「小雑品」，例えば鍋の蓋，ブラシ，洗濯板，ほうき，まな板，⑥民間用「小交電」製品，例えば止め金，ドアノブ，紐のスイッチなどを含む。このほかに，いくつかの「小農具」，「小食品」，「小化学工業品」，「小土産（特産品）」，「小水産」なども含む」とされる。

中国の「緩い」計画体制の中で，雑貨産業と雑貨製品がその体制の「周辺」に位置づけられ，生産のために必要な原料の供給も滞る状況に置かれ，経営面でも「自力更生」が求められたことである。

2）計画経済期の雑貨産業の諸特徴——不安定性と不足，そして技術の普及

1980年代以降の改革開放期における雑貨産業の継続的な拡大との対比において，計画経済期の特徴としては，第一に生産活動の不安定性，第二に産業立地の変動に明確な傾向がない点，そして第三に製品の深刻な不足があった点を指摘できる。

第一の生産活動の不安定性は，1950年代末の大躍進運動や，1966年以降の文化大革命といった政治運動の影響を受けることで生じた。大躍進運動期には農村において鉄鋼の生産が推奨され，農業や手工業に従事していた人々までもが動員されることにより生産活動が低迷した。大躍進運動が終息した1960年代の初頭には，農村の自由市場での商品の売買が認められるなど，規制緩和措置が採られることによって多くの品目で生産量が拡大したが，文化大革命期に入ると，自由市場での売買は資本主義的な活動と見なされ，再び生産活動が低迷した。

図1-2は，1952年以降の30年間について，継続的にデータが得られる雑貨製品の生産量を1952年の生産量を1として示したものである。革靴の場合には，大躍進運動終結後の落ち込みが大きく，ピンポン玉の場合には，大躍進運動の時期と文化大革命の時期の両方で落ち込みが激しい。このように製品によって生産量の推移のパターンは異なり，それぞれの業種における状況には差があったものの，総じて1950年代と1960年代までの生産量の変動に比べると，同じく計画経済期の中でも1970年代は持続的な生産の拡大が生じていたことがわかる。現代における中国の農村工業化を考える際，一般には1980年代以降に注目が集まるが，Bramall（2007）に見られるように，1970年代の成長と，毛沢東期の遺産に注目する視点もまた説得的である。単純な比較はできないが，計画期における1970年代の持続的な成長は，1930年代以来の成長であり，農村工業の復興という意味で1970年代が持つ意味は小さくない。

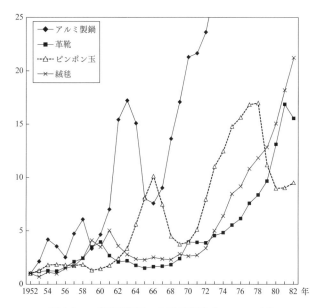

図 1-2　一部雑貨製品の生産量推移（1952〜82 年）

注：1952 年の生産量を 1 とする指数。ここでは期間中に全データを得られる品目のみを示した。
出所：軽工業部（1983）pp. 74-81 より作成。

　第二に指摘できることは，計画経済期に，雑貨産業の立地の変化には明確な傾向がなかったことである。表 1-2 は，多くの雑貨産業を含む，第二軽工業の 1952 年から 89 年にかけての地域別の生産額シェアを示したものである。まず，計画経済体制が本格化する以前の 1952 年時点では，二大デルタ地域（上海市・江蘇省・浙江省，広東省）のシェアは 27.4％であったが，その後，1962 年にかけては増加，1970 年には一転して減少するなど，1978 年までシェアの動向は一定しない[10]。計画経済期に雑貨産業において有力な新規産地の形成や成長がほとんど観察されなかった一方で，後述するように，改革開放期には，沿海部を中心に多数の新興雑貨産地が形成されることとなる。1978 年以降には二大

10）計画経済期の産業立地については Wu（1967）と尾上（1971）の研究がある。

表 1-2　第二軽工業生産額の分布（沿海部のみ抜粋，1952～89 年）

(%)

年	1952	1962	1970	1978	1982	1989
北　京	1.8	6.5	5.4	2.7	3.8	2.1
天　津	1.6	7.4	5.9	3.9	4.4	2.4
河　北	5.8		4.0	3.8	3.4	2.9
山　東	6.3	5.7	8.5	8.8	6.8	9.6
江　蘇	11.6	6.4	6.9	6.5	8.1	9.8
上　海	3.1	10.8	8.6	10.5	10.0	5.1
浙　江	5.1	4.5	4.2	5.6	7.1	10.1
福　建	2.2	1.7	1.5	2.3	2.5	3.5
広　東	7.6	8.9	9.1	7.8	8.7	12.7
沿海部	45.1	51.7	54.1	51.9	54.8	58.2
二大デルタ	27.4	30.5	28.8	30.3	33.9	37.7

注：1962 年の天津と河北は合計値のみ得られた。
出所：1952 年から 82 年は軽工業部（1983）pp. 46-47 より，1989 年は陳・叢編（1990）pp. 18-19 より作成。

デルタを見ても，沿海部の合計で見ても，第二軽工業生産額に占めるシェアは継続的に上昇した。この時期には，第二軽工業系統には含まれない，個人企業や郷鎮企業が特に沿海部で創業・成長することから，実質的には雑貨製品の生産の面で，沿海部への集中度はさらに高かったものと推測される。

　第三に，指摘しておくべきことは，計画経済期を通じて雑貨供給の不足と生産組織の問題が度々指摘されていた点である。計画経済期には一貫して，中央政府の第二軽工業・手工業関連部門や『人民日報』から，雑貨製品の供給不足に関する関連文書が発信されていた。特に社会主義集団化運動後，大躍進運動後，そして文革期の3つの時期には雑貨供給不足が深刻化し，多くの政策性文書が発信された。例えば1959年に始まった大躍進運動後の状況を「全国手工業合作総社滙報提綱」（1959年5月29日）は，下記のように指摘していた。

　　目下，突出している問題は，小百貨，小金属製品など各種の小製品が深刻に品切れとなり，社会の需要に見合わないことである。服を作るのに襟ボタンとボタンが買えず，靴を修理するのに「糧票」（靴の釘）が必要で，竹の生産が盛んな江西と福建で竹製のベッドと板が買えない。浙江省温州市では

死者のための棺が買えず，結婚してもベッドが買えない等の状況が生まれ，市場の需給は非常に緊張している。

このように問題を指摘したうえで，その原因として，第一に雑貨生産のための原材料供給が不足している，第二に人民公社の工廠において雑貨生産が重視されず，停産か減産となっている，第三に鉄鋼生産に労働力が動員され，雑貨生産の労働力が不足している，第四に流通商業の管理が厳しく，農民が自ら販売できず，生産の積極性が削がれている，第五に管理部門は目立つ製品のみに注力し，細かな製品の管理ができていない，第六に手工業聯社と工業部門が合併後，軽工業部門の任務が重く，目が行き届かない，という6点を挙げている。ここで指摘されている6つの原因のうち，第三の鉄鋼生産増ゆえの労働者不足は，大躍進運動の終息に伴い，指摘されなくなるものの，そのほかの5つの要因は計画経済期にほぼ一貫して指摘され続けた問題である。そして，第一の原料不足は，雑貨生産が生産財一般や一類・二類商品よりも計画生産の中で優先順位が低いという計画経済体制の中の雑貨の位置づけに加えて，多様な日用雑貨の生産に必要となる各種の原料の調達を政府部門が統括しきれない，という雑貨生産が持つ特性にも起因していたと考えることができる[11]。

3）浙江省と広東省の状況

より具体的な状況を理解するために，民国期から手工業の発達した地域であった浙江省と広東省が，計画経済期に置かれた状況を確認しておこう。1952年から57年に本格化した社会主義集団化運動により，浙江省では全国で最大規模の79.5万人の手工業者が集団化され，広東省は江蘇省に続く規模である40.3万人が集団化された[12]。この間，浙江省の総企業数は1952年の26.7万

---

11) 哈爾浜市のデータによれば，1966年から70年に生じた338件の第二軽工業部門での生産停止・減産の原因の過半が原料の不足と部材の欠如によって生じていた。さらに，省外から流通する雑貨品目数が6,316種類減少し，これは同時期に現地で生じた雑貨品種減少の9割を占めた（中華全国手工業合作総社・中共中央党史研究室編，1994, pp. 475-479より）。計画経済期には生産機能に加えて省間の流通機能も低下していた。改革開放後に生産と流通の両面で新たな担い手と流通ルートが形成される背景には，このような計画体制の限界があった。

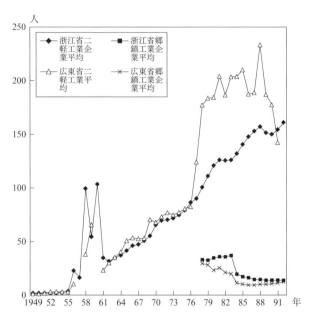

図 1-3　浙江省と広東省における第二軽工業企業と郷鎮工業企業の平均従業員数（1949〜92 年）

出所：浙江省二軽工業志編纂委員会編（1998）pp. 670-671, pp. 679-681,『広東省　二軽（手）工業志』pp. 603-604,『中国郷鎮企業統計資料』1978-2002 年, pp. 29-31, pp. 79-81 より作成。

社から 1962 年の 8,905 社にまで急減しており，生産組織に劇的な変化が生じていた。図 1-3 は，1949 年以降の第二軽工業系統企業の平均従業員規模を示したものである。図から明らかな通り，社会主義集団化される以前には，手工業と呼ばれた領域における平均的な従業員規模は 2 名に満たず，零細規模あるいは個人単位での製造が主流であった。1955 年以降，特に 1950 年後半には急速な集団化が実施され，これによりそれまで零細規模での生産を行ってきた手工業者が平均で見て 50 名から，時には 100 名の規模に組織化されることとなった。すでに述べた，計画期の雑貨不足の要因の一つであった組織上の問題とは，急速に進められた生産組織の規模化に起因していたと考えられる。

---

12) 軽工業部（1983）pp. 66-67 より。

図 1-3 には，1978 年以降については農村に立地する郷鎮工業企業の平均的な規模も示してある。郷鎮企業の設立が加速する 1980 年代半ば以降には平均規模が下がっており，1985 年時点で，浙江省の郷鎮工業規模の平均規模は 17.2 名，広東省は 10.2 名であった。第二軽工業のデータには都市の立地企業も含まれ，一方で郷鎮工業のデータは軽工業分野は限られないため，第二軽工業企業と郷鎮工業企業を直接比較することはできないが，社会主義計画経済体制の中に位置づけられた雑貨工業企業に対して，改革開放期に大量に生まれた郷鎮企業はより小規模であったことは確かであろう。人民共和国成立当初に存在した農村零細工業が，この時期に「復活」したとも評価できる[13]。

浙江省の第二軽工業データからもう一点指摘できることは，特に 1970 年代に第二軽工業系統の中でも機械関連の産業の伸びが大きく，農村部にまで機械金属加工関連の技術が普及しつつあったことである。表 1-3 は，浙江省における第二軽工業の各産業の従業員数を示している。各業種合計の従業員数は，雑貨製品生産の軽視を背景として，1952 年から 65 年にかけて，38.6 万人から 21.8 万人にまで大きく減少したが，1970 年から 78 年には一転して 25.1 万人から 39.8 万人に急増している。この 8 年間に，金属製品製造業は 3.1 万人から 3 倍以上の 9.4 万人へ，第二軽工業関連の機械製造業は 4.3 万人から 8.4 万人へと急増したほか，プラスチック製品製造業や工芸美術品製造業などでも従業員の増加が見られた。この時期に浙江省各地でプラスチック製品を製造する射出成型機や皮革加工用に機械が製造され始めており，こうした基本的な機械を扱う産業が広がりつつあったという事実があった。このことは，雑貨産業が 1950 年とは異なる技術的な基盤を手にした状態で改革開放期を迎え，零細工業の復活を迎えたことを意味している[14]。

そして最後にもう一点，計画経済期の雑貨産業について指摘できることは，「不足」の市場環境のもとで，計画経済の「周辺」では，雑貨生産が比較的自由に展開していたことである。そのことを示す資料も残されている。中国の中

---

13) Pomeranz（2013）は清代にさかのぼる長江デルタの歴史的研究であるが，1970 年代以降の変化を，「農村労働集約的軽工業の復活」と表現している。
14) 浙江省二軽工業志編纂委員会編（1998）pp. 75-81 参照。

表 1-3 浙江省第二軽工業の業種別従業員数（1952～90 年）

(人)

年	合計	皮革, 毛皮およびその製品製造業	プラスチック製品製造業	木材加工, 竹, 籐, 棕, 草製品製造業	家具製造業	日用雑貨製造業	文化教育スポーツ用品製造業
1952	386,223	1,712		139,106	39,289	1,978	1,458
1957	323,837	3,529		137,823	35,300	5,136	3,268
1962	223,233	2,198	2,299	100,334	14,556	4,313	3,479
1965	218,383	6,064	4,517	92,591	10,560	5,040	5,870
1970	251,523	10,889	10,939	67,811	6,007	6,614	5,439
1975	361,995	17,541	24,458	52,971	7,878	3,986	11,097
1978	398,622	19,741	34,648	44,789	10,168	2,555	7,555
1980	370,792	31,187	40,676	21,787	17,164	3,593	5,901
1985	409,964	33,528	53,567	5,320	19,904	7,161	9,075
1990	420,854	33,012	50,854	4,677	14,895	10,368	10,022

年	工芸美術品製造業	金属製品製造業	家庭用電器製造業	二軽工業関連機械製造業	縫製業	紡織業	糊, 紙製造業
1952	2,046	33,263		9,070	61,517	42,148	54,636
1957	4,076	38,480		2,526	54,725	30,552	8,422
1962	6,106	18,956		2,685	39,601	24,904	3,802
1965	9,471	18,089		8,434	29,716	25,904	2,127
1970	7,030	31,087		43,644	27,052	32,349	2,662
1975	17,598	73,237		83,950	27,117	39,708	2,454
1978	24,160	94,744	2,448	84,798	30,954	39,269	2,793
1980	32,725	59,857	13,732	68,294	33,358	40,046	2,472
1985	36,798	68,237	25,115	65,304	37,734	45,268	2,953
1990	43,817	69,855	27,707	78,259	25,710	48,700	2,978

注：データ上，工芸美術品製造業の従業員数は，1952 年に 2,046 人，1957 年に 473,651 人，1962 年に 6,106 人となっている。当該年の生産額とも照合しても，明らかに 1957 年のデータに問題があると考えられるため，ここでは 1957 年の工業美術品製造業の従業員数は前後年の平均である 4,076 人と仮定して，算出した。
出所：浙江省二軽工業志編纂委員会編（1998）pp. 688-690 より作成。

でも商品経済の伝統がある浙江省温州市の資料によれば，国家の計画に含まれない集団所有制企業では，工場長自らが原料や販路を確保する必要があったという。例えば，温州市平陽県の革靴工場長，楊振玉氏の事例を取り上げてみよう[15]。同氏は，中華人民共和国成立以前には腕利きの革靴職人で，1950 年代の社会主義集団化を経て，鎮の靴生産合作社の理事会主任に任命された。その

---

15) 朱・水・王他（1989）pp. 39-46 より。

後，ほとんど潰れかけていたある麻袋工廠の副廠長に配属され，買い付けと販売を担当することとなった。資料で強調されるのは，「この麻袋工廠は当然計画経済の定点廠に属さないため，原材料は無計画供給，製品も無計画販売であり，楊振玉に自らマーケットを組織することを迫り，これが広範なつながりを必要とし，広く友人と交わったこと」である[16]。このように，計画経済期における統制は，自由市場の閉鎖に見られるように，特に文革初期にその最高潮を迎えたが，計画経済の「周辺」における統制経済の枠をかいくぐった形での，雑貨生産と販売活動を完全に圧殺するには至っていなかった[17]。

以上のように，計画経済の時代の雑貨産業は，急速な集団化・規模化と，軽工業製品生産の軽視に起因する深刻な不足に直面していたものの，それでも1970年代には生産量の拡大や基礎的な金属加工技術の普及などの一定の成果を上げつつ，1980年代の改革開放政策のもとでの急激な産地の形成につながっていくこととなる。

3　改革開放期の雑貨産業

1) 改革開放政策と雑貨産業

1978年以降の経済改革のもとで，市場経済化が本格化することとなるが，

---

16) 朱・水・王他（1989）p. 41より。別の例として，柳市鎮のネジ工場経営者，劉大源氏の事例を挙げる。1949年生まれの同氏は，文革中の1969年に廃棄されていた瓶を利用して石油ランプを作り，1カ月で500元から600元の利益を上げたという。さらに，1971年，ある社隊企業（人民公社に属する集団所有制企業）がネジを1万本必要としていることを聞きつけ，地元や別地域の供銷社や工場から買い集めて供給した。これを期に，同氏はネジの売買に参入し，その後工作機械を付近の工場から借りることで自ら生産を開始することとなった（朱・水・王他，1989, pp. 68-74より）。

17) 類似した事例は丸川（2004）でも報告されている。計画経済期におけるこれらの経済活動は「走資」，「投機倒把」として罪に問われる危険が常にあった。一説によれば，文革期には農村市場で卵を売ることすら資本主義的だと批判されたという。しかしながら計画期に断続的に垣間見える企業家的行動の存在は，Komiya（1987）に見られる，計画期の中国には企業としての意思決定機能を持つ主体が存在しなかったという認識を，部分的には修正する必要がある可能性を示唆している。

当初，雑貨供給の面では，引き続き深刻な供給不足が中央政府によって指摘されていた。例えば，1978年1月30日発信の「国務院批轉軽工部《関於大力発展日用工業品生産的報告》的通知」は，近年，「日用工業製品の生産の発展は速くなく，生産品目は減少し，市場需給は緊張し，人民の生活に大変な不便をもたらしている」と指摘する[18]。ここでも雑貨供給不足の原因として，日用雑貨が地方当局者に重要視されておらず，管理体制が混乱し，そして原料が不足していることが改めて述べられており，1950年代の集団化に起因する問題は解決していなかったことが示唆される[19]。1980年には，雑貨生産に関わる諸問題を要約して「一難（原料不足），二高（品種と品質への要求が高く，この要求に工場が対応できない），三小（生産額，利潤，雑貨生産自体に対する評価が低い），四老（設備，製品が古い）」と指摘されるまでに，問題は定着化していた[20]。こうした条件の下，市場経済化改革の中で，雑貨製品に関してとりわけ重要なものは，下記の「国務院批轉国家物価局等部門《関於逐歩放開小商品価格実行市場調節的報告》的通知」（1982年9月16日）である。

　　三類商品の中の小商品は，品種が多く，企画が複雑で，常に風貌が変わり，生産は分散的で，需給の変化が激しいゆえ，多様な経済成分・経営方式・流通ルートによって生産流通を行う必要がある。このため，小商品の価格は国家政策の指導の下で，市場調節とする。（中略）三類工業品の中の小商品には小百貨，小文化用品，小メリヤス品，民用小金属製品，民用小家電，日用雑品，小農具，小食品，民族用品の9品目が含まれる。このうち，まず6品目160種の価格を自由化する[21]。

---

18) 中華人民共和国国家経済貿易委員会編（2000）pp. 589-592参照。なお，軽工業一般としては，1979年11月の全国計画会議で軽工業優先が提起されたが，同時に行われたプラント輸入に見られるように，実質的には重工業化が引き続いていた（田島，2002）。
19) 「国家経委関於発展小商品生産的意見」（1981年8月）においても，ほぼ同様の指摘があり，その打開策として，原料供給に関する計画供給の強化に加えて，販路の部分的多角化が提起されている。中華人民共和国国家経済貿易委員会編（2000）pp. 640-642参照。
20) 中華全国手工業合作総社・中共中央党史研究室編（1997）pp. 158-163，「軽工業部関於確保小商品生産穏定発展的幾点意見」（1980年4月4日）より。
21) 中華人民共和国国家経済貿易委員会編（2000）pp. 649-652参照。

この通達により，企業が自ら雑貨の販売価格を決めることが可能となった。さらに，1984 年の 12 期 3 中全会における報告で，「完全な市場メカニズムの調節による生産と交換は，主に一部の農業・副業生産物，日用小商品，サービス・修理業の役務に限られる」と確認されることにより，市場化改革の中でも，雑貨製品は特に市場化が初期に認められた品目であることがわかる[22]。1980 年代には，生産財価格への統制も徐々に緩和され，部分的に自由に流通し始めた原料を活用した雑貨生産が活発化した。

2) 二大デルタの産業集積形成

計画経済期に生じた雑貨不足は，逆に言えば，巨大な潜在的需要の存在を意味していた。1980 年以降の雑貨製品の生産量の伸びについては，すでに表序-3 に示してある。改めて述べれば，1980 年から 95 年の期間，すなわち農村工業化が最も進展した時期に，日用陶器製品の生産量は 34.6 億個から 95.6 億個へ，ガラス製の保温容器の生産量は 1.4 億個から 3 億個へ，革靴は 1.6 億足から 28.5 億足へと，急増した。人々の日用消費財需要は，改革開放の開始後の 15 年間に瞬く間に満たされていった。その背景にあったのが，事実上の民営企業の盛んな創業と産業集積の形成，そして農村部における自由市場の復活による全国的な流通ルートの形成であった。

序章でも言及したように，沿海部に多数形成された個別産業集積に関する研究の多くが，こうした工業化パターンを捉えてきた（丸川，2001；駒形，2005；丸川編著，2009；林，2009；Wang, Jici, 2009；Wang, Jun, 2009；Ding, 2012）[23]。多く

---

[22] 中共中央党校教務部編 (2003) p. 185 より。浙江省商業庁商業史編輯室編 (1990) pp. 258-260 によれば，浙江省の商業庁が管理する商品品目は，1980 年以前には 146 種（商業部規定が 132 種類，省が 14 種を追加），1980～84 年 8 月には 46 種，1984 年 8 月以後は 28 種，1985 年には 21 種となっており，1980 年代前半に急速な自由化が進展したことがわかる。

[23] 製造業の基礎的な基盤について，王（2013）や久保（2013）は紡織機械の製造と導入の歴史について検討している。久保（2013）によれば紡織機械は 1930 年代以来の人材育成と，1950 年代の政府の重点投資によって国産化が始まったものの，その後の大躍進による綿花生産の低迷により発展の機会が制限された。王（2013）によれば 1990 年代以降に，紡織機械の輸出も増加しているが，大幅な輸入超過が継続しており，外国から

の研究が蓄積された結果，沿海の農村部に生じた特定最終製品に特化した産業集積の形成は，民営の，特に中小企業を担い手として，国内ローエンド市場に依拠し，地元政府の積極的な介入と旺盛な企業家精神のもとで実現していったことが明らかとなっている。中国の産業集積研究では，単なる個別事例分析にとどまらない論点を提出する研究も登場しており，例えば駒形（2011）は，自転車産業という特定産業に対象を絞り，中国国内に形成された華北，華東，華南の三大産地をそれぞれ分析し，産地間がそれぞれ製品および製品グレード，そして販売市場の面で独自性を持ちつつ，相互に競争しつつ，部品供給と企業進出の形で連関しているという俯瞰図を描いた。また，Ding（2012）は，中国の産業集積に度々見られる専門卸売市場を取引のプラットフォームだと捉え，中小企業の参入と地元政府の開発戦略に注目した分析を加えている[24]。同書で結論として示されるのは，企業の参入と産業のレベルアップを促進する制度としての取引プラットフォームの役割の重要性であり，他の途上国も参照するに値すると指摘している点は，中国の産業集積研究からより広いグローバルな地域政策への含意を抽出したと言える。これらの事例研究から，①民営中小企業の重要性，②需要条件としての国内市場の重要性，③卸売市場というオープンな取引関係と流通制度の形成，④産業集積間の関係，⑤地方政府の役割，これらの5点が，中国の産業集積の発展を考えるうえで重要な論点だと考えられる[25]。

ここで特に産業集積の形成が顕著であった浙江省と広東省の状況を把握す

の技術導入・製品輸入と国産メーカーの成長がともに観察された。ここで重要な点は，外国からの技術と機械製品の導入が可能な条件が整った点であり，これにより，各種製品の生産での技術的なボトルネックは大幅に解消されてきたと考えられる。

24）両研究についてのより詳細なコメントは，伊藤（2012）（2013）の書評を参照されたい。
25）なお，中国では計画経済から市場経済への移行プロセスの中で，地方政府が集団所有制を直接間接に統治可能であった地域があり，地域そのものが企業に類似した性格を持つに至ったことが「地域コーポラティズム」として把握されてきた（Oi, 1993；今井, 2000）。しかし市場経済化の進展に伴って，こうした企業レベルでのコントロールは弱まる一方で，近年では土地関連の権限を中心とした地域政策や，産業関連公共サービス（現地では度々プラットフォームと呼ばれる）の整備が目立っている（徐, 2011；丁, 2011）。

表 1-4　浙江省の上位 25 産業集積の概要（2009 年）

類型	販売収入順位	地域と産業	企業数（社）	従業員数（万人）	販売収入（億元）	輸出額（億元）	平均従業員*（人）	一人当たり販売収入**（万元）	輸出額比率***（％）
消費財軽工業	1	蕭山・紡織	4,500	22.8	1,396.3	235.4	50.7	61.24	16.86
	2	紹興・〃	2,666	19.5	1,066.5	280.4	73.1	54.69	26.29
	5	義烏・雑貨	20,884	40.8	822.2	133.9	19.5	20.15	16.28
	6	慈渓・家電	9,400	28.4	570.0	180.0	30.2	20.07	31.58
	9	鹿城・アパレル	3,000	2.7	445.1	80.4	9.0	164.86	18.05
	14	余姚・家電	2,300	9.2	400.0	93.0	40.0	43.48	23.25
	15	諸曁・靴下	11,080	7.8	373.6	291.4	7.0	47.90	78.00
	17	鄞州・紡織とアパレル	725	14.8	324.7	158.8	204.1	21.94	48.91
	21	長興・紡織	15,616	1.6	248.0	23.3	1.0	155.00	9.40
	23	秀洲・〃	660	6.3	225.7	36.3	95.5	35.83	16.08
	24	富陽・造紙	362	3.3	216.0	1.7	91.2	65.45	0.79
	25	温嶺・製靴	4,312	9.1	201.9	42.4	21.1	22.18	20.98
機械金属工業	4	永康・金属関連	10,492	31.8	835.0	196.0	30.3	26.26	23.47
	7	蕭山・自動車部品	547	4.0	564.4	122.7	73.1	141.09	21.73
	8	楽清・工業電器	1,300	16.0	489.0	55.0	123.1	30.56	11.25
	10	諸曁・金属加工	3,597	6.9	432.4	54.0	19.2	62.67	12.48
	11	北侖・設備	2,460	11.8	427.5	24.0	48.0	36.23	5.61
	19	温嶺・オートバイ部品	3,000	5.5	305.0	30.0	18.3	55.45	9.84
	20	玉環・〃	1,900	8.2	260.0	30.0	43.2	31.71	11.54
	16	余姚・機械加工	2,500	7.8	369.2	23.0	31.2	47.33	6.23
	22	瑞安・オートバイ部品	1,500	20.0	230.0	33.3			
化学工業	3	鎮海・石油化学と新材料	84	1.8	1,058.9	143.1	214.3	588.25	13.51
	12	北侖・石油化学	127	1.7	412.5	7.2	133.9	242.64	1.75
	18	紹興・化学繊維	35	1.3	310.6	12.2	371.4	238.9	23.92
その他	13	寧波（保税区）・液晶	21	2.5	412.4	196.2	1,190.5	164.98	47.58

注：* は 100 名以上を，** は 100 万元以上を，*** は 30％以上の欄を網掛けにした。
出所：塊状経済向現代産業集群転型昇級課題調研組（2010）より作成。

るため，両地域における大型産業集積のリストを示しておこう（表 1-4, 表 1-5)[26]。これらの表にはアパレル，機械，電子関連の産業集積も数多くリスト

---

[26] 筆者も参画した加藤・日置編（2012）に見られるように，GIS（地理情報システム）データを用いて産業集積地の特定化を行うことも可能である。こうした方法によって，より厳密な基準によって区分することが可能となるが，中国の省レベル政府は地元の産業集積の振興に力を入れており，省政府がリストアップする産業集積は有力なものであり，GIS での結果ともおおむね一致する。そこで，ここでは浙江省と広東省政府が公表している資料を用いている。

アップされているが，雑貨製品の製造に特化した産業集積も少なくなく，またその規模も無視しえない。

　浙江省政府が選定した上位25の産業集積を見ると，消費財軽工業の産業集積が12カ所を占めていることがまず注目される（表1-4）。この類型の平均企業数を算出すると6,292社，また輸出が占めるシェアも24.75％と比較的高い。しかしながら，4分の3の販売額が国内向けであることから，数千社もの企業が中国の国内市場を基盤としていることが示唆されている。また，浙江省内にはこの他に自動車・オートバイ部品を中心とする機械金属工業の産業集積も目立っている。日用消費財については，義烏の雑貨産業集積，諸暨の靴下産業集積，温嶺の製靴産業集積，永康の金属製品産業集積を挙げることができる。

　珠江デルタを含む広東省についても，省政府が公開しているデータから，規模の大きな産業集積の状況をある程度把握することが可能である（表1-5参照）。ここで示しているのは，省政府が振興政策を実施している鎮レベルの産業集積であり，これよりも上位の行政区分での産業集積は含まれていないという問題点があるものの，広東省の特徴を捉えることができる。表から，まず電子機器産業が上位25カ所のうちの11カ所を占めており，リスト上，電子関連産業が寧波保税区での液晶製造のみである浙江省とは対照的である。特に東莞市，佛山市，中山市に電子機器産業集積が集中し，生産額の規模は消費財軽工業の類型よりも小さいものの，その特許取得数は他の類型を大きく上回る。一方で，浙江省との類似性としては，広東省においても機械金属工業の産業集積が多数存在していることで，関連産業が域内に存在していることが確認できる。これについては本書の後半の事例研究において，さらに踏み込んだ検討を加えることとなる。日用消費財については，佛山市の家具・照明器具製造業およびアルミ・ステンレス製品製造業，中山市の金属製品製造業と照明器具産業，江門のステンレス製品製造業が挙げられる。

　改革開放期の珠江デルタの産業発展は，香港・台湾からの直接投資を大きな原動力としていたが，このような外資主導の産業発展はデルタの東側の東莞，深圳において顕著であり，これらの地域に電子産業の産業集積が集中的に形成された。その一方，デルタ西側の佛山，中山，江門といった地域では，外資企

表 1-5 広東省の上位 25「専業鎮」産業集積（鎮レベル，2011 年）

	順位	市名	鎮・街道名	主要製品名	生産額（億元）類型平均	生産額（億元）個別	特許取得数（件）類型平均	特許取得数（件）個別
消費財軽工業	1	東莞	大朗鎮	ウール製品	560	1,558	378	359
	4	佛山	楽従鎮	家具，照明器具		747		535
	9	広州	新塘鎮	ジーンズ		453		0
	16	佛山	張槎街道	紡織製品		232		505
	20	中山	沙溪鎮	レジャー用アパレル製品		198		105
	25	東莞	虎門鎮	アパレル製品		170		763
電子機器製造業	24	中山	古鎮鎮	照明器具	483	171	2,177	1808
	2	佛山	北滘鎮	家電製品		1,373		2,270
	3	〃	容桂街道	〃		900		13,983
	6	東莞	長安鎮	電子製品，金属製品		593		1,239
	7	珠海	井岸鎮	電子製品		542		101
	8	佛山	松崗鎮	家電製品		460		N. A.
	10	東莞	石碣鎮	電子製品		375		397
	13	〃	寮歩鎮	〃		282		652
	17	中山	南頭鎮	家電製品		219		730
	18	〃	東鳳鎮	小型家電製品		212		555
	23	佛山	白坭鎮	電子製品，建築用品		186		30
機械金属工業	5	清遠	石角鎮	再生銅加工	301	731	705	8
	11	佛山	大瀝鎮	アルミ製品		290		647
	14	〃	瀾石街道	ステンレス製品		252		85
	15	江門	蓬江区	オートバイ		248		1,079
	19	佛山	勒流鎮	金属製品，小型家電製		199		926
	21	江門	司前鎮	ステンレス製品		195		193
	22	中山	小欖鎮	金属製品		190		1,997

注：広東省については，鎮レベルの産業集積の振興政策があり，そのデータを活用した。ただし，経済特区であった深圳はリストに含まれていない。なお，佛山楽従鎮は家具産業を中核としているので，消費財軽工業に含めた。
出所：『広東専業鎮』2012 年特集号より作成。

業のプレゼンスは低く，むしろ地場民営企業の成長が見られ，この地域にはデルタ東側とは異なり，金属，家具，照明器具などの雑貨製品の産業集積が形成されていることは興味深い。デルタ東西での担い手の差については現地でも，2008 年の金融危機後に外需が激減する国際環境下で広く認識されるに至った。これは国内市場を基盤とする民営企業によって構成されるデルタ西側の発展モデルが，危機下においてより安定的な推移を見せたことによる。珠江デルタに

おける外資企業の役割の大きさを否定するものではないが，現地における民営企業主導の産業集積が中長期的に地域経済をけん引する役割を期待されている状況にある。

4 小　括

　本章では中国雑貨産業を歴史的に遡り，手工業や第二軽工業と位置づけられた計画経済期に生じた様々な課題を整理した。重工業化を目指す体制の方針と政治的運動の余波を受ける形で，雑貨生産は1950年代から60年代に特に変動が激しかった。また経済体制の中で重要度の低い「周辺」に位置づけられたことも原料調達を筆頭とする供給不足を引き起こしたが，同時に1970年代には軽工業分野における機械金属加工技術の普及という技術基盤の形成に加え，一部地域では末端における原料調達や販路の模索といった活動をも内包していた。

　改革開放期に入ると，重要度の低いとされた雑貨製品は市場化改革の尖兵となり，とりわけ沿海部農村地域に産地と自由市場の群生をもたらした。この現象は歴史的に見れば，人民共和国成立以前の農村零細工業が，異なる技術的な基盤を手に「復活」したとも評価できるだろう。浙江省の温州地域で見られたパターンがその典型であり，もう一方には広東省で見られた香港資本を筆頭とする外資の進出を契機とする輸出加工型のパターンが観察されることとなった。後者の輸出加工型のパターンは主要市場を海外とするため，国内市場との連関が制限された一方で，温州に見られるパターンは明らかに国内市場に依拠した発展を遂げた。それゆえに計画経済期以来の長年の課題であった雑貨不足，逆に言えば1980年当時の10億人の「不足の巨大市場」の日用雑貨への旺盛な需要を満たす主役が，この国内市場に依拠した民営企業群となり，瞬く間に大規模な産業集積と流通ルートを形成することとなった。

　以上のような見取り図をもとに，続く第2章と第3章では，それぞれ浙江省と広東省の産業集積の事例を取り上げて，産業集積の形成史と特徴，そして近年における変化の状況を検討する。

第2章

闇市から雑貨の殿堂へ
―――浙江省義烏市に見るボトムアップ型産業発展―――

現在の義烏市場。手前が国際商貿城2期，奥に見えるのが建設中の金融区（2015年1月8日，福田大厦より筆者撮影）。

1　はじめに

　本章で取り上げる事例は，汎長江デルタに位置する浙江省の中部，上海から南に 300 キロメートルほどの距離にある義烏市の雑貨商工業集積である。現地は地理的には山なりの丘陵地が多く，1982 年時点の戸籍人口は 56.8 万人，GDP の 6 割を第一次産業が占める農村地帯であった。しかしわずか 30 年の間に同地は雑貨産業の世界的集散地に成長し，雑貨生産においても一大産地へと変貌した。その発展をけん引してきたのは「義烏中国小商品城」と呼ばれる巨大雑貨卸売市場の形成と発展であった。1982 年時点では 700 余りのブース数であった「いちば」が，2005 年には 4 万ブースにまで拡張され，2014 年には卸売市場での取引額は 857.2 億元に達している[1]。

　以下では，とりたてて資源にも伝統工業にも恵まれていない地域が，いかにして集積を形成し，また発展させてきたかという歴史的展開にも注目しながら，産業集積の形成と発展とその特徴を検討する。以下，第 2 節では義烏市の産業集積の概略と先行研究を整理し，義烏システムとも呼ぶべき特徴を有することを確認する。第 3 節ではこの義烏システムの構造と機能，そしてそのもとでの企業行動を検討する。続いて第 4 節では前節で述べた機能をアンケート調査から検証し，またそのグローバルな影響力を検討する。第 5 節では形成要因について，歴史的な視角からどのような背景やアクターが重要であったのかを整理し，終節では近年の変化を確認する。

　あらかじめ分析からの発見を示しておくと，中国の代表的産業集積は，開かれた構造として多くの企業と製品の集散を実現し，活発な企業家の行動がまずその前提として存在し，また地方政府も産業集積の発展を積極的にサポートした。この過程では，近隣や周辺地域の産業基盤を活用した空間的な重層性が産

---

1) 浙江省統計局・国家統計局浙江調査総隊編 (2010)，義烏市 HP 2015 年 4 月 2 日記事「2014 年義烏市国民経済和社会発展統計公報」および表 2-1 に示した資料より。

業集積の供給力を担保していた。これらの有力集積では製品品目のバラエティやフレキシビリティの面での供給力の向上が見られ，さらにコスト圧力に対しては，近隣また遠隔地へと関連企業の立地が広域化しつつ，集積地に製品が集約されることで対応していたことが確認される。このようなミクロな産業集積の対応が，マクロに見た中国全体の輸出競争力の維持に貢献していたと考えることができる。

2　義烏産業集積の概況と先行研究

1）義烏市の経済実績

　1978年の経済改革開始時点での義烏は，標準的な農村地域であった。1978年農民家庭一人当たり純収入絶対額は，全国平均134元，浙江省平均165元，そして義烏の平均は136元であり，全国の平均的な農村部の水準にあった[2]。域内総生産に占める農業の比率はおよそ60％で，工業と商業はともに地域経済を補助する役割にとどまっていた。

　それにもかかわらず，義烏は1978年以降，全国でも有数の高成長を維持してきた（図2-1参照）。1979年から2008年までの30年間について，毎年の前年比域内総生産の伸び率を比較してみると，義烏市の成長率は合計27年で全国平均を超え，合計21年で浙江省の平均を上回る。『中国県域経済年鑑』2010年版の調査によれば，全国の2,001カ所の県レベル行政区を対象とした分析の結果，義烏市の競争力は全国第10位に位置づけられており，全国でもトップクラスの成長を実現してきた地区だったと言える[3]。

　高成長を達成してきた義烏市であるが，その発展パターンは全国的に見ても，浙江省の中でも個性的であった。義烏市の域内総生産の産業別構成比率を見る

　2）『中国統計年鑑』1996年版，および浙江省統計局・国家統計局浙江調査総隊編（2010）より。

　3）2010年時点でGDPは614億元，戸籍人口74万人，外来人口143万人となっており，外部からの人口流入が続いている（義烏市HPより）。

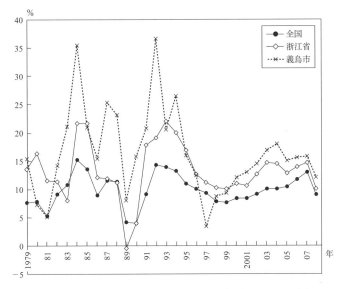

図 2-1　全国，浙江省，義烏市の経済成長率（1979～2008 年）

出所：国家統計局 HP および浙江省統計局・国家統計局浙江調査総隊編（2010）より作成。

と，1990 年代初頭までの爆発的な経済発展をけん引していたのは，第三次産業（特に商業）であった。図 2-2 は 1978 年から 2008 年までの域内総生産の産業別構成比率について，横軸に第二次産業（鉱工業）比率を，縦軸に第三次産業（商業・サービス業）比率をとって示したもので，全国，浙江省および温州市と比較している。この間，第一次産業の比率は減少するので一般にそれぞれの点は徐々に右上へと動くこととなる。これによれば，義烏市は特に 1980 年代後半から 90 年代初頭にかけて，第三次産業の貢献が突出していた。民営工業の成長が地域経済をけん引していた温州市と比べてみると，義烏市の成長構造は特に 1990 年代まで特異だと言える。

2）義烏市場発展の概況

ではこの特徴的な成長パターンの原動力は何であったのか。その答えは多くの先行研究でも言及されている，巨大雑貨卸売市場「義烏中国小商品城」（以

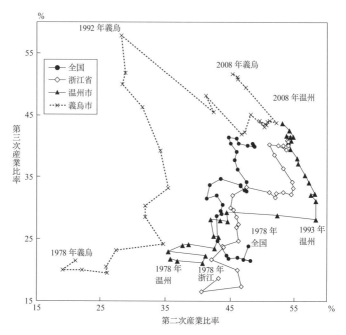

図 2-2　全国,浙江省,義烏市の産業構造の変化(1978〜2008年)
出所:図 2-1 に同じ。

下,義烏市場)の存在である。義烏市場は 1980 年代初頭までは闇市のレベルを超えるものではなかったが,その後発展を続け,現在では事実上世界最大規模の雑貨卸売市場となっている[4]。2009 年にはブース数は 4 万 3,000 まで拡張され,取引額は 411 億元に達している(表 2-1)。こうした統計上把握されている「狭義の義烏市場」のほかに,市内には「専業街」と呼ばれる特定品目に特化した通りが多数存在しており,街全体を「広義の義烏市場」と捉える方が,雑貨集積地としての性格をより包括的に把握できる(表 2-2 参照)。

　こうした市場で取引されている商品は大きく 16 分野に分かれ,最も細かく

---

4) 卸売市場のインフラストラクチャーの管理は現地政府系の企業(浙江中国小商品城集団)が行い,市場内のブースは分譲され,売買の対象となっている。ブースの入居者は基本的にそれぞれが個別の経営体である。

表 2-1 義烏市場発展の概況（1982～2010 年）

年	ブース数（個）	市場取引額（億元）	備　考
1982	705	0.0392	初代市場「許可」
1983	1,050	0.1444	
1984	1,510	0.2321	第二代市場開業
1985	2,874	0.619	
1986	5,483	1.0029	第三代市場開業
1987	5,600	1.538	
1988	6,137	2.65	
1989	7,997	3.9	
1990	8,503	6.06	
1991	13,910	10.25	第四代篁園市場開業
1992	13,910	20.54	
1993	13,910	45.15	
1994	22,731	102.12	
1995	25,747	152	第五代賓王市場開業
1996	24,069	184.68	
1997	23,023	145.11	針織市場開業
1998	22,923	153.4	
1999	24,350	175.3	
2000	24,710	192.89	
2001	25,195	211.97	
2002	31,000	229.98	第六代国際商貿城一号館開業
2003	33,784	248.27	
2004	36,340	266.87	国際商貿城二号館第一段階開業
2005	40,668	288.49	国際商貿城二号館第二段階開業
2006	36,517	315.03	
2007	36,683	348.37	
2008	43,783	381.81	国際商貿城三号館第一段階開業
2009	43,063	411.59	
2010	N.A.	456.06	

出所：義烏市統計局 HP，義烏市工商行政管理局編(1992)，義烏市工商行政管理局編(2004)，陸・白・王(2003)，『義烏商報』2008 年 12 月 6 日記事「義烏市場変遷的故事」より作成。

表 2-2　義烏市内の主要卸売市場と専業街（2010 年時点）

	市場・専門街名称			規模	主要取扱品目	開業年
狭義の義烏市場	国際商貿城	一期		7,000	玩具，アクセサリー，工芸品，造花	2002 年
		二期	第一段階	15,000	鞄類，雨具，袋，金物・工具・部品，電子製品，鍵，車両，時計	2004 年
			第二段階		各種文房具，紙製品，メガネ，運動器具，スポーツ・レジャー用品，化粧品，アパレル用補助材料，鏡，櫛	2005 年
		三期	第一段階	14,800	靴下，日用雑貨，手袋，帽子，各種メリヤス・綿製品，紐類など	2008 年
			第二段階	7,300		2010 年
広義の義烏市場	賓王市場			8,000	各種衣類，ベッド用品，副食品，テキスタイル，カーテン	1995 年
	その他市場と「専業街」	針織市場		2,574	靴下，メリヤス原材料	1997 年
		福田工芸品専業街		300	各種工芸品（装飾用，水晶，ガラス，造花）	2005 年
		竹佳里飾品専業街			アクセサリー	
		汽車用品及配件専業街		400	自動車用品，部品	
		興中玩具専業街		300	玩具	2004 年
		興中飾品配件専業街			アクセサリー，アクセサリー用材料	
		相框専業街		200	額縁	2002～03 年
		趙宅玻璃製品専業街			ガラス製品	2002～03 年
		趙宅打火機専業街			ライター	2002～03 年
		年画挂歴専業街		413	春節用品	1997 年以前
		家具専業街		100	家具	
		針綿織品専業街			メリヤス製品	
		文胸内衣専業街		400	ブラジャー，下着	
		皮帯専業街			ベルトおよびその原料	
		囲巾専業街			マフラー，帽子	
		模具専業街		260	機械設備，金型，機械部品	2005 年
		鞋類専業街			靴	
		日用百貨専業街			日用雑貨，プラスチック製品	
		線帯専業街			各種紐・バンド類	1986 年
		印刷品材料専業街			印刷，包装	
		小家電専業街			日用小型家電製品	
		聖誕礼品専業街			クリスマス用品，工芸品	
		石橋頭室内装飾専業街		688	各種室内設備・装飾品	2008 年

注 1：市場の場合，規模はブース数を指し，「専業街」の場合は企業数を指す。市場の場合，ブース数は資料によってまちまちであるうえ，ブースを分割して複数の経営体が入居している場合もある。このため市場の規模はあくまでも目安と捉えるべきである。なお，「専業街」総計で 6,000 程度のブースがあるとされている。
　 2：1992 年に開設され，紡織製品と日用雑貨を扱っていた篁園市場（8,000 ブース）は 2008 年に撤去され，入居していた経営体は現在国際商貿城の三期に移転している。また「専業街」の一部も同様に移転している。
出所：商務大全編委員会編（2006a）（2006b）（2006c），浙江中国小商品城集団 HP，義烏市市場貿易発展局 HP，『義烏商報』記事，筆者の現地調査により作成。

分類すると実に170万種にも及ぶ。主要な取引品目を挙げると，工芸品，アクセサリー，玩具，金物・電気器具，スポーツ・レジャー用品，文房具・オフィス用品，テキスタイル・アパレル用品，靴類，紡織用品，鞄・袋類，一部電子電器製品，美容・化粧品類，メガネ・腕時計，雨具，その他雑貨（厨房用品，自動車用品など），半製品（糸・紐，ジッパー関連品など）である[5]。

　これらの雑貨は，中国全土と国外を含む10万社余りのメーカーから供給されていると言われており，商品の約4割を国外へと輸出している。8,000人の外国人バイヤーが長期滞在し買い付けを行っているとされ，グローバルな雑貨拠点としての地位を築いている[6]。このほかにも短期での買い付けを行うバイヤーが多数おり，2009年上半期には合計13.8万人の外国人商人が義烏市を訪れている[7]。同市は2008年の四川省大地震などの災害時にも救援物資を迅速かつ大量に供給するなど，中国国内の流通拠点の一つともなっている[8]。そのため，各地に義烏市場の商品を扱う二次卸売市場が形成されており，2000年代半ばにおける義烏市場における商品の調達元と仕向地は図2-3のように整理できる。

　義烏市場に関する先行研究は，その稀に見る規模とユニークな機能のゆえに少なくない[9]。加えて，農村部でありながら著しい経済発展を達成した義烏市については，地域経済発展のモデルとしても注目が集まっているが，以下では本書の視角から見て重要な研究に絞って検討を加えてみよう。

---

5) 商務大全編委会編（2006a），義烏中国小商品城網HP，中国義烏小商品指数HPより。
6) バイヤーの中にはカルフール，国連難民事務所，日本の雑貨小売チェーンなどの大口のバイヤーも含まれる。
7) 『義烏商報』2009年7月22日記事「市統計局通報我市上半年経済運行情況」より。
8) 『義烏商報』2008年5月23日記事「告急！告急！告急！義烏市場源源不断運出救災急需物資」，『金華日報』2008年5月23日記事「義烏小商品市場部分救災物資緊缺」より。
9) 義烏市場の古典的な研究としては張・朱編（1993），浙江省の産業発展の中に位置づけたものとしては盛・鄭（2004），地域経済発展モデルとしての可能性については陸・白・王（2003），同じく地域経済の視角から現地政府の政策に光を当てたものとして張（2005），流通と産業集積の関係を意識したものとしてDing（2006），林（2009），丁（2008b）など参照。坂本・山田（2008）や，『Nikkei Business』2002年3月4日号「雑貨のるつぼはケタ違い」，同誌2003年2月11日号「ブランド偽造，ご注文に応じます」等は実態を伝えている。

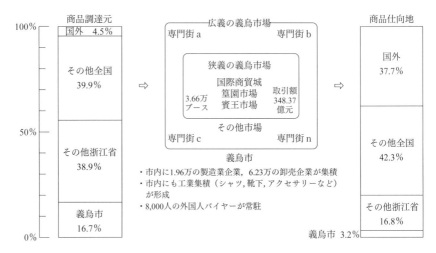

図 2-3 義烏市場と調達元・仕向地の概念図（2005 年）

注：ブース数，取引額，企業数は 2007 年データ，商品の調達元・仕向地データは 2005 年データである。
　　2013 年現在，すでに篁園市場・賓王市場は整理解体され，国際商貿城に統合されている。
出所：陸編著（2006）pp. 20-22, pp. 145-147,『義烏統計年鑑』2008 年版，義烏市 HP より作成。

　義烏研究の代表的な中国語文献である陸編著（2006）は，義烏市場と関係の深い雑貨産地や販売先のつながりを，「義烏商圏」という概念で提示した。「義烏商圏」とは，「場」としては義烏市場を中心とし，客体としては「小商品」，つまり雑貨を扱い，主体としては多くの商人とメーカーを担い手とし，形態としては多くの産業集積と義烏市場が分業関係とネットワークを形成することで成り立つ，いわば義烏市場から見た「雑貨生産流通圏」を指す[10]。同書の特色はその概念の提示と実証にある。商品の生産地と販売地を具体的に提示し，大規模なアンケート調査を実施するなど，著者たちの前著（陸・白・王，2003）と併せて，義烏市場の形成・発展の背景と，義烏市場が持つ国外を含めた傑出した集散力を具体的に示し，多くの地域産業へのインパクトも示唆した。

　これらの論点について，丁可は Ding（2006），丁（2008b），さらに丁の研究を集大成した Ding（2012）にて分析を深めてきた。Ding（2006）では義烏市

---

10) 陸編著（2006）pp. 1-35 参照。

場の流通構造に注目し，産地，消費地との関係が陸編著（2006）以上に詳細に検討されている。また多くの産地と二次卸売市場との関係を念頭に，義烏市場をハブと位置づけている。丁（2008b）は，義烏市場の形成を，ユニークな形で雑貨産業のバリューチェーンを再編したと捉え，これこそが中国雑貨産業の高度化だと把握した。また義烏市場の存在によって温州市のある筆記用具産地の形成と発展がもたらされた例が紹介されており，雑貨産業発展へのインパクトの一例が実証的に示されている。

本章では，上記先行研究で「義烏商圏」，「ハブ」，「雑貨バリューチェーン」といった概念で把握されてきた義烏産業集積の特徴の総体を，「義烏システム」と呼んで検討を加えることとする。その狙いは，義烏が単なる流通機構あるいは流通市場以上の役割を果たしていることを強調する点にある。例えば，義烏市場は製品開発，国際的バイヤーの拠点化，産地との情報交換の面で重要な役割を果たしている。これらの機能をシステムと捉えなおし，具体的には次の2点を検討する。

第一に，「義烏市場を中心としてどのような機能が果たされているのか。また，その特徴は何か」を整理し直す。換言すれば，集積の機能と構造の再把握である。既存の研究でも，国内多数の雑貨産地から雑貨が集散し，そこで競争が展開し，情報が集中し，またグローバルに販売されていることが示されてきた。しかしそれによって，全体として何が可能となっているのかについては，意外にも依然として不明瞭なままなのである。「いかなる特徴を持つバリューチェーンなのか」を問うことで，その競争力の中身について接近することができるだろう。

先行研究・資料にも「義烏市場」の特徴をまとめたものは存在する。1990年頃にまとめられた資料は義烏市場の特徴を「小，全，廉，快，信」の5字で表現した[11]。「小」とは小物雑貨を扱っていることを，「全」は品種が多いことを，「廉」は薄利多売を，「快」は情報の伝播と柄・色・品種の変化が速いことを，「信」は信用を重視し，返品を受け付け，現金での支払いのほかに手付

11）義烏市工商行政管理局編（1992）pp. 112-113 より。

金での取引などもされていたことを，それぞれ指している。また，張・朱編 (1993)は義烏市場の特色として長距離取引，工場直売，幅広い取扱品目，薄利多売，各地と各製品の情報が迅速に集約され担い手がすばやく反応していることなどを指摘している。しかし，これらの研究は特徴を列記しているのにとどまり，それらが相互に連関したシステムとは捉えていない。

　第二に，義烏市場の特徴をシステムとして踏まえたうえで，企業のレベルでどのような発展のダイナミズムを持っているのかを確認する。そして第三に，集積の機能を外国人バイヤーにアンケートを実施することで検証し，併せて国外にどのようなインパクトを与えているかについて検討する。そして第四に，集積の構造と機能を念頭に，どのように義烏の産業集積が歴史的に発展してきたかを改めて整理する。

3　義烏システムの機能・構造と企業行動

1) 義烏システムの機能

　雑貨産業にとって「義烏システム」の形成発展は一体何を可能にしたのであろうか。あるいは，義烏を訪れるバイヤーは，なぜ現地で買い付けなければいけないのだろうか。

　この設問に対する筆者の結論を述べるならば，「オープンな産業集積構造のもとで，雑貨の超多品種大量安価柔軟供給が可能となった」こと，これが義烏の集積の中核的な機能であると考えている。端的に言えば，買い手はあるレベルの品質までの極めて多様で，新たな製品を含む雑貨を，量的にも柔軟に，価格としても安値で調達可能なのである。以下，それぞれの効果について説明していこう。

　はじめの「オープンな産業集積構造」は義烏市場が卸売市場で，しかも関連企業・機関の膨大な集積を誇っていることを指し，システムの根幹だと言える。オープンであるとは，義烏市場が卸売市場という形態ゆえに，売り手側から見ればブースを買えば誰でも販売に参入可能で，購入側もメンバーシップを限定

写真 2-1 義烏市場内の髪飾り売り場
出所：2010年3月21日，筆者撮影。

されることなく買い付け可能な構造を指している。陸・白・王（2003）によれば，1994年から2002年までの9年間合計で9,204ブースが売買されている[12]。売買件数が実際の経営主体の変更を伴うとは限らないが，少なくとも市場の開放性と可変性は十分に指摘できる。

そして，集積構造は，大量の供給関連企業群とバイヤーが群集しているがゆえに，競争と分業の展開，情報の集約をもたらす。売り手から見ると，全国から供給業者が集まり，5万8,000という膨大な数の個別ブースに入居することにより，誰も寡占的プレーヤーとなりえない。筆者の集計によれば，国際商貿城内部で頭部を装飾するヘアバンド，髪飾り等を扱うものだけでも少なくとも1,644ブースある[13]。それゆえに特定カテゴリー内ですら一企業による寡占化

---

[12] 陸・白・王（2003）p. 128より。データの出典は義烏市産権交易所資料であるが，筆者は未見。

表 2-3　義烏市の工業・卸売企業の概況（2004 年時点）

	企　業		累計経営規模		就業人数		平均経営規模	平均就業規模
	数	比率(％)	億元	比率(％)	人	比率(％)	(万元)	(人)
工業全体	23,760		491		383,271		206.6	16.1
企業法人	3,347	14.1	270	55.0	181,835	47.4	806.7	54.3
個人企業	20,413	85.9	221	45.0	201,436	52.6	108.3	9.9
卸売業全体	43,187		489.7		100,790		113.4	2.3
企業法人	653	1.5	77.7	15.9	5,994	5.9	1,189.9	9.2
個人企業	42,534	98.5	412	84.1	94,796	94.1	96.9	2.2

注 1：データは 2004 年末時点のものである。
　2：ここでの工業は製造業のほかに採掘業，電力・ガス・水の生産供給業を含む。
　3：経営規模は資料の制約上，工業は主営業収入，卸売業は販売額を用いた。
　4：ここでの企業法人は登記され法人格を持ち，社名・組織・活動場所がある，独立して資産を持ち，独立採算を行っているなどの条件を満たすものを指す。個人企業は生産財が労働者個人の所有で，個人労働を基礎とし，労働成果が個人に帰する経営単位を指し，工商管理部門の許可証を持つものを指す（センサスの注より）。
出所：義烏市第 1 回経済センサス（義烏市統計局 HP「義烏市第一次経済普査主要数据公報」）より。

は難しいと同時に，企業が中間財の集積を活用するなど，分業の結節点にもなっている。逆に，買い手側の立場に立てば，多数の売り手・商品を比較検討することが容易で，「完全競争」に近い状態が生まれる[14]。表 2-3 によれば，2004 年時点で義烏市内に工業企業は 2 万 3,700 社，卸売企業は 4 万 3,100 社も存在しており，その大部分を小規模経営が占める。卸売市場という明確な「場」を中心として，競争と分業の展開，製品情報，価格情報，需要情報の集中と交換が起きているのである。

　第二に，「超多品種」とは，ブースそれぞれが専門化し，限定された範囲の雑貨を取り扱っていても，それが 4 万，あるいはそれ以上積み重なると，事実上あらゆる雑貨が供給可能となる。現地で耳にする「義烏ではあなたの思いつかない雑貨だけが買えません」という冗談めいた台詞は故なき言葉ではない。実際，筆者が日本人バイヤーから行った聞き取りによれば，品質と取引の面で

---

13) 商務大全編委会編（2006a）の場内地図より。この状況は 2014 年現在でも大きく変化していない。
14) 例えば陸・白・王（2003）p. 205 参照。

多くの問題を抱えつつも，膨大かつ変化に富む品揃えを誇る義烏市場は，「最高のショールーム」だと位置づけていた。現在の義烏の供給品目の多様さを示すものとしてもう一点指摘するならば，中国の雑貨品分類番号の作成が，義烏市場で取引される品目に依拠して編纂されたことが挙げられる[15]。140万種に上る細分類のうち，紐などの中間財を含むほとんどが，義烏市場で取り扱われているのである。

次に，「大量」であるとは，莫大な量の雑貨が供給されていることを指している。例えば，2008年の狭義の義烏市場取引額はすでに表2-1で見たように381億元，同年の為替レートでおよそ5,000億円にのぼる。物の動きで見ても，義烏市の物流センターが取り扱った2009年1〜6月期のコンテナ数は13万7,000個で，一日当たり約760コンテナとなる。現在，義烏市場では現物をブースで取引するよりも，「見本市」としての性格を強めており，商流と物流が分岐しつつあり正確な実態をつかむことは難しいが，義烏市場なくしては仲介されない大量の雑貨関連品が取引されていると考えられる。

そして「安価」という点は，日本の100円ショップが買い付けを行うなど，義烏市場の，そして「義烏システム」の強みが基本的に「圧倒的安値」にあったことを指している。この点については，坂本・山田編（2008）が義烏市場で価格調査を行っており，ハサミが1本1.5元，ボールペンが1本0.25元などのデータが示されている。その理由として低賃金と返品製品の販売を指摘しているが，ここではその販売量と，薄利多売についても指摘しておこう。例えばある楊枝商人の場合，100本の楊枝を卸売りすると，利益はわずか0.01元しかないが，一日当たり10トン，1億本を販売しているため，1万元の利益になる。某ライターメーカーの場合もライター一個当たりの利益はわずか0.005元から0.01元であるが，2004年に9,000万個輸出し，90万元余りの利益を上げたという[16]。「義烏システム」の安値の理由を，低賃金・横流し・薄利多売の3点のみから説明することはできないが，ひとまずここでは価格競争力を強調

---

15) 中華人民共和国商務部（2008），『新華網』2008年10月24日記事「我国首個小商品行業標準在浙江義烏発布」参照。
16) 黄・張編著（2007）pp. 5-6 より。

しておこう。なお，システムの背後にあるものづくりの体制とその変化については後で検討を加える。

　供給システムとして「柔軟」であるということは，4つの意味を内に含んでいる。第一に，買い付けロットの面から見ると，義烏市場では小ロットから買い付けが可能となっている。量的に多いほうがブースに歓迎されることは当然であり，特注品を頼む場合には3～10万個のロットを求められると言われる。しかし，既製品に関しては製品やブースにもよるが，旅行鞄に入れて持ち帰れる量からも買い付けが可能である点が特徴的である。第二に，義烏市場では継続的かつ激しい競争圧力のもと，開発・模倣・淘汰・参入が同時発生し，ダイナミックな新陳代謝が起きている。第三に，ものづくりとの関連では，雑貨をつくるための中間財，例えば紐や人造ダイヤメーカーなどが集積することによって外部経済性が発生し，企業は集積を活用して雑貨の多様なマイナーチェンジ・開発が可能となっている。そして最後に，後述するように後背地農村の農家副業労働力を積極的に活用するシステムが2000年以降に急速に広まっており，外部経済環境の変化に対応しやすい伸縮的な，しかも低コストによる生産が可能となっている点を指摘しておきたい。

　これらをつなげると，「オープンな集積構造のもと，雑貨の，超多品種大量安価柔軟供給が可能となった」となる。これこそが「義烏システム」全体としての特徴であり，静態的な流通機構としてのみ把握するのでは不十分な理由である。安くて多様な雑貨を供給するという方向性において，システム全体として図抜けた競争優位を持つ。外国人バイヤーが義烏市場を訪れ，同一品目内で多数のブースを比べ，品定めし，価格交渉し，小ロットから買い付け可能である一方，入居業者はそれぞれが専門化し，義烏市場という安物雑貨の競争の中心で全世界に向けて販売を行い，その構成は常時変動し，品揃えが変化している。全体として傑出したマス・フレキシブルな安物雑貨供給システムが出来上がっていると考えることができる。

2）義烏システムの構造と構成要素

　では，この供給システムを支える構成要素は何であろうか。以下では，供給

面，需要面，結節点，製品面の4つの視点から，各要素の中身と担い手について，もう一歩踏み込んで整理してみよう。

　第一の供給面の主役は，雑貨生産の担い手たちである。彼らは多数で広範囲に広がり，そして多様な生産組織によって構成されている。規模からそれを分けるならば，圧倒的多数を占める中小のメーカー，少数だが生産量が大きくブランド力を持つ大企業，そして農村の分散的副業労働力の3つのグループに大別できる。2004年時点でのデータを見てみると，義烏市に限ってみても，2万3,700社に上るメーカーが存立しているが，その85.9％は平均で従業員数が10人に満たない零細規模であることはすでに表2-3で見た通りである。

　さらに中国でも最大級の年産6億足の規模を有する靴下メーカー，同じく年産2億個のトランプメーカーなども立地し，自社販売網を構築しつつも義烏市場での販売を続けている。例えば，浙江夢娜針織襪業有限公司は義烏市場を活用して成長した義烏現地では代表的な企業の一つで，北京オリンピックの独占供給ブランド権を得た中国を代表する靴下メーカーでもある。外地の工場を含めて4つの工場で合計8,000人が就業しており，2007年には年間6億足の靴下を生産し，ディズニーやアメリカプロバスケットリーグ（NBA）ブランドでの受託生産（OEM）のほかに自社ブランドも確立している。こうした大企業の場合，自社の安定的な流通販売網を形成することが多いが，義烏市場のブースを通した販売がなくなるとは限らず，この企業の場合2008年時点で5％，つまり年間3,000万足をブースで販売していた[17]。

　次に農村の分散的労働力の活用を指摘しておこう。義烏市場が労働集約的加工工程に関しては農村委託加工（「来料加工」）という形式で，農村地域の安価で分散的な労働力も活用している。その際，ブース内の販売業者と農村労働者を結びつけ，業者から受注した加工内容・原材料・品質・納期を責任をもって管理するのがエージェント（「経紀人」）と呼ばれる担い手である。彼らの多くは農村地域で指導的な立場にある者で，婦人連合会の幹部や村の党書記，一人っ子政策の末端担当者であったりする。こうした農村委託加工は量的には増加，

---

17) 2008年3月26日に行った，副総経理LZ氏からの聞き取りによる。

写真 2-2　義烏市最大規模の靴下メーカーの工場内

出所：2008 年 3 月 26 日，筆者撮影。

地理的には広域化の傾向を見せており，2008 年時点で，10 以上の省と地域，60 万人の農民が義烏市場からの加工業務に参与していると言われている[18]。この仕組みが義烏市場を中心に成り立つ決定的な要因は，近隣農村の安価な労働力というよりも，むしろ義烏市場に集積する多様な中間財とそこに流れ込む多様な需要である。多数多様な生産組織が広く義烏を活用し需要に対応するがゆえに，超多品種な雑貨を，それぞれ安価かつ柔軟に供給できるのである。

　需要面では中国全土の，そして全世界の巨大で多様な安物雑貨への需要自体と，消費地に流通させる仕組み（二次卸売市場）と担い手（バイヤー・商人）の存在が指摘できる。二次卸売市場については，若干古いデータではあるが 2000 年時点で中国国内に少なくとも 26 カ所ある。その内の 13 カ所については義烏市場の商品が占める比率が判明しており，80％を超える市場が 3 カ所，50〜70％を占めるものが 3 カ所，30〜45％を占めるところが 6 カ所，そして 15％が 1 カ所であった[19]。丁（2007）では，アフリカにおける義烏商人・中国

---

[18]　『義烏商報』2008 年 9 月 24 日記事「義烏市場帯動周辺来料加工産業発展——60 万農民五年創 30 億産値」より。

製品・二次卸売市場の存在が分析されており，国外市場への中国雑貨の展開の一端が示されている。国外市場に目を向けると，表2-4の通り，義烏市場のブースが北米市場に偏らずに，全世界に販売を行っていることがわかる。

結節点としての義烏市場とはすでに述べた需給両面を結合する機能を指し，卸売市場関連の各種インフラストラクチャーの拡充や，売買を担う商人の存在が指摘できる。卸売市場のインフラストラクチャー建設や取引環境整備の面では現地義烏政府が果たしてきた役割は極めて大きい。1982年にはわずか705ブースであった市場は，6度に及ぶ増改築・移転を経て4万ブース以上に達し，規模と集積の経済性の必要条件を満たし，また強化してきた。規模の拡充にとどまらず，この間に同一品目を扱うブースをそれぞれカテゴリーごとに区画する作業など，取引環境の整備もなされてきた。現地政府によるフォーマルなインフラストラクチャーと取引環境の整備は，「結節点」の構築に大きな貢献をしてきたと言えよう。またこのほかにも商人の役割にも注目する必要がある。表2-5から明らかな通り，義烏市場内のブースのうち，カテゴリーによって差はあるが，おおよそ半分程度はメーカーの直売である。逆にその他半分は商業資本であると言え，こうした商人・商業資本が各地で雑貨を調達し，義烏で販売している役割も重要である。

ここまで「義烏システム」を構成する要素について需給両面とその結節点から整理してきた。最後に検討しておくべきことは，取引される財，つまり雑貨製品の多様性についてである。義烏市場がこれほどまでに拡大を続けえたのは，雑貨が一般に労働集約的製品であるだけでなく，具体的品目として範囲が不明瞭で，動態的に変化を続けながらも，全体としては需要がなくならない幅広い

表 2-4 義烏市場内企業の売り上げ別輸出先（2005年時点）
(%)

	卸売企業	工業企業
中東	26.9	22.6
欧州	24.1	16.9
アフリカ	9.8	10.7
東南アジア	9.9	12.5
北米	5.4	7.4
南米	5.1	4
その他地域	15.6	25.9
輸出せず	3.2	0

注1：調査対象は市場内のブースと企業である。
　2：販売額で見た比率であることは陸・王（2008）pp. 206-207 で確認した。
出所：陸編著（2006）pp. 144-146.

---

19) 義烏市工商行政管理局編（2004）pp. 95-97 より。

表 2-5　ブース経営主の分布と直売ブース比率（2006年時点）

(%)

	金物	アクセサリー材料	鞄類	化粧品	玩具	装飾工芸品	事務用品	造花類	頭部用アクセサリー	ジュエリー	額類
ブースの比率											
義烏人経営のブース	16	15	29	29	33	33	34	50	64	71	73
外地人経営のブース	84	85	71	71	67	67	66	50	36	29	27
メーカー直売の比率											
全ブース平均	40	78	43	44	42	68	38	70	87	80	88
義烏人ブース	50	90	68	60	71	92	54	90	95	87	92
外地人ブース	31	74	34	30	27	56	31	48	45	62	45

注1：調査の実施時期や規模などは不明。
　2：装飾工芸品メーカー直売比率の全ブース平均はデータが記載されていなかったためブースの比率と直売ブースのデータより算出した。
　3：「義烏人」は行政上の義烏市に戸籍のある者，「外地人」はその他の地域に戸籍のあるものを指す。
出所：楼（2007）より筆者作成。

商品群を指す概念であることと，現在では先進国にまで輸出可能な品質を達成していることを指摘できる。義烏市場が特定品目，例えば玩具に特化した卸売市場であったら，当然ながら対象需要はその分限られてしまい，範囲とバラエティの経済性を発揮できない。製品品質についても1980年代と比較すれば大幅に改善されている。また雑貨は激しい価格競争の中でも，軽微かつ流行にのった差別化が可能な品目でもあるが，この点については後で事例から検討を加える。

　以上，供給面，需要面，結節点，そして財の4つの面から「義烏システム」の構成要素を分析してきた。各要素の存在によって大量かつ多様な雑貨を，安価かつ柔軟に供給しうる，システムの特徴が支えられていると言えよう。

3) 義烏システムのもとでの企業家の戦略と行動

　以上，義烏システムの特徴，構成要素を見てきたが，卸売市場を中核とする産業の発展パターンは製品が模倣されることを避けるために企業が販売ルートを内部化し，また製品の高品質化に伴って持続が難しいと考えられてきた。このうち取引制度に関わる論点は，園部・大塚（2004）以外にも，中国においても「専業市場消滅論」として展開してきており，卸売市場は工業化の初期の段

階で過渡的に出現する形態だと位置づけられてきた。しかし中国ではこうした議論を批判する論考が現れていた。鄭・袁・林編著（2002）は広大な中国の国内ローエンド市場を念頭に，こうした需要があるため専門卸売市場は長期にわたり重要であり続け，卸売市場としてのグレードアップが可能だと見ていた[20]。陸・王（2008）は「専業市場消滅論」は卸売市場の規模拡大による収穫逓増効果を無視したものであったと批判を加えている[21]。

　こうした指摘は参考になるが，個別企業が具体的にどのように低級品と模倣の続発という課題に対応し，どのような方向で解決が図られているのかは明らかとなっていない。そこで以下では，筆者が行った事例調査から企業の行動と対応を検討する。

【事例1】化粧品箱メーカー TD 社[22]

　創業者の LT 氏（1946年生まれ）は，1978年まで義烏廿三里の生産隊に属して農業に従事していた。1978年に衣類工場を創業し，義烏市場の発展に伴い，イヤリング，ネックレス，髪留めなどのアクセサリー，靴下など，様々な商品の販売に従事した。2002年，義烏市場に女性（特に女子）用の化粧箱がないことに着目し，化粧箱工場を立ち上げ，2008年時点で従業員50名となった。創業当初は広東にも多くの化粧箱工場があり，その製品を模倣開発したが，その際，生地は社長自らテキスタイル集積のある紹興市柯橋の生地工場に出向いて特注し，差別化することによって成功した。その生地を他のメーカーには販売させないように取り決めたが，現在では類似した製品を製造するメーカーが義

---

20) 鄭・袁・林編著（2002）pp. 189-190 参照。
21) ここで同書が重視する「内生的な収穫逓増メカニズム」とは，①ある地域内と，②地域間の，2つのレベルでの収穫逓増を指している。①については専門市場の規模化による企業間の空間的距離の短縮，競争的な市場環境の提供，集積企業による知識吸収の促進，ネットワークの形成の4点から企業間，産業間での知識と情報のスピルオーバー効果を発生させ，規模の経済性，範囲の経済，連結の経済性をもたらすとしている。②については，市場参加者の増加とビジネスを維持・発展させるための費用の低下の2点から，分業効率が上がり，地域間の分業を促進していることとしている（pp. 204-205 参照）。義烏の事例から要点を一般化した重要な指摘であるが，ここからは本書で後に指摘するような企業差別化の試みの実態が見えてこない。この実態を通して，本書の結論では産業の発展方向性として単なる高品質化とは異なる方向性を指摘する。
22) 2008年8月28日に行った総経理，経理からの聞き取りによる。

写真 2-3 義烏市内の工場が参照していた中間財の見本例

出所：2008 年 8 月 28 日，義烏にて筆者撮影。

烏に十数社現れたため，新製品の開発に取り組む必要が生まれた。訪問当時，同社は開発要員として同業メーカーの閉鎖が相次いでいる広東地区出身で，20年の経験を持つ人材を 1 人雇用し，高級感のある韓国製の化粧箱を見本とした模倣と開発に着手していた。ほぼすべての原材料を，義烏現地の原材料・中間財市場から調達し，製品の全量を義烏市場内の自社ブースを通して販売し，輸出比率はおよそ 5 割であった。

この事例から得られる示唆は，ニッチを見つけ，義烏，そして周辺の集積を活用して新製品を製作することができ，卸売市場ゆえのジレンマともいうべき模倣をされることもあるが，それでも新製品の開発に着手していることである。この点は陸・王（2008）が示す，ブースにおける新製品登場の様子を見た表 2-6 でも確認できる。なお，農民が商取引に参入し，その後製造業へと展開す

表 2-6　義烏市場内ブースの新製品販売（2007 年 10 月時点）

品　目 \ 更新頻度（個／月）	なし	3個以内	3〜6個	6〜9個	9個以上
タオル	0.0	25.6	28.2	10.3	38.5
メガネ	5.5	18.7	22.0	17.6	36.3
レース	33.3	19.1	4.8	9.5	33.3
小物雑貨	24.6	27.7	7.7	16.9	23.1
造花用部材	5.0	20.0	45.0	10.0	20.0
髪飾り	8.2	32.8	26.4	10.4	19.8
ネックレス	9.1	27.7	31.0	11.1	19.6
スポーツ用品	16.4	46.4	15.7	2.9	17.9
シャツ	6.9	31.0	27.6	27.6	17.2
ネクタイ	15.8	31.6	15.8	21.1	15.8

注1：中国語でも以下・以上はその数を含むことが多いが，原典の表記では例えば月に3個新製品が開発された場合，どちらに含まれるのかはっきりしない。ここでは原典のまま表記した。
　2：シャツに関しては合計が110％を超えるが，これも原典通りである。
出所：陸・王（2008）p.230 より。

るパターンは義烏において一般的である。

【事例2】鞄メーカー XJ 社[23]

　次の事例では小型の鞄，主にウエストポーチを義烏市場から車で1時間半ほどの距離にある，東陽市の自社工場で生産し，義烏のブースで販売を行っている企業を取り上げる。経営者は現在2代目で若く，過去に親戚の華僑を頼りに，スペインに2度にわたって合計1年間滞在した経験を持つ。経営者の父は1980年頃，つまり義烏市場が闇市だった頃から市場で商売を行っていた。当時から鞄を生産し，それ以来多様な鞄の生産販売に従事しており，設備，品種，品質を徐々に充実させてきた。2009年時点の従業員は100名で，生産量は一日3,000〜5,000個程度である。原材料のうち，定番の生地は主に江蘇省の工場から直接購入しているが，変化のあるものについては義烏市場の生地市場を活用し，ファスナーは義烏産のものを使っている。義烏市と東陽市の間にはトラック便が毎日あり，製品は朝に義烏市場か，義烏の物流センターに出荷され，

---

23) 2009年9月10日，11日に行った経営者からの聞き取りによる。

義烏で購入した原材料は夜の便で工場に届く体制が出来ており，基本的にほぼ在庫を持たずに経営を行い，また物流コストは極めて安く抑えられている。

　本事例の経営者が強調するのは，義烏市場が持つ迅速かつ多様な供給力である。外国人バイヤーから受注した場合，2週間で3,000～4,000個の鞄を発送可能である。バイヤーからの要望に対して，約1週間で10ほどのサンプルを作成し，バイヤーに提案を行っている。親戚のいるスペインから「この柄のバッグが流行している」と情報を得て，すぐに4万個を生産し，出荷するなどの業務をこなしていた。経営者はインド，ベトナムの賃金は中国より安いが，バイヤーが求める「この柄のバッグを5,000個，2週間以内に」という要望には応えられないのではないか，逆に義烏には高級品を求めるバイヤーはもともと来ないのであるから安物に限定はされるが，それで十分商売が成り立つと述べた。

　本事例で興味深い点は，華僑ネットワークと集積を活用し，義烏に流れ込む需要ゆえに業務を安物雑貨に限定されつつも，いかに安く世界中の流行に合致した製品を供給するか，という点に経営の重点が置かれていることである。

【事例3】アクセサリーメーカー ZT 社[24]

　次に現在義烏市内の工業団地に工場を持つ，アクセサリーメーカーの例を取り上げる。創業者は広西省出身で，創業以前は台湾系メーカーで一般の出稼ぎ労働者として経験を積み，2000年，義烏にて従業員100名で創業した。現在従業員は400名で，イヤリング，ネックレスを主要な製品として自主ブランドを立ち上げている。アクセサリー関係の設備・原材料・販路はすべて義烏に存在しており，事業を行いやすい環境となっている。義烏のほかにアクセサリー集積のある青島と広州でも販売を行っているが，目下のところ義烏の販売量が最も多い。

　この事例から指摘しておきたいことは，自らの経験と集積の経済性を活用することで，出稼ぎから社長になりえるライフコースが存在していることである。激しい競争の中にあっても，このようなチャンスがあるからこそ，新規参入，

---

24) 2008年3月28日に行った生産部門経理からの聞き取りによる。

新陳代謝が継続しているのである。

【事例4】トランプメーカー BW 社[25]

　当社は1996年に創業し，創業者であるL氏が1984年に行商を始めたことにその起源を求めることができる。1980年代に創業者は義烏にて調達した様々な商品を四川，重慶，成都などへと自ら運び，販売していた。1996年に当時の中国では印刷技術のレベルが低く，しかも中国人がトランプを大変好むことに目をつけ，生産へと参入した。創業当時の段階において義烏市場は販売面でのプラットフォームであり，ほぼ全量を義烏市場で販売していた。しかしトランプは重く，現物を担いで市場で売買するのには適さず，やがて自社販売ネットワークを利用した販売へとシフトしていった。

　訪問時点で従業員は800人，年産2億セットという膨大な量を生産し，年商2億元（2007年）のうち，ほとんどが国内市場向けであった。取引の90％を全国の100程度の代理商が占めているが，義烏市場内のブースを通して全体の10％の量が販売されている。すでに湖南省に土地を購入してあり，今後工場を建設する予定である。現在印刷機械は合計11台あり，うち10台がドイツ製である。シートに印刷されたものを機械で裁断し，箱詰め工程は機械より安価だという手作業で行っていた。

　この事例から指摘しておきたいのは，量産が効く品目で，企業の規模が大きい場合，確かに義烏市場への依存度は下がり，ある意味で「卒業生」としての性質を持つに至るが，それでも年間2,000万個を売ることができる義烏市場の意味は大きく，内陸展開しても義烏の意義自体は残り続けるだろうという点である。

【事例5】農村委託加工の例

　次に農村委託加工の事例として，義烏に存在する斡旋事務所と，義烏から車で5時間ほど南下した福建省との境にある浙江省麗水市における加工現場の事例を見てみよう。

　ⓐ麗水市農村委託加工仲介事務所[26]

---

25) 2008年3月27日に行った董事長LJ氏，副総経理LS氏からの聞き取りによる。
26) 2008年8月30日，在義烏事務所で行った聞き取りによる。

写真 2-4　義烏市内のある家での委託加工（キューピー人形組み立て）

出所：2010年3月27日，筆者撮影。

　麗水市の委託加工仲介事務所は，2004年10月に麗水市政府の資金出資，婦人聯合の管理によって義烏市場のすぐ隣に開設された。麗水市への委託加工は1990年代からすでに見られ，その導入の程度は地域によって差があったが，本事務所が開設されて以来，現地で委託加工が広域化した。この事務所の役割は，バイヤー・ブースと地元の農村委託加工エージェント双方に無料で情報を提供することである。政府組織が仲介することで，双方から信用される効果があり，現在の発注側顧客は義烏市場内のブースが60～70％，貿易会社向けが30～40％を占める。委託加工の基本的な強みは農村部の低賃金にある。訪問時，義烏市付近では賃金は時給4～5元だが，麗水市では時給1.5～2元と，半分以下であった。麗水市には，彼らをまとめるエージェントが少なくとも1,100人おり，加工人員は合計11万人余り，年間の加工総額は3億元を超えていた。

　ⓑ麗水市QY県PD鎮Y村，村書記兼農村委託加工エージェントのW氏[27]

　QY県の人口は20万人で，Y村は1,838人である。QY県では2001年頃か

ら委託加工がはじまった。多くのエージェントは4～5年の経験があり，この村には6人のエージェントがいる。Y村の主な産業は農林業（米作，椎茸生産，林業）で，近年になり委託加工が加わった。W氏が加工仲介を始めたのは2007年からで，まだ経験は浅い。それ以前は椎茸の栽培をしていたが，村党書記となり村を離れることが難しくなったために，村にいながらできる委託加工のエージェントを始めた。

　W氏のケースでは，注文と原料はすべて義烏から持ち込まれる。現在は風鈴に特化し，主要工程はデザインに従ってプラスチックのイルカと金属の鈴を細いアクリルの紐で結ぶ作業である。現在加工に動員できる人員は200～600人で，その大多数が農業，子育て，家事の関係で自宅にいる必要のある女性たちである。5～6人の家族や隣人が軒先で加工しているのが一般的である。街の工場に集めると一人当たり一日40～50元かかる賃金も，こうして自宅で好きなときに加工できるようにすれば20～30元となる。受注状況によるが，訪問時には1カ月半で60万個を加工しており，工程数にもよるが，大体月平均で20～30万個の加工能力がある。加工が完了した製品は夕方にトラックに載せれば，翌朝には義烏に届く体制が出来上がっている。

　この事例から指摘しておきたいのは，義烏市場への中間財の集積と，多様な需要の流入を生かして，こうした簡単な加工であれば，安く多様な雑貨を供給できる「問屋制家内工業」のような仕組みが義烏と結合されて，また2000年代以降に広がっているという点である。

【事例6】日系買い付け兼メーカーA社[28]

　次の事例は日系企業の進出例で，雑貨の買い付けと携帯用カイロの生産を行っているユニークな企業である。当社は日本で書店および書籍の取次業を展開していたが，中小書店業態が苦境に陥る中で雑貨の販売も行うようになった。ギフトショーで義烏の存在を知り，買い付けに挑戦したが，不良品だらけで失敗してしまう。一度義烏の利用を諦めたが，かつて生産に携わったことのある

---

27) 2008年8月26日，Y村で行った聞き取りによる。
28) 2008年3月22日に行った義烏現地法人経理と，同年4月19日に行った本社専務からの聞き取りによる。

携帯用カイロが，近いうちに中国で売れるのではと考え，義烏に工場を建設した。並行して特注雑貨（販促品など）の発注管理業務や，雑貨買い付けの案内も行っており，多い月には12コンテナを日本に輸入している。

義烏市場のブースあるいは周辺の工場から雑貨を購入した場合，品質面での問題から逃れられず，例えば10万個の雑貨を発注すると，一般に3割，3万個の不良品が出てしまうという。日本向けはメーカーにとっても，市場内のブースにとっても，多少単価が高くてもロットが小さく，品質面での要求が厳しすぎるため敬遠されている。したがって発注は3〜5年程度の取引関係を持つ企業に発注し，生産の現場に入り込んで検査を行っている。日本に輸出した実績を持つ工場がその後欧米から受注するケースもあり，彼らにとってメリットがあるのも事実だという。

この事例からの含意は，まだまだ品質的には日本人の目から見たら「不良品だらけ」だが，それでも十分だというマーケットが世界には広範に存在しており，外延的拡大の余地が大きいこと，生産現場での検査と製品全量の検品を含め，使い方次第では十分日本向けに輸出可能な点である。

【事例7】コロンビア人バイヤーADD氏[29]

次の事例は短期滞在型のバイヤーで，コロンビアで主に玩具を，そして厨房器具なども扱う商人である。義烏には7〜8年前から来ていて，毎年3〜4回訪問している。品質面では義烏の商品は問題がないとは言えないが，コロンビア国内では十分通用するという。品質を管理したい場合には，義烏のブースの多くがメーカー直売であるから工場に直接行くのが一番で，この場合には原材料，デザイン，色の詳細をすべてADD氏が決定している。さらに同氏は中国人の協力者と合弁企業を義烏に設立しており，工場での検査（主に国際的な品質テスト結果の要求）とブースとの橋渡し役（不良品の抗議など）はその協力者が行っている。

年に4回義烏を訪問している理由は，一つには様々な雑貨を買い付けられるということと，もう一つは新商品が常に登場しているためだという。特に玩具

---

[29] 2009年9月12日に行った聞き取りによる。

は流行の移り変わりが激しく，例えば，映画が上映されるとそのキャラクターがすぐ流行り出す。義烏では来るたびに商品品目が変わっており，また売れ筋商品が必ずどこかに売られているため，頻繁に来る必要があるという。

この事例は途上国のバイヤーにとって義烏市場が持つ意義の一端を示している。義烏市場は，製品品質面では多少の問題があろうとも，そこでの管理・検査を怠らず，絶えず登場する売れ筋の雑貨を選別すれば，年に3～4回訪問する価値を持っているのである。

4）事例からの示唆と発展のロジック

以上の事例から得られた直接的な示唆は次の通りである。供給面では模倣の発生と新製品の登場が共存し（事例1），また中間財を含めた集積を活用して迅速に製品を供給することを強みとする企業が存在し（事例2），出稼ぎからでも成功しえるライフコースが存在している（事例3）。大企業の場合には，義烏市場への依存度が低下していくことが多いが，内陸への工場展開をしても，1割の販路としての義烏市場の意義は残ると考えられる（事例4）。また，2000年以降には農村委託加工が広まり，義烏の集積を利用しつつ多様な雑貨を安価に供給できるシステムの構成要素が多様化した（事例5）。買い手側から見た場合，日本市場を前提とすると依然として「3割不良品」であるが，義烏を拠点として多様な雑貨の特注が可能であり（事例6），また途上国から見ると受け入れられる品質を達成しており，売れ筋をめぐって絶えず新陳代謝が起きている（事例7）。

安物雑貨を卸売市場で取引する形態で，低品質製品供給と模倣の続発による停滞に陥らない，発展のダイナミズムの存在が個別企業の事例から看取される[30]。その背景として需要，供給，製品，取引制度の4つの側面から整理をしておこう。

---

[30] なお筆者はIto (2011) にて2007年の企業レベルデータを用いて地元産業の集積が個別企業の生産性に与える影響を検討している。それによると，多様な産業の集積が企業の生産性に正の効果を与える傾向がある一方で，特定産業への特化が負の効果をもたらしうるという結果が得られている。この結果は集積地での負の経済性を示唆しているが，異なる結果を報告する研究が存在しているため，現時点で解釈を加えることが難しい。

先行研究が述べている通り，第一に需要面で安物雑貨を需要する国内外の広大なローエンド市場が存在していることが重要である。この需要ゆえに，雑貨産業が中国国内のみならず，グローバル市場に向けて外延的に拡大しえる。園部・大塚（2004）に見られるような，産業の量的拡大期から質的向上期への展開という論理では，ローエンド市場の規模は限定され，また競争の激化と，他の後発国・地域の追い上げによって品質的向上が不可避の課題となると想定されているが，2000年代の中国と世界の新興国市場の勃興を念頭に置くと，この前提は成り立たない。とりわけ2000年代には，量的拡大つまり外延的拡大の余地が極めて大きかったのである。

　第二に指摘すべきことは，供給面の強みは，安いだけではなく，流行に合致する軽微な差別化が施された新製品を迅速に供給する体制が構築され，また生産組織の多様化による対応力の向上，そして生産の場の広域化も含まれていたことである。事例から示唆されるのは，広大なローエンド市場に向けて同じものを延々と供給するという「終わりなき単なる量的拡大」ではなく，各地の流行情報を収集し，その需要への対応力を磨く方向での「工夫と対応力の向上を含む量的拡大」であった。中には同じ製品を延々と供給し続け，競争力を失う企業も存在するが，依然として全世界のミドル・ローエンド雑貨市場の深掘りが可能な状況であると言え，新規参入企業も存在している。

　そしてこの構造が成り立つ背景には，製品としての雑貨が，コモディティ化しつつも，主にデザインを中核とした軽微な差別化が可能で，むしろ「鮮度」の良いあるいは流行に合致した開発がなされる余地が非常に大きい点がある[31]。安価で，製品コンセプト自体としては新規性がなくとも，形状・色彩などの面での斬新さは追求されえる品目を多く抱えるのが雑貨という製品群が持つ特徴だと言えよう。このため，模倣の横行により製品同質化が避けられないにしても，次の売れ筋をめぐる軽微な差別化競争はなくならない。

　この流行をめぐる差別化競争を促進しているのが，卸売市場というオープン

31）ここでの軽微な差別化・開発は，主に「本質的」な新たな機能・使用価値の創造というよりも，「表面的」な形状・色彩の改変に重点を置くものである。筆者は安物雑貨の領域においては，この斬新さの追求が極めて重要な位置を占めていると考えている。

な取引制度だと考えられる。卸売市場という一見原始的な形態でも規模化とインフラストラクチャー整備によって取引の利便性は高まり，特定の担い手によって取引が結合されるのとは大きく異なる効果が発生している。丁（2008b）などの先行研究でも触れられていることだが，需給両面での担い手の変動が著しい状況のもとでは，四方八方からの需要・供給情報は「場」という形でしか解消されえない。また流行情報といった拡散した情報の収集，製品価格という集約されることで競争原理が働く情報の面では，多様な担い手が局地的に集中する卸売市場としての優位性が発揮されると考えられる。

4　義烏システムの機能の検証とグローバルな影響力

1）アンケート調査の概要

次に，既存の義烏研究では比較的考察が浅かったバイヤーへの調査から，義烏システムの競争優位を測定することで，すでに述べた義烏産業集積の機能を検証してみよう。

既存研究では，丁（2007）がインターネットの情報をもとに中国商人のアフリカ進出とアフリカ人商人の義烏進出例を，また Fah（2008）が 9 名のバイヤーへのインタビュー調査を行い，価格，品揃え，デリバリーの重要性を指摘している。Fah（2008）が行った義烏の生産体制の定量的なアンケート調査は重要なアプローチであり，以下の分析はこうした手法をバイヤーから見た集積評価に導入する。

まず筆者は上記の超多品種安価柔軟供給を支えている各種の要因について，外国人バイヤーの評価を確認するために義烏市場内でアンケート調査を行った。実施日時は 2010 年 3 月 21〜24 日，8 月 24〜28 日の 2 回，計 9 日間で，義烏国際商貿城一期内および懇意になったバイヤーを通して合計 90 名の外国人バイヤーに声をかけ 45 のアンケート表を回収した。アンケートの対象は，一見して外国人バイヤーとわかる人のみに限られ，無作為抽出ではなく，また筆者の言語上の制約から英語，中国語，または日本語を話すバイヤーに限られた。

この点で一定のバイヤスは否定できないが，バイヤーの評価として以下の結果が得られた。

まずバイヤーの出身地は，聞き取りができた45名とそのほかにアンケート表を回収できなかったが国名を聞いた9名を含めると，インド5名，日本，イラク各4名，イラン，エジプト，バングラデシュ，パキスタン各3名，シリア，トルコ，ギニア各2名，セルビア，メキシコ，キルギスタン，ウクライナ，アルジェリア，リビア，アメリカ，エリトリア，トルコ，パレスチナ，ロシア，ウガンダ，ナイジェリア，ケニア，スペイン，イエメン，アフガニスタン，ブラジル，フランス，ベネズエラ，ブルンギ，アンゴラ，アゼルバイジャン各1名であった。全54名で33カ国となり，義烏市場を訪れるバイヤーの国際性が明確に表れた。日本人が多いのは筆者が日本人であるゆえのバイヤスで，無作為抽出を行った場合にはより小さい比率となるはずである。

バイヤーが卸売商か小売店主かを聞き取ることは難しかったが，半数弱のバイヤーが小売店主であった。従業員数を聞くと平均で9.78名（n=18）と，規模の小さな企業主が多く訪れている。45名のうち，6名が義烏に常駐または半常駐し，買い付けを行っていた。こうした常駐型のバイヤーを除くと，義烏への平均滞在日数は12.74日（n=33）で，短い人で2〜3日間，長い人で20〜30日間義烏に滞在し買い付けを行っていた。これまでに義烏を訪れた回数を尋ねると，平均で6回（n=35，常駐型バイヤーと，80回訪れていた訪問型バイヤーを外れ値として除いて算出）であった。

バイヤーが義烏に初めて来た年を尋ねると，1998年，2000年，2001年，2002年がそれぞれ1名で，その後2003年2名，2004年4名，2005年2名，2006年4名，2007年5名，2008年5名，2009年4名，2010年9名となり，おおむね近年初めて義烏市場を訪れ，その後繰り返し訪れているバイヤーが多いことが判明した（n=39）。年に何回義烏を訪れるかを聞くと，平均で2.85回となった（n=24，最大値12）。最後に義烏市場をまた訪れるかと聞いたところ，驚くべきことに33名中32名が訪れると回答した（1名は到着直後で，再度訪れるかは現時点で不明と回答した）。

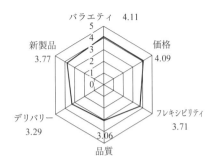

図 2-4　外国人バイヤーの義烏市場評価
　　　　（算術平均，n＝35）（2010年）

出所：筆者調査データより作成。

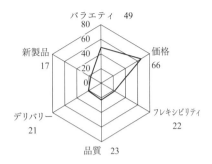

図 2-5　外国人バイヤーの義烏市場評価
　　　　（優先順位，n＝34）（2010年）

出所：図2-4に同じ。

2）バイヤーは義烏市場の何を評価しているか

次に義烏の優位性がどのような要因にあるかを把握するために，QCD＋VFN（クオリティ，コスト，デリバリー，バラエティ，ロットのフレキシビリティ，ニュープロダクト）のそれぞれを，1を強く劣位，2を劣位，3を普通，4を優位，5を強く優位として評点をつけてもらい，算術平均を算出した（図2-4）[32]。その結果，外国人バイヤーは義烏市場の品揃えと安価な価格を最も高く評価し，その平均は4点を超えた。そして次に新製品の登場を，その次に注文の際に大小様々なロットで購入可能なフレキシビリティを評価していることがわかった。購入後のデリバリーと商品の品質はそれほど高い評価を得られず，特に品質は聞き取りの際に「悪い」と直言するバイヤーも多かった。

最後に6つの項目の中で，「あなたはなぜ義烏に来たのか」という基準で優先順位をつけてもらい，1位には3点を，2位には2点を，3位には1点を与えて集計した（図2-5）。その結果，価格を最重視していることが明瞭に表れ，品揃えも重視されていた。他の4項目の値には大差なかったが，品質の優先順位が著しく低いということもなく，義烏の商品品質を一定程度評価していることも窺える。

---

[32] この尺度は多段階カテゴリー尺度であり，極カテゴリー尺度ではないため厳密には平均を出すのには若干の問題があるが，それを踏まえつつ算出した。

これらの結果から，QCD＋VFN のうち，品揃えと安さが際立った義烏の優位性であり，同時に新製品と取引の柔軟さも大きな強みであることがわかった。したがって，既述の超多品種安価柔軟供給と新製品の登場という点は裏付けられたと言えよう。

3) 義烏システムのグローバルなインパクト――"I skipped Dubai"

続いて，懇意になったバイヤーと，一部連絡の取れたバイヤーからより本格的な聞き取り調査を行った。以下では聞き取りから示唆された興味深い点，すなわち義烏の発展による各国流通業に対する影響に絞り，検討を加える。

【事例1】日本人常駐型バイヤー A 氏[33]

1人目の事例は，日本人の常駐型バイヤー A 氏で，すでに義烏で6年の常駐経験を持つ，ベテランバイヤーである。日本の100円ショップや，大手雑貨小売りの買い付けも手掛けた経験を持つ。年間で100～200名の日本人バイヤーを受け入れ，義烏での買い付け，検品，発送等々の業務を担っている。A 氏によれば義烏の最大の強みは，一言で言えば「短期間で沢山の種類のものが買える」ことである。広東省にも同様のメーカーが多いが，現地には義烏のような規模と品種を扱う卸売市場がなく，1日に3～4社のメーカーを回り製品を見るのが限界だが，義烏はメーカーの常設展示会の役割を果たしており，3日で570品目を買い付けたこともあったという。

A 氏によれば世界中の雑貨商にとって義烏はすでに業界標準化しつつあるという。なぜならば，義烏には卸売市場ゆえに基本的に誰でも来ることができ，競争が激しく価格もオープンであるため，これまで商社が担ってきた国外商品の品揃え収集機能を場としての義烏が担っているからである。以前であれば「中国の雑貨メーカー⇒中国の商社⇒日本の商社⇒問屋⇒小売店」という商品の流れであったものが，物によっては日本の小売店主が義烏を訪れることで「中国の雑貨メーカー⇒義烏市場⇒小売店」という中抜きが可能となっているという。これにより日本の雑貨輸入を担ってきた大阪の数社の雑貨問屋も影響

---

[33] A, B, E, G 氏からは 2010 年 3 月 21～27 日に，C, D, F 氏からは同年 8 月 21～28 日に義烏市内にて聞き取りを行った。

を受け，倒産してしまうか，義烏が得意とする安価品の輸入業務から手を引いたりしているという。

【事例2】日本人半常駐型玩具バイヤーB氏

2人目の事例は，半常駐型の日本人玩具バイヤーB氏で，2003年以来，これまでに80回程度義烏を訪れている。B氏は親子二代で玩具の卸売に携わっており，かつては国内の玩具問屋からも購入していたが，買い付け地を韓国，台湾，香港，深圳，東莞，汕頭と渡り歩き，義烏にたどり着いたという。義烏市場の製品品質の低さを指摘しつつも，何よりもその安さと，10のブースを回れば，その中に新製品がある点，小ロットから買い付け可能な点を評価していた。東莞のメーカーの方が義烏よりも価格も品質も高いが，要求される買い付けロットが膨大で，ゴム製のスーパーボールを発注しようとすると「ワンコンね（1コンテナという意味）」と大量発注を要求してくるが，義烏ではカートンレベルから買い付け可能で，B氏の業務規模に適しているという。

B氏によれば買い付け地の移行は，業界の中で「ここよりもどこどこが安いらしい」という情報が流れてくることより始まるが，聞き取り時点で「義烏の次の場所はいまだに何も聞こえてこない」と言う。なぜなら義烏に中国国内の商品が集まる仕組みが出来上がっているため，B氏は「義烏を離れるときは中国を離れるときだろう」と言う。

【事例3】ケニア人訪問型バイヤーC氏

3人目の事例はケニア人のバイヤーC氏で，自国に自らの小売店を持つ商店主であった。主な買い付け品目はスポーツ用品と電気製品で，一回につき10日ほど滞在し，毎回4万ドル程度を購入している。この事例で興味深いのは，C氏が以前ドバイで買い付けを行っていた点である。ある時，ドバイのほとんどの雑貨が義烏から流通しているという情報を入手し，ドバイをとばし，2009年に自ら義烏を訪問した。聞き取りの際，彼女はこのプロセスを"I skipped Dubai"と表現した。それ以来，毎月義烏を訪れており，義烏ではドバイの卸売業者を何人も見かけたという。

同様の「中抜き（skip）」の事例はほかにもあり，ナイジェリア人の卸売商のバイヤーD氏も2002年に初めて義烏に来る以前はドバイで買い付けを行って

いたし，イラン人バイヤーのE氏も2006年に初めて義烏に来る前にはドバイで仕入れをしていた。またバングラデシュ人のバイヤーF氏も2007年に義烏に来る以前は，シンガポールの商社から工具を買い付けていた。

【事例4】イラン人常駐型バイヤーG氏

G氏の事務所は義烏国際商貿城に隣接した商業ビルにあり，ここには多くの外国貿易会社が入居している。本事務所はイラン人である同氏と，その家族・仲間が経営している貿易会社の義烏事務所である。事務所は義烏のほかにドバイ，イラク，イラン（Banah city）の，合計4つである。当事務所内には，イラン，ドバイ，中国の時間を示す3つの時計が壁に掛けられており，10～20名の中国人を雇っている。10名ほどの若い中国人（10代後半から20代）は，バイヤーの注文に従って義烏市場内のブースや工場との交渉を行っており，合計して義烏から年間200～300コンテナ（毎月20コンテナ程度）を発送している。

ここでは中国人アテンドとバイヤーが一緒に市場に行き，その後の発注，簡単なサンプル検査，出荷を行っている。バイヤーはブースで購入する場合には，基本的に現金で支払う必要があるため，G氏が短期の資金を貸すこともある。大体一人の顧客が買い付けるのは1回の訪問で50万人民元（600～650万円）程度，年に3～4回は来るという。年間に150～200人の顧客が本事務所を訪れ，既述のE氏も本事務所の顧客の一人であり，義烏での買い付けの際のサポートサービスを受けていた。

以上の聞き取りから示されるのは，義烏の登場による世界の雑貨流通業への大きなインパクトである。"I skipped Dubai"と述べたケニア人女性が行ったような，いわゆる「中抜き」が，世界規模で起きているのである。アフリカや中東から見たドバイ，東南アジアから見たシンガポール，日本から見た大阪が担ってきた雑貨集散機能は，義烏との比較において劣位に置かれ，中抜き（skip）されるのである。

なぜ彼女はドバイを"skip"して義烏に来たのか。そこには中抜きを可能とする構造・優位性・背景がある。第一に，誰もが買い付け可能という意味での，卸売市場特有の開かれた構造が指摘できる。そして第二に，競争優位として義

烏の「雑貨の超多品種大量安価柔軟供給」能力を指摘できる。そして第三にこれが実現可能な背景・基盤は，中国が持つ安価な要素価格のみでなく，すでに述べた，義烏システム全体として多数かつ多様な生産組織と商業資本が開かれた卸売市場に集約され，複合的に集積し，競争していることである。義烏に広範囲の大・中・小の雑貨メーカー・問屋・商人が集約されることで，集積全体として，相対的に安価な価格で，膨大な品種のミドル・ローエンド雑貨を，短期間に，幅広いロットサイズで供給可能なのである。

また，中国語も英語も話せない外国人バイヤーが訪れても，求める品目を購入できる環境が整っている面も見逃せない。その一端を担っているのがA氏やG氏のような常駐型のバイヤー事務所で，義烏市場全体の品揃え情報を把握し，訪問型バイヤーにその情報を提供する機能を果たしている。一定数の常駐型事務所が集まることで，こうした事務所間の競争がすでに発生しており，マージン率やサービスの面でおおよそのスタンダードが形成されている。逆に言えば，買い付けに訪れていたようなアフリカの中小雑貨小売店の存立基盤の一部を，義烏市場が提供していると捉えることも可能であろう。

写真2-5　義烏市場内のラテンアメリカ向けの買い付け事務所の広告

出所：2015年1月8日，筆者撮影。

5　義烏システムの形成要因

1）義烏システム形成の多層的背景

前節では義烏市の発展が卸売市場を中心とした総合的な雑貨供給力によるも

のであることを検証した。それではどのような背景が義烏市の発展を可能としたのであろうか。筆者は世界的に見ても群を抜く雑貨供給体制が形成された背景には，以下に述べる中国，浙江省，義烏市，グローバルレベルの4層の経済地理的な要因があると考えている。

①改革開放期中国の特徴——市場形成と生産流通再編

第一に，すでに第1章で述べた計画経済から市場経済への移行プロセスで生じた供給不足と生産販売の担い手の不在を指摘することができる。

義烏市場は，後述する通り雑貨の闇市という統制の緩い計画経済の「周辺」からスタートした。農業改革と規制緩和が進み，膨大なローエンド需要が顕在化したとき，多様かつ大量な日用消費財を中国全土に供給できるような仕組みは国営セクターにはなかった。民営企業の大量創業を可能にする需要条件と，すでに第1章でも触れた1970年代の機械金属加工の技術的基盤の形成を踏まえれば，短期間に民営企業主導の産業再編が起きる条件はそろっていたと言える[34]。

②「土壌」としての浙江省——軽工業集積群と商人ネットワーク

第二に，義烏の発展の背景には浙江省というセミマクロレベルの要因がある。多様で安価な製品の一次卸売市場は，民営経済の盛んな浙江省を「土壌」として形成・発展することができた。

改革開放期中国での軽工業の発展は，労働力が豊富で，国内需要も後発途上国の水準であった当時の中国の条件から説明される現象だが，それだけでは現実に起きた生産力の局地的な集中を説明できない。中国国内の経験からすると，軽工業の立地は要素価格ではなく，むしろ企業家が層として生まれるか否かが鍵となってきた。浙江省は中国でも民営経済が最も活発な地域であり，多くの産業集積，専門卸売市場，民営中小企業が存立し，全国と海外に広がった販売ネットワークを利用しつつ軽工業品を中心に発展してきた。この点は地域ごとの歴史的な経路依存性によるところが大きく，その典型例が浙江省の温州市で

---

[34] 計画経済の周辺として位置づけられたがゆえに，統制が緩く，計画期にも草の根の企業行動が一部観察され，また改革開放直後の発展が最も迅速であったことは温州の事例と類似している。この点については伊藤（2008）と丸川（2009a）参照。

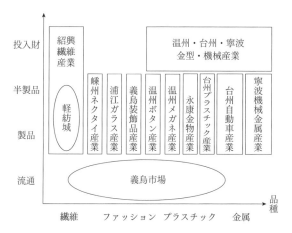

図 2-6　浙江省産業集積群の連関概念図

注：四角は各域内の工業集積を，楕円が卸売市場を指す。ただし各地の中小規模の卸売市場と，義烏市内の各種工業については簡略化のため省略した。
出所：筆者作成。

ある。温州では活発な商業の伝統ゆえに計画経済期にも個人主義的な集団所有制企業が多数残存し，経済改革の開始後には他地域に先駆けて商工業へと盛んな新規参入が起きた。

これまで，義烏市場の強みは産地に近接した一次卸売市場としての地位にあり，それは軽工業集積が多数形成されている浙江省でこそ可能であった[35]。省内には大唐の靴下産地，台州のプラスチック用品産地，温州の文具・メガネ産地などが形成されており，これら産地の販売拠点の一つとして義烏市場が位置づけられている。浙江省内に生産・流通両面での担い手が多数存立し，多数の産地が義烏とともに育っていったことの意味は大きい。図2-6のように，横軸

---

[35] 河北省石家荘の新華集貿市場（2006年取引額303億元）と南三条批発市場（同306億元），瀋陽の五愛小商品市場（同215億元），重慶の朝天門市場（同118億元）は義烏市場に比べれば規模は小さいものの，どれも全国有数の巨大卸売市場である。しかしこれらの市場は主に南方産地の製品を取り扱い，商品の一部あるいは多くを義烏市場から調達する二次卸売市場としての性格を持っている。それゆえに義烏が持つハブとしての影響力を持たなかった。

を域内で生産される品目，縦軸を生産工程と考えてみよう。浙江省の産地群はそれぞれ特定品目への特化型工業化の傾向が強かったのに対して，義烏市は雑貨という範囲内での総合的な流通基地化を追求した[36]。この意味で義烏市は浙江省の強みを生かした独自な方向で発展を模索した[37]。

また浙江省の産業は，国内市場に適合する製品を安く作る特徴を持っており，これが義烏市場の製品の競争力につながった。例えば，渡辺（2004）は温州市の機械メーカーを事例として，国内需要のレベルに合わせて精度と価格を落とした機械（この場合は研磨機）の簡便化開発の意味を検討している。また，大原（2005）は類似した事例を台州市の金型産業で見出している。それによれば台州の金型産業の場合，日本に比べて3分の1程度のコストで金型製造が可能であるが，それは原材料，設備の違いに加えて技能工の人件費の安さと労働時間の長さ，熱処理工程の省略，設計ソフトの違法コピーなどの要因による。どちらの場合も浙江省のメーカーが厳しい精度を求めず，耐用年数もそこそこでよい中国国内需要に対して適合的なものづくりを行っていることが示されている。安くものづくりをする工業集積が集積している浙江省ゆえに，義烏は多様な製品を安く供給できる一次卸売市場としての地位を築きえたのである。

③義烏の条件——商業の伝統

第三に，義烏現地が持つミクロレベルでの要因がある。まず現地の行商の伝統が指摘できる。義烏は伝統的に行商が盛んな地域で，「鶏毛換糖」と呼ばれる農民が農閑期に行う行商が盛んであった。「鶏毛換糖」は現地特産の飴を持って各地の農村を回り，各家庭で余った鶏の羽や廃品と交換してもらい，収集した物を売って現金化したり肥料として利用したりする生業で，清代から行われていた[38]。義烏では計画期の1970年頃からすでに闇市が立ち，この行商の

---

36) こうした特化への過程は平坦なものではなく，多分に集積間の競争と差別化の過程でもあった。
37) 1993年以降は現地の工業化も重視されるようになるが，それも義烏市場の存在を活用した形での関連雑貨産業（アクセサリー，靴下，玩具など）の発展促進であった。地域の優位性の源泉は依然として総合雑貨市場としての横断的な性質にある。
38) 陸・白・王（2003）pp. 52-56，浙江省政協文史資料委員会編（1997）pp. 296-309参照。それによると太平天国期に単なる飴の販売と物々交換から小物雑貨の販売へと徐々に性質を拡張していった。

伝統が義烏市場の形成と発展に大きく作用した（張・朱編，1993；陸・白・王，2003）。行商からの商業・工業への展開の具体例として，元行商人の口述を要約して引用しておこう。

> 私は1957年，義烏県稠城鎮の黄塘村に生まれた。村には30戸，100名余りが住み，私は10人兄弟の9人目として生まれた。家は貧しく，祖父も父も，正月と農閑期には村々へ「鶏毛換糖」に出かけた。1973年，17歳の時に私も江西省上饒へと出かけることとした。父は喜んで30元の元手をくれて，それで私はいちばで靴ひも，縫い針，ボタン，飴，食料品を買い付け，旧暦の12月20日に出かけた。
>
> 列車で上饒まで行き，「鶏毛換糖！」と声を張り上げながら，歩き始めた。外へ出たら，普通，昼食は食べない。春節は「鶏毛換糖」にとって最高の時期だ。なぜならこの時期に農村では多くの鶏を食べ，その羽毛が余っており，また農民の子供もわずかながらもお年玉をもらっているからだ。義烏に帰り，品質は悪かったが集めた羽毛を買い付け窓口で売り，他の小物や漢方薬の原料を売った収入を計算すると，40元余りの儲けになった。
>
> その後，行商に出て春節を4回過ごした。1979年には知り合った広東人の商人に連れられて広東省の汕頭，澄海などに行き，プラスチックボタン，玩具を買い付けて義烏で売るようになった。1982年，義烏の第一代市場が開放された。私はファスナーの売買に参入した。福建省の石獅から製品を調達するうちに，徐々につくり方がわかってきて，自分で加工・生産をしたくなり，1984年からは半製品を買い付けてきて義烏で加工する工場を建てた。加工工程はごく簡単なもので，見れば誰でもできるものだった。1987年には温州市の橋頭へ行ってファスナーを仕入れるようになった……[39]

計画経済期には重要な財や重点企業では厳格な統制が敷かれていたが，その管理は農民や集団所有制企業の周辺的で，草の根的，かつ主体的な活動を完全に封殺するには至っていなかった[40]。計画経済期からその後形成される全国的

---

39) 浙江省政協文史資料委員会編（1997）pp. 130-141 の龔輝潮氏の口述を要約的に翻訳引用した。

な販売網の種はまかれ始めていた。
　④グローバルな雑貨需要——国外バイヤーの群集
　第四に，グローバルなレベルの需要要因が義烏市場の拡大を可能とした。1990年代まで主に中国国内市場に依拠して発展してきた義烏市場であったが，2000年代以降は国外バイヤーが数多く訪れている。現在では全世界の雑貨需要に応える買い付け拠点となっており，市内には各国バイヤーの買い付け事務所が多数立地している。目下，義烏市場は全世界の多様で巨大なボリュームゾーン雑貨需要に柔軟に応える仕組みとして発展している。近年のいわゆる新興国経済の台頭が中国の草の根の産業集積の拡大にもつながったのである。

2）発展の要因——末端での経路依存性と担い手の模索

　それでは何ゆえに独自な発展が可能であったのか，よりミクロかつ内在的な要因に踏み込んで検討を進めてみよう。
　①経路依存性と独自性の「種」——闇市・行商からの連続性
　義烏市の発展が独自な産業集積によったことはすでに確認してきた通りである。ではこの独自性はどこから生まれたのであろうか。
　先行研究では，現地の伝統的行商「鶏毛換糖」の存在が義烏市場の形成をもたらしたと度々指摘されてきた[41]。工業基盤も，隣接大都市も存在しない義烏にとって，自立的な発展を可能とする唯一の可能性が伝統的な商業活動にあったのである。産業集積の独自性に注目する筆者にとって重要だと思われるのは，この伝統が単に市場形成の源流となっただけではなく，その後の義烏市場の展開の方向性を示唆していた点である。陳（2008）は「鶏毛換糖」の主要な顧客が農村の女性や子供であった点を強調し，この顧客層と物々交換を行う際には裁縫用の小道具類（針や糸など）や髪飾り，おもちゃが有効な商品であったこ

---

40) この他にも例えば1975年の時点でチベットのラサにまで義烏人が行商に行き，商売をしていた（義烏新聞網2004年9月8日記事「義烏西藏　万水千山隔不断」より）。
41) 特に陸・白・王（2003）参照。開発経済学の視角から見た場合，義烏の事例は人が多く農業生産に限界がある地域で，非農業の発展が先行する農業比較劣位仮説（園部・藤田編著，2010参照）が該当する。しかし中国ではこうした地域は数多く，このほかに工業基盤や企業家の有無まで論点に含める必要がある。

とを述べている。

　すでに前節で行商人の例を引用しているが，同様の行商人は1974年の時点で2万人を超え，例えばナイロン製髪飾りの原料は天津の紡織工場から調達されていた。計画経済期からこうした原材料の全国的な流通が闇ルートとして存在し，また雑貨商品の売買が公には禁止されていても，計画経済の周辺部分では草の根の経済活動が展開していた。1973年頃にはすでに永康産の金物（ピン類，チェーン，玩具の鉄砲など），温州産のプラスチック製品とイミテーションの指輪，江蘇産のレース，風船，蘭渓産のプラスチック製の紐・帯，ボタン，金華産の小型花火，マッチ用品，東陽産のくし，女性用頭髪ネット，浦江産の鉄製の金具，麗水産のボタンなど，百種に及ぶ商品が闇市に集まっていた。鄧小平が表舞台に戻ってくる頃になると取り扱い商品は靴下，マフラー（ファー），ネクタイ，下着，豆電球などを含めて数百種にまで増え，闇市で経営を行うものも300人に達していたという（陳，2008）。

　このように1970年代初頭の時点で裁縫道具，玩具，アクセサリーなど，その後に義烏市場で主要取り扱い品目となるような品物がすでに登場しており，また農村をくまなく歩き回る伝統的行商人が万単位の人数で存在した。だからこそ義烏の商人たちは，こうしたこまごまとした商品に確かな，そして膨大な需要があることを改革開始以前にすでに把握していたのである。行商という現地の伝統，闇市の存在という計画経済の不完全性，この2つの歴史的背景が，その後の独自な総合雑貨卸売市場の形成へとつながる「種」であった。

②キーパーソンの作用——草の根の模索

　義烏現地に行商の伝統が存在し，それはその後の独自な発展の種子となったが，視野を拡げてみると行商の伝統は中国の各地に存在した。換言すれば，現地の伝統のみでは発展の十分条件とは言えず，まずは前節で言及した浙江省という「土壌」を背景としてその独自性を強化することが可能だったと見るべきである。これに加えて義烏現地では，卸売市場形成の段階で現地政府のキーパーソンが農民の雑貨経営を調査し，制度的にグレーゾーンな領域での政策が模索されていた。上記の独自性の種子の存在を現地政府が認識し，その後の地域政策を大きく変えていくこととなった。

キーパーソンとなったのは1982年4月に義烏県書記に着任した謝高華氏であった。同氏は義烏出身ではなく，着任直後から県の各所を回り実地調査を行った。そこで彼は当時いまだに公式な認可が下りていなかった現地商業の可能性を見出す。その状況を同氏は以下のように振り返っている。

　　調査が進むにつれて，一人当たり耕地面積が狭い義烏で，農民が農業生産に影響を与えない範囲で，「鶏毛換糖」に従事し，小商品の商売をして資金を貯め，生活の足しにすることは，国のため民のためになる良いことだ，とますますこのように考えるようになった。そこで私は調査で手に入れた一次資料をもとに，最初の県レベル幹部会議で自分の見方を提示した――「義烏の小商品経営は悩みの種ではない，義烏の一大優位性だ……」。当時の幹部たちの議論は紛糾し，反響は強烈であった[42]。

　現場を歩く中で謝書記は闇市で経営をしていた馮愛倩氏らから，農民の商売を認め，税制面での待遇改善を直接陳情されていた。また，謝書記の元上司が当時温州市の書記を務めていた袁芳烈氏であったこともあり，1982年の下半期には，末端レベルの政府関係者として全国に先駆けて温州を視察した。視察を通じて訪問団は民営経済を中心とした温州経済の発展を目の当たりにすることとなり，その後のより大胆な地方政策へとつながっていった[43]。地元が地元の強みを認識した，つまり換言すれば地域資源が現場で「発見」され，ここからボトムアップの地域政策が胎動していくこととなる[44]。

③県政府と公共財政策――「興商建市」と「省管県」

　その後，義烏市場の独自性を強化するうえで県政府は決定的な作用を果たした。まず1970年代から現地に存在した闇市での取引を，1982年に上記の県書記謝高華氏が事実上許可し，これが義烏市場形成の大きな節目となった[45]。また，同氏は2年後の1984年の政治報告で市場化と流通改革について，以下の

---

42) 浙江省政協文史資料委員会編（1997）p. 3 より引用。
43) 浙江省政協文史資料委員会編（1997）pp. 2-6, pp. 117-118 より。
44) 独自な地域資源の「発見」と「発掘」があってはじめて，その資源を商品化・ブランド化することが可能となる点については植田・立見編著（2009）pp. 31-32 参照。
45) 陸・白・王（2003）pp. 31-38 参照。

ように述べている。

> 我々は計画経済を主とし，市場調節を補助とする原則を堅持し，国家，集団，個人が一斉に作用する方針を支持し，積極的に市場を開拓し，流通ルートを整理拡大し，商品生産の勃興と発展を促進する。農業副業品の買い付け販売政策をさらに緩和し，三類の産品と統一買い付け任務以外の産品は，生産者が自ら処理する権利を持ち，価格を正しく開放し，多様なルートによる経営を許す。経営は極力プロセスを減少させ，生産地と販売地域を直接結びつける流通を組織する。小商品専業市場と多数の農民買い付け販売専業戸は，我が県経済活動の一大優位性であり，引き続きサポートする[46]。

現地政府は 1984 年の時点で，雑貨市場が地元の優位性であることを認識しており，同年の 10 月には「興商建県（商業を興して県を建設する）」発展戦略を提起していた。これ以降現地政府は一貫して，商業・貿易を地域経済発展戦略の中核に据えてきた（表 2-7 参照）。義烏県の産業集積に関わる具体的政策を並べてみると，1980 年代から卸売市場のインフラストラクチャー建設と整備，経営者への税制の優遇，物流センターの整備，展示会の実施，海関事務所の設置など，多方面にわたる政策を実施してきたことがわかる。特に卸売市場に関しては管理会社である義烏中国小商品城集団が中心となってきた。当社は義烏市が出資する地方国有企業で，2002 年に上海証券市場への上場を果たし，依然として義烏市が出資した国有企業が株式の過半数を所有している。

ここで注目されるのは，政策が全国に先駆けて実施されてきた先駆性と先進性である。1982 年の市場の許可に始まり，県政府が上級政府に掛け合って投資認可を取得し市場インフラを建設するなど，義烏での取り組みは明らかに，先駆性だけでなく先進性も帯びていた。例えば，1990 年の時点で市場拡張に必要な投資必要額は県レベルの認可上限 50 万元，市レベルの認可上限 300 万元をすでに超えており，また土地の調達についても問題に直面したが，県工商

---

[46] 中共義烏市委党史研究室（2005）上巻，pp. 356-380 の県書記謝高華氏の政治報告（1984 年 5 月 27 日）による。引用部分は p. 368．「三類の産品」は計画経済期に比較的に統制の緩かった消費財を指し，「小商品」と呼ばれ，現実的には雑貨製品を指した。

表 2-7　義烏市党大会の主要報告の概要と同時期の集積関連政策（1984〜2003 年）

	主要報告のタイトル	義烏の発展戦略と卸売市場に関わる言及	集積関連政策
第六次党大会（1984 年 5 月）	党の第十二期代表大会の示す方向に沿って開拓前進する	雑貨卸売市場が物資の流通と現地加工業の発展を促進している 小商品専業市場と多くの農民購入販売専業戸は我が県経済活動の一大優位性であり，継続的に支援する	いちばの許可（1982 年），いちばの移転拡張（1980 年代），定額制税制の採用（同上）
第七次党大会（1987 年 3 月）	団結して実務に励み，開拓し，文明的豊さを反映した義烏を建設するために努力する	「興商建県」の方針で，流通を活発化させ，義烏市場の特色を作り出す すでに義烏小商品市場は全国的な小商品集散地になっており，農民が流通に参入するのに有利な条件を作り出している	
第八次党大会（1990 年 3 月）	信念を持ち，困難に立ち向かって創業をし，義烏社会主義建設事業の新たな章を創作する	「興商建市」の方針を堅持し，貿易を導きとし，貿易・工業・農業を結合し，都市農村の一体的な発展戦略を継続的に実践する 交通と流通が我が市の二大優位性であり，この優位性を十分に利用し，発揮する	取扱商品ごとに市場内を整理（1991 年〜），義烏市場管理会社の設立（1993 年），工業園区の開設（1990 年代），義烏小商品博覧会の開催開始（1995 年〜），品質管理センターの開設（1995 年〜）
第九次党大会（1993 年 3 月）	改革開放と現代化建設の歩みを加速し，義烏を比較的発展した中レベルの都市とするために奮闘する	「興商建市」の方針を堅持し，「以商促工」（商業を以て工業を促進する）を実行する 我が市の今日の繁栄は，改革開放の大海原の中で，一歩先を進み，市場開放の先頭に立って先発の優位性を確保してきたからである	
第十次党大会（1998 年 3 月）	チャンスを捉え，再び新たな創業をし，初歩的に現代化された中レベルの都市を建設するために努力奮闘	「興商建市」発展戦略をさらに深化させ，改革を深化させ，経済全体の質を引き上げる 地元工業の発展を促進し，ブランドを持つ大企業の発展と，中小企業の集積を支援する	
第十一次党大会（2003 年 1 月）	思想を解放し，時とともに進み，イノベーションを開拓し，国際的な商業・貿易都市の建設のために努力奮闘する	商業・貿易が義烏経済発展の生命線である 国外貿易による牽引，貿易と工業の連結，著名ブランドによる率先，大衆による推進，政府による促進により，義烏市場を国際的な小商品流通センターとする	市場管理会社の上場（2002 年），海関事務所の設置（2000 年代）

注：義烏は 1988 年に県から県級市へと昇格している。
出所：中共義烏市委党史研究室（2005），陸・白・王（2003），陸編者（2006），その他報道により作成。

局が当時の浙江省長に直接掛け合って認可を得た[47]。現地でもこの「先進性」は一貫して重視されてきており，表2-7 で示した 1993 年義烏市党大会の主要報告でもその重要性が指摘されている。他の地域が義烏を模倣しても，常に一歩先を進んだ政策を打ってきたのである。

では中国の垂直的な行政的システムのもとで，なぜ先進的な取り組みが可能であったのだろうか。この点について指摘できるのは，義烏市自体が「省管県（省が地級市を経由せずに直接県を管理する）」という行政システムを体現してきた点である[48]。浙江省では比較的面積が少なく県級行政単位の数が少ないこともあり，1980 年代の地級市レベルが県を管理する改革の下でも，長らく県と省の関係が深かった。こうした理由もあり，浙江省では末端行政の効率化のために 1992 年，1997 年，2002 年，そして 2006 年の 4 度にわたり，県レベル政府の権限強化が図られてきた。2006 年には義烏は省レベルの権限を 472 項目，市レベルの権限を 131 項目，合計 603 項目を賦与された。権限の中身は特に海外直接投資関連の経済管理項目を中心としつつも，医療，保健などの権限も含まれた。これにより，上級部門の審査を経ることなく義烏市が主体的に決定できる事項が増加することとなった。「省管県」の方針はとりわけ財政面で先行しており，行政権限の面では進んでいないとされているが，少なくとも経済面では県のリーダーシップが発揮されうる環境が義烏には整いつつあったのである。

6　小　　括

1）義烏の可能性と課題──大企業・産地の再編・Eコマース・「新特区」

現在，義烏は雑貨総合卸売市場を中核としつつ，さらなる発展を模索してい

---

[47] 浙江省政協文史資料委員会編（1997）pp. 57-68 より。
[48] 中国社会科学院浙江経験与中国発展研究課題組（2007）の第三章，人民網 2008 年 9 月 8 日記事「20 省試行"省管県" 一些地級市控権不放」および鳳凰網 2010 年 2 月 6 日記事「強県拡権：義烏試点熱身」参照。「省管県」については，邦文では例えば孟（2006）参照。

る。伝統的に中低級品の雑貨を取り扱ってきた現地では，かねてから賃金の上昇に伴って競争力が削がれる可能性が指摘されてきた。そのため政府の旗振りのもとで産業の高付加価値化を目指すとともに，生産地にも再編の兆しがあり，また新たな取り組みとしてインターネット取引との接合，生産設備市場の整備などの多様な可能性を模索している。

　政策として成果を上げているのは，第一に著名ブランド大企業の成長であろう。1990年代までに義烏市には全国的に有名な雑貨メーカーは存在しなかった。1997年のアジア金融危機後に初めて義烏市場，そして義烏市の成長が低迷し，義烏市はブランド力を持つ企業の育成を奨励した。その結果，現在ではアクセサリーメーカーの新光飾品，靴下メーカーの浪莎集団などの業界最大手企業が生まれ，各社が依然として義烏市場にブースを持って販売を続けることで義烏市場内の製品の品質的な幅が広がることとなった。

　第二に雑貨産地および加工地域の再編が挙げられる。2008年に義烏市政府，義烏市場と商務部が協力して整備を進めた価格指数「義烏指数」には，義烏市場内で販売される主要雑貨品目の産地が記載されている。この産地は，データを収集する委員会が主要な産地だと判断した地域が記載されており，品目数の観点から，どの地域から製品が流通しているかについての概況を把握できる。2008年から15年にかけて集計品目数が拡充されてきたため，地域別のシェアの変化に注目すると義烏市内からの供給シェアはほぼ一定であったが，浙江省内でも温州市，東陽市，台州市からの流通品目が増加していることがわかる。他の省市からの流通を見ると，上海市と江蘇省のシェアが減少する一方で，河北省，山東省，山西省のシェアは拡大しており，産地の再編が省内外の両面で進んでいたことが示唆される。ただし，このデータ上，多くの品目が「義烏市産」とされるアクセサリー製品の場合，高速道路網の整備をうけて，下請け加工工場が遠くは安徽省，湖南省，河南省にまで広域化している。義烏市に立地するあるアクセサリーメーカーの場合，2009年から経営者の実家である江西省吉安市でも加工を開始し，2015年1月時点では義烏での工場従業員15名に対して，江西では75名の従業員を有していた。義烏市から江西省吉安市までは高速道路で7時間の距離であり，1日目の昼に原料を発送すれば夜には吉安

表 2-8 「義烏指数」に含まれる製品の主要産地の分布（2008/15 年）

	2008 年		2015 年		シェアの変化率（％）
	品目数	品目数シェア	品目数	品目数シェア	
合計	184	100 %	308	100 %	
浙江省小計	114	62.0	201	65.3	3.3
義烏市	75	40.8	122	39.6	-1.2
杭州市	7	3.8	5	1.6	-2.2
紹興市	6	3.3	6	1.9	-1.3
温州市	6	3.3	16	5.2	1.9
浦江市	5	2.7	4	1.3	-1.4
寧波市	4	2.2	6	1.9	-0.2
東陽市	3	1.6	16	5.2	3.6
永康市	2	1.1	3	1.0	-0.1
台州市	2	1.1	13	4.2	3.1
衢州市	2	1.1	1	0.3	-0.8
金華市	1	0.5	4	1.3	0.8
麗水市	1	0.5	3	1.0	0.4
湖州市	0	0.0	1	0.3	0.3
慈渓市	0	0.0	1	0.3	0.3
広東省	35	19.0	54	17.5	-1.5
上海市	10	5.4	3	1.0	-4.5
江蘇省	7	3.8	6	1.9	-1.9
福建省	6	3.3	11	3.6	0.3
安徽省	2	1.1	3	1.0	-0.1
湖北省	2	1.1	0	0.0	-1.1
江西省	2	1.1	4	1.3	0.2
山東省	2	1.1	7	2.3	1.2
河北省	1	0.5	8	2.6	2.1
湖南省	1	0.5	2	0.6	0.1
天津市	1	0.5	2	0.6	0.1
河南省	0	0.0	3	1.0	1.0
山西省	0	0.0	3	1.0	1.0
香港	0	0.0	1	0.3	0.3
台湾	1	0.5	0	0.0	-0.5

注：ここで示される産地は，義烏指数編集弁公室によって当該品目の中で主要な産地だと判断された地域を指している。
出所：義烏・中国小商品指数より作成。2008 年データは指数の第 1 期 2008 年 4 月末データより，2015 年データは第 347 期の 2015 年 4 月末データより作成。

に到着し，翌日朝から加工を開始すれば2日目の夜には義烏市に製品が届く体制となっていた[49]。こうした加工地域の広域化については情報が限られているが，表2-8に現れる以上に，実際の生産・加工の現場の再編は進んでいると考えられる[50]。

　第三に，近年とりわけ注目されるのは，中国で急成長を続けるインターネット通販と義烏市場の競合と結合である。義烏市場の販売ブースは直接に著名ネット通販サイト淘宝網（Taobao）などに出店するケースも多い。義烏市内の青岩劉村には消費者向けのネットビジネス業者が集まり「淘宝村」と呼ばれている。義烏市場からも近く，さらに義烏江東貨物市場の隣に位置するこの村から，消費者向けの雑貨品が毎日発送されている。顧客となるのは企業に勤めるホワイトカラーの人々で，帰宅後の夜8時から深夜2時にかけての受注が売り上げの70％を占めるとも言われている[51]。こうしたインターネット通販の発展は，義烏がこれまで維持してきた現物を集める卸売市場としての機能を掘り崩す可能性もはらんでおり，義烏の未来に悲観的な業界関係者がいるもの事実である。ただし，現在までのところ，義烏市場の品揃えと物流の発展を背景に，義烏で発見された新製品をインターネット通販上に載せることで成功するパターンが見られており，今後の展開が注目される[52]。

---

[49] 2015年1月11日に行った義烏市のアクセサリーメーカーCJ飾品有限公司での聞き取りより。経営者の配偶者が重慶出身であるが，重慶市での加工は，交通に要する時間の関係から難しいとのことだった。その背景にはアクセサリー産業におけるファストファッション化があり，それがメーカーの納期の短縮化につながっている。加工作業の外注の面で地理的距離が持つ意味が垣間見える。

[50] 山口（近刊）は，四川省農村部の労働力に関する調査結果から，広東省東莞市の製靴産業集積へと出稼ぎしていた人々が，帰郷とともに，広東省東莞市や四川省成都市の企業の下請け企業として創業する事例（回郷創業と呼ばれる）を報告している。ここで興味深いのは，第一に，出稼ぎ労働力の供給地と沿海部産業集積が，人の移動とともに連関する事例が示されていることである。改革開放期の沿海部に出稼ぎに来た人々のうち，帰京する人が創業する効果をどの程度評価できるかについては様々な議論があるが（周，2011；村上，2013），少なくとも一部地域で企業間関係や取引関係を伴った形での中西部での工業の波及が言えると言える。また第二に四川省の農村で担われている工程が，靴の生産の中でも労働集約的なアッパー部分（靴底・ソールの上に乗る部分で，生地の縫製が必要となる）の加工に特化しているという点である。沿海部からの内陸への加工工程の広域化は様々な地域で進んでいると考えられる。

第四に，義烏を新たなステージに押し上げる可能性があると注目されているのが，2011年3月に公表された国務院の「総合配套改革試点」への選定と「21世紀シルクロード」計画への位置づけである[53]。同試験区域は俗に「経済新特区」と呼ばれ，義烏は商業の国際化をその主要な任務としているが，すでに述べた「省管県」という行政改革の先頭に立つ実験地域としての意味合いもあると考えられる。これにより，現地での行政権限が拡張され，特に企業管理・貿易・商品検査・為替決済に関しては全国に先駆けた制度がテストされる見込みで，義烏市の独自性と先進性を強化する可能性がある[54]。実際に，2012年8月からの実施されている「市場買い付け貿易方式」という新しい貿易制度により，これまでより零細な事業主が直接に国際貿易に従事することが可能となり，さらに多くの新規参入の貿易公司が設立されている[55]。

　ここで興味深い点は，「新特区」への指定を国務院や中央政府へと掛け合った人物である。その人物とは全国人民代表の周暁光氏で，義烏出身のアクセサリー業界の最大手・新光飾品の創業者である[56]。現地有力企業の創業者あるい

---

51) ある報道によれば2010年8月時点でこの村から淘宝のネットショップが1,800店舗開設されており，合計の売上は2008年2億元，2009年8億元となり，2010年には20億元の売り上げを見込んでいた（中国新聞網2010年8月26日記事「2億到20億的裂変走進中国第一淘宝村義烏青岩劉」および新華網2010年10月31日記事「記者探訪"淘宝村"」より）。
52) 計画経済から市場経済への移行初期には，義烏の流通モデルの競争相手は計画流通部門であった。その後，スーパーやチェーン店の流通網との競争が続いたが，それでも現物市場としての義烏は，国際バイヤーを惹きつけることに成功したこともあり，持続的に拡大を続けた。現在，現地では義烏モデルの新しい競争相手は，淘宝に代表されるネット通販，より端的に言えば杭州モデルだとの見解もある。
53) 改革試点については，新華網2011年3月9日記事「国務院正式批復浙江義烏市国際貿易総合改革試点」参照。同試験地域には2011年8月時点で上海浦東新区，天津浜海新区，重慶・成都試験区，武漢都市圏と長沙・株洲・湘潭試験区，深圳市，瀋陽市，山西省，義烏市の10カ所が選定されている。「21世紀シルクロード」計画は2013年以降に習近平体制から提案されているが，2015年時点では各地が計画への参画を模索しているものの，その計画が地方経済にもたらす具体的影響はまだ不明瞭である。
54) 浙江在線2011年5月6日記事「義烏国際貿易総合改革試点獲批小商品参与国際分工」より。
55) 『経済観察報』2012年12月24日記事「義烏求変」より。
56) 銭江晩報2011年3月10日記事「周暁光：前年我把建議交給温総理」，浙江大学

写真 2-6　新光飾品董事長兼人民代表・周暁光氏と温家宝氏
改革特区指定の提案書を渡している。

出所：浙江在線 2011 年 3 月 10 日記事「全国首個県級市総合改革試点花落浙江義烏」より。

は経営者が地方政治に参加することは珍しいことではないが，「新特区」のロビー活動においても，こうした企業家兼政治家が大きな役割を果たしていることは，中国のミクロな地域経済の発展を考えるうえでも重要な点となるであろう。

2) 義烏産業集積からの示唆

　本章では，華東地域・浙江省義烏市の事例を取り上げ，定性的な視角から産業集積の発展過程とその特徴・影響力を検討した。義烏の場合，雑貨卸売市場が中核となって，現地と各地の雑貨産業の発展をけん引してきたことが特徴的であり，改革開放期においてものづくりとともに流通が極めて重要であったことが示された。集積の形成過程では，改革開放初期の段階から現地政府が先駆

HP, 2011 年 4 月 2 日記事「義烏獲国際貿易総合改革試点成為我国第十個経済新特区」より。記事の中で，省発改委の姚作汀氏は新特区への指定について「これによって国際貿易の面で先行して試験を実施する権利を得た」と述べている。

的な政策を採り，また多くの零細企業が売買と生産に参入することで集積が急速に形成された。その集積の構造は，卸売市場という開かれた場を中核としており，メンバーシップを固定しない開放的な構造で，特に1990年代まで中国国内の巨大で多様な雑貨需要に対応する仕組みとして発展を遂げた。義烏市の集積の最大の特徴は，地元・周辺・遠隔地の生産力を活用し，その結果，超多品種の雑貨を大量かつ安価に供給できることにあり，現地での外国人バイヤーへのアンケートの結果からもこの特徴は支持された。さらに注目されるべき点は，2000年代以降，義烏市の集積は急速に国際市場への輸出に参画し，新興国・途上国の零細バイヤーが直接買い付けに訪れることができる場へと変貌したことである。アフリカ人の商店主が，ドバイを中抜きして義烏で買い付け可能となったことは，南―南貿易（South-South trade flows）と呼ばれる貿易がミクロなレベルで中国の集積と関連づけられて考えられるべきことを示している。

　序章の問題提起からして，本事例で特に興味深い点は，義烏の競争力が，安さのみにあるのではなく，品揃えや新製品の登場といった面にも基礎づけられている点である。このことから，中国の産業集積を「安物の製品を供給するのみで，競争力がない」と見る評価が，中低級品の供給という一面では正しいものの，それにもかかわらず全世界からバイヤーが訪れる競争優位を保持している事例があることが確認された。義烏の産業集積は，2000年代の中国国内市場と新興国市場の発展という市場環境のもとで，開かれた取引形態による多様な製品供給という独自の機能を発展させてきたと見ることができる。2000年代の「世界の工場」時代に，賃金上昇に直面しながら，なおも国際市場でのシェアを高めた背景にはこうしたミクロな産業集積の競争力の発揮があったと見ることができる。

　また，事例分析を通して，中国国内の労働集約的産業の発展が無条件に始まったのではないことが確認できた。沿海部で民営企業主導の産業発展が見られたことは改革開放期の特徴であるが，その過程で初期条件が決して恵まれていない地域にも高度成長の可能性があった。義烏の場合，多数の行商人・元農民企業家の存在と，地元政府の先進的な政策措置があって，はじめて他に先駆けた成長が始まった。この意味で，中国の労働集約的産業における集積形成と国

際競争力の発揮も，ボトムアップの模索の結果生じたものだと言うことができる。類似した一人当たりGDP水準の国々と比較して，中国が極めて高い国際競争力を発揮している背後には，こうしたミクロレベルでの競争と企業家・キーパーソンたちの模索があると見るべきである。

第3章

郊外農村から照明器具の都へ
―― 広東省中山市古鎮鎮に見る近隣産業基盤の意義 ――

古鎮鎮のシャンデリアメーカーのショールーム(2011年7月22日,筆者撮影)

1 はじめに

　本章では，中国南方・広東省の産業集積の一例として，中山市古鎮鎮（以下，古鎮）の照明器具産業の事例に注目し，珠江デルタという広域産業集積の中で，いかに鎮レベルの産業集積が形成され，また近年も競争力を維持しているのかを分析する。

　本章の関心からして，特に重要なのは次の点である。それは中国の軽工業の産業集積では卸売市場を媒介とした発展が度々観察されると同時に，集積内に企業が立地するにもかかわらず内製化を進める事例が報告されていることである。例えば，丸川（2009b）は広東省のステンレス食器産地の事例から企業規模と工程内製率の高さの相関関係を見出し，集積地での分業に頼らない経営戦略を看取した。この点について渡辺（2009）も同じ調査から，日本のステンレス製ハウスウェア産地・新潟県燕市に見られる製造卸企業を中心としてほぼすべての工程に専門加工企業が存在する分業型の集積とは，同じ製品であるにもかかわらず，まったく集積構造が異なる点を指摘している。このことは中国の産業集積が，多数の企業が集積に容易に進出可能な集積構造を持つものの，もう一方では企業レベルでの長期的な能力構築（内部経済の形成）に産業集積が重要な意味を持たない可能性が指摘されているのである。この状況をどう整合的に理解すればよいのであろうか。換言すれば，労働・土地コストの上昇の環境変化を前に，既存の産業集積の①特徴・機能，②構造，③その変化と個別企業経営への影響を整合的に捉える必要がある。

　改めて確認すれば，広東省は中国の改革開放期の高成長をけん引してきた地域であり，特に珠江デルタには1980年代初頭から香港・台湾資本が進出し，現地企業の発展を誘発した。深圳市や東莞市は電子機器の製造拠点として有名であるが，デルタ内ではアパレル産業や雑貨産業なども発展してきた。ここで注意が必要なのは，香港企業を中心とした広東省への外資企業の進出は確かに

重要であり,「珠江モデル」と呼ばれてきたものの,1990年代には地場系企業の成長も見られ,珠江デルタが全面的に外資企業による輸出主導の発展を遂げたとは言い切れない点である[1]。特に1980年代から広範な国内需要が発生した日用消費財については,外資企業との取引を契機としつつも,地場企業が自ら生産販売することで産業が興ってきた事例も少なくない。

　以下で取り上げる古鎮はまさにそうした事例の一つである。外資企業との取引を一つの契機としながらも,1980年代から地場民営企業を主要な担い手としつつ照明器具の生産が始まり,特に2000年代以降に国内最大規模の照明器具産地に成長した。同鎮は2000年に広東省科技庁がリストアップした第1回「広東省専業鎮技術イノベーション試験単位」に選定され,その後も省レベルにおける産業集積の模範的な事例だと位置づけられている。現地報道によれば,現在では鎮内で登記されている照明器具メーカーは4,000社余りと言われ,2010年の照明器具産業(中国語で「灯飾産業」)の生産額は173億元(2,076億円,同年の為替レート)にも達する[2]。こうした産業集積が,膨大な額の製品生産と輸出を担っており,「世界の工場」中国をミクロレベルで理解するうえで,恰好の事例を提供している[3]。

2　照明器具産業集積の概況と先行研究

1) 照明器具産業の概要と広東省の位置づけ

　まず照明器具産業について整理しておこう。照明器具は用途で大別して家庭用と商業用(オフィス用,ホテルや公共施設用,自動車用)に分けられる。家庭

---

1) 丸屋(2000),大橋(2009)参照。特に珠江デルタの西側や,広東省内のデルタ以外の地域,例えば潮州では民営企業主導の発展が見られた。
2) 『人民日報』2011年10月20日記事「古鎮——"点亮"灯飾産業転型昇級之路」より。
3) 照明器具産業がいわゆる労働集約的産業と言えるのかについては,序章の表序-2を参照されたい。これによれば,当該産業の資本労働比率は5.4万元(労働者一人当たり)であり,これは全鉱工業平均の22.1万元の4分の1以下である。また,実際に現地調査においても,電子基板の生産においても,製品組み立てにおいても,極めて労働集約的な生産が観察されていた。

用器具ではデザイン性が求められることが多い一方，オフィス用ではより実用的で機能的な照明が求められる。部品は①光源（白熱灯，蛍光灯，LED など），②電子電気部品（ソケット，電線，スイッチ，整流器および電子基板），③照明取り付け器具（天井型，シャンデリア型，卓上型，屋外型など）によって構成される。光源については，省エネ性能ゆえに LED が急速にシェアを拡大し，取り付け器具は金属，プラスチック，陶器，木材などの様々な素材によって製造されており，シャンデリアなどでは装飾のために大量の人造ダイヤが用いられることもある。

日本照明器具工業会の資料によれば，世界の光源市場ではフィリップスやオスランが二大企業として高い収益性を発揮している。これに比べて日系企業は総合メーカーの場合には，比較的規模が大きいものの，収益性が低い状況が続く。スタンドなどの取り付け器具については，2010 年，日本の照明器具の出荷額は 3,804 億円（自動車用器具を含めると 7,500 億円），輸入額は計 480 億円であったが，このうちアジアからの輸入が 416 億円を占めている。これに対して同年の輸出は 95 億円で，大幅な入超となっている[4]。

次に，2010 年の中国照明器具産業の状況を見てみよう（表 3-1）。品目別生産額から見て照明器具と関連部品の合計が光源の倍近くの規模となっており，地理的には特に広東省と浙江省で，照明器具・装置の製造の全国シェアがそれぞれ 43.92 ％と 32.14 ％にものぼることがわかる[5]。2004 年の広東省での照明器具メーカーの郷鎮レベルでの立地企業数は表 3-2 の通りである。

珠江デルタの西側，特に本章で取り上げる古鎮，そして隣接する横欄鎮，小欖鎮を中心に企業が集中立地しているほか，佛山市と東莞市にも企業が一定数立地していることがわかる。改革開放初期から多数の外資企業を受け入れた広東省，特に東莞では輸出指向の外資企業が多く，佛山では家電産業の発展を背景として商業用照明産業が発展したと言われている。これと比べると，以下で

---

[4] 日本照明器具工業会 HP 資料「ビジョン 2015」より。日本の場合，国内生産に占める自動車搭載用の比率が高い。
[5] このデータでは全国の年間販売収入 500 万元以上の企業 3,412 社のみが集計の対象となっている。

表3-1 中国照明器具産業の概況（2010年）

品目別生産額			輸出額内訳		
業界	生産額（億元）	業界シェア（％）	品目	額（億ドル）	品目シェア（％）
電気光源製造	836.99	32.75	照明器具	101.09	53.61
照明器具製造	1,273.75	49.84	光源	55.56	29.47
関連部品製造	445.16	17.42	安定器	10.39	5.51
			ソーラー系製品・部品	21.52	11.41
総計	2,555.9	100.00	合計	188.56	100.00

企業規模と生産シェア			企業規模と生産シェア		
企業類型	規模以上企業数	生産額シェア（％）	企業類型	生産額（億元）	生産額シェア（％）
大型企業	19	0.56	大型企業	275.38	10.77
中型企業	285	8.35	中型企業	828.64	32.42
小型企業	3,108	91.09	小型企業	1,451.87	56.80
合計	3,412	100.00	合計	2,555.89	100.00

地域別生産額			地域別企業数		
地域	生産額（億元）	全国シェア（％）	地域	規模以上企業数	全国シェア（％）
広東省	961.2	37.61	広東省	1,055	30.92
浙江省	485.1	18.98	浙江省	1,029	30.16
江蘇省	237.9	9.31	江蘇省	435	12.75
山東省	169.2	6.62	上海市	179	5.25
福建省	138	5.40	福建省	127	3.72
全国合計	2,555.9	100.00	全国合計	3,412	100.00

電気光源の地域別生産量			照明器具と装置の生産量		
地域	生産量（億セット）	全国シェア（％）	地域	生産量（億セット）	全国シェア（％）
江蘇省	49.13	26.33	広東省	9.96	43.92
浙江省	46.99	25.18	浙江省	7.29	32.14
広東省	37.19	19.93	上海市	1.71	7.54
湖北省	9.48	5.08	重慶市	1.46	6.44
福建省	8.58	4.60	江蘇省	0.83	3.66
全国合計	186.6	100.00	全国合計	22.68	100.00

注：データ収集の対象はすべて年間販売収入500万元以上の企業である。地域別データについては上位5省と全国のデータを示した。
出所：張（2011）より作成。

取り上げる古鎮は地場民営企業を中心に1990年代末まで家庭用照明器具を国内市場向けに供給することで発展してきた点に特徴がある。

2）古鎮照明器具産業の概要[6]

ここでは既存資料と先行研究をもとに，産業集積発展のいくつかのポイントについて整理する[7]。

まず産業集積の形成と成長を見るうえで論点となる点，すなわち①初期条件，地域の工業基盤の影響，②集積形成のきっかけ，③域外資本（香港・台湾および温州）の役割，④地方政府の産業政策の意義，⑤企業間の分業と集積の経済性，これらの点について順次古鎮の事例を見ていこう。

表3-2　広東省内の照明器具法人メーカーの分布（2004年）

順位	郷鎮・街道名	工場数
1	中山市古鎮鎮	185
2	〃　横欄鎮	90
3	〃　小欖鎮	70
4	佛山市勒流街道	41
5	中山市東昇鎮	33
6	佛山市容桂鎮	29
7	東莞市虎門鎮	21
8	佛山市祖廟街道	21
9	惠州市陳江鎮	19
10	中山市東鳳鎮	18
11	佛山市南海区平洲街道	17
12	惠州市小金口鎮	16

注：産業分類の3972照明器具産業を抽出。
出所：ミシガン大学China Data Centerの地理情報付きセンサスデータより作成。

①照明器具産業の萌芽――1980年代

中山市は珠江デルタの西側に位置し，古鎮は市の西北に位置する郷鎮レベル行政区である。中山市の市街地，江門市，佛山市からほど近い距離にあるが，改革開放以前には交通は未発達で，主に農業によって成り立つ農村地帯であった。1979年時点の戸籍人口は5万人で，2001年には外来人口を含めて人口11

---

6) 本項は特に注記がない場合，古鎮鎮人民政府HP，古鎮鎮照明行業協会資料，および楊（2010）pp. 7-22を参照して執筆した。
7) 古鎮の照明器具産業に関する資料としては，中山市が市内の概況についてまとめた『中山年鑑』と『中山市統計年鑑』，現地業界団体の資料，現地報道（特に『灯都古鎮』），政府系機関の情報では各HPのほかに，中山市古鎮鎮経済貿易辦公室（2006）がある。学術論文としては米（2003），楊・廖（2006），申・邝（2007），陸・梁（2011），林（2012）等がある。まとまった研究書としては，中山大学の集積研究グループの叢書として出版された楊（2010）が挙げられ，集積形成・発展の歴史や要因が分析されている。特にこの楊（2010）の研究は，古鎮照明器具産業集積について本格的に取り上げた唯一の学術書籍であり，本章でも同書での成果を活用している。

万 2,000 人（うち外来人口 4 万 6,000 人），2010 年には同 14 万 5,000 人（うち外来人口 7 万 4,000 人）となっている。

1950 年代から 70 年代の計画経済期には，徐々に小規模な家具工場や農機具工場が設立され，1979 年時点では鎮営企業 15 社に計 1,395 名が雇用されていた。第一次産業としてはフルーツ・甘薯・苗木の栽培，畜産などが比較的盛んであった。1979 年以後には，香港・マカオなど外国資本の珠江デルタ地域への進出が本格化し，1991 年までに古鎮でも 55 社の合弁企業が設立されたが，その業務の多くは照明器具以外の工業製品（赤レンガ，電池用のコード，レインコート，保冷瓶）の加工生産であった[8]。

1980 年から 81 年にかけて，鎮営企業の整理・改革により金型工場などが設立されるのと並行して，古鎮に最初期の照明器具メーカーが成立した。最初期のメーカーについてはいくつかの説があるが，一つは 1980 年代初頭に古鎮海洲地区の袁達光氏と袁玉満氏が香港から洋式の照明器具を購入し，模倣生産を試みたという説である。その際に彼らは隣接する小欖鎮からプラスチック製のスタンドを，佛山市張槎鎮からネジを，順徳市大良などからガラス部品を入手することで 1982 年に製品を完成させ，これをきっかけに現地で鎮営と個人経営の照明器具工場が増加した。別の説は 1978 年の時点で，鎮営の家庭用電器工場の販売員が卓上ランプへの需要が旺盛であることを発見し，ごくごく簡素な製品を生産し始めたというものである[9]。いずれにせよ 1980 年代初頭の時点から照明生産が始まっていたことを裏付けており，1987 年には鎮営の照明関連企業が 364 名を雇用し，各種の卓上ランプや照明用フレームなどを 4 万 400 台製造していた。海洲地区で生産された照明器具は，当時の中国国内大型デパートに流通していたとされ，1980 年代から国内販売を基礎とした発展が細々ながら始まっていた[10]。

現地の個人経営企業は，1984 年の 101 社から 1991 年には 713 社にまで急増

---

8) 楊（2010）p. 17 より。
9) 前者は中山市地情信息庫 HP 記事「古鎮灯飾産業」より，後者は申・邝（2007）より。
10) 中山市地情信息庫 HP 記事「古鎮灯飾産業」，中山市古鎮鎮経済貿易辦公室（2006），楊（2010）pp. 19-20，程・林・呉（1999）より。

したが，特に前述の海洲地区での創業が多く，照明器具だけでなく電気関連部品，箱，印刷物，家具，メッキ，金属製品，ガラス，玩具，アパレル製品など多様な製品が生産されていた。この中には1986年に創業し，現在では現地で最大規模の照明器具メーカーとなっている華芸集団も含まれている。同社の場合も，佛山，南海，順徳といった珠江デルタの周辺地域から部品を調達し，これを成都，蘭州，浙江などの国内市場に販売することで発展を続けた。同社は，各地のホテルやレストランに設置されている照明器具を写真で撮影し，これを基に天井設置用の照明や，飾り付けの照明も生産・販売し始めた。彼らの成功に触発された現地人の事業追随者や従業員のスピンアウトによる創業が発生することで多くの企業が成立したため，同社は現地では「古鎮照明産業の黄埔軍官学校」と呼ばれている[11]。

②成長と学習の時期──1990年代

1990年代の現地経済の発展については情報が限られているが，古鎮鎮灯飾行業協会（2012b）によれば，1990年代には中国国内での都市建設と不動産市場の発展に伴って照明器具への需要が急増し，新規参入が相次いだ。同時に，企業の債務問題（三角債問題）も発生したものの，他地域の照明器具専門卸売市場が衰退するのに対して，古鎮には部品や製品の卸売を行う300店舗程度の専門街が形成され，外地からの顧客や企業の流入が起きた。現地での聞き取りによれば，この時期までは国内で有力な産地として台湾資本が進出した東莞市のほかに，商業用では佛山市，家庭用では温州市が知られており，古鎮は地元企業の旺盛な創業を鎮政府が阻害せず，税制や土地供給の面でサポートをしたことが指摘されている。

ただし，1991年の時点で，鎮内の三大企業の中に照明器具メーカーはなく，最も生産額の大きい11社の中に1社だけ照明器具工場が含まれていたにすぎない。民営企業の創業が見られたものの，1995年時点での照明器具メーカーの数は62社にとどまり，この頃まで鎮全体として照明器具産業への特化は顕著ではなかった（表3-3参照）[12]。この点は楊（2010）ではあまり重視されてい

---

11) 楊（2010）pp. 145-150 より。
12) 1990年代後半に出版された『中山年鑑』1991-97年版において，古鎮の5大主要産業は

表 3-3　古鎮照明器具メーカーの推移（1985～2010 年）

年	生産額（万元）	企業数（社）	平均売上（万元）	年	生産額（万元）	企業数（社）	平均売上（万元）
1985	40	1	40	1998	81,562	395	206
1986	300	5	60	1999	104,551	510	205
1987	317	9	35	2000	119,224	734	162
1988	891	15	59	2001	334,700	1,432	234
1989	1,689	19	89	2002	412,981	1,664	248
1990	2,745	30	92	2003	614,316	2,016	305
1991	3,376	38	89	2004	765,200	2,500	306
1992	5,148	50	103	2005	951,000	N.A.	N.A.
1993	9,506	58	164	2006	1,173,100	N.A.	N.A.
1994	15,744	54	292	2007	1,408,100	N.A.	N.A.
1995	32,482	62	524	2008	1,636,332	3,148	520
1996	36,793	153	240	2009	1,660,600	4,075	408
1997	29,058	266	109	2010	1,730,565	4,402	393

注：企業数は部品メーカーと販売業者を除く照明器具完成品メーカー数。
出所：林（2012）より。

ないが，特定産業への特化が当初は明確ではなく，1990 年代後半以降に地域産業の特化が意識され，また実際に生じるようになった点は注目に値するだろう。

同時に 1990 年代は，古鎮企業が香港・台湾企業から販路と加工技術を学んでいたという意味で，2000 年代以降の発展の準備段階であったと言える。香港企業は 1980 年代から珠江デルタに進出し，主に広州のメーカーと協力関係を築きつつ，古鎮のメーカーから調達した製品も国外に輸出していた。この国外販売を古鎮の企業も徐々に学習・模倣し，1990 年代末には香港で登記した古鎮企業が多数現れ[13]，輸出を開始したという。一方，台湾はその当時は世界的な照明器具生産輸出国であり，台湾企業は主に珠江デルタ東部の東莞市に進出し，メッキ加工やガラス加工の技術を持っていた。一時期は古鎮企業が東莞

　建築材料，家庭用電器，金属製品製造，化学塗料，ファスナー製造とされ，民営企業を主体とした産業として照明器具，木材加工，プラスチック製品，花き・苗木生産が列挙されている。

13）見かけ上，香港企業となることで顧客に好印象を与えるため，多くの企業が香港や，さらには欧州で企業登記を行った。

市の台湾企業へと高度な加工を委託することもあったが，やがて技術者を引き抜くことで技術を習得していった[14]。古鎮の企業は香港企業から輸出ノウハウを，台湾企業から加工技術を学んでいったと整理できるだろう。

③急速な拡大と国際化——1990 年代末から 2000 年代

1990 年代末以降に古鎮の照明器具産業は中国国内，そして世界市場での存在感を高めていく。その転機となったのは，1996 年に鎮政府が照明器具を主柱産業に指定したことであり，それ以後，鎮政府は様々な産業政策を計画実施してきた。特に 1999 年 10 月に 6 日間にわたって展示会「中国（古鎮）国際灯飾博覧会」（通称「灯博会」）を開催したことは，古鎮照明器具産業を中国全土と国外に宣伝する意味で大きな効果を持った。開催のきっかけとなったのは，当時から 2009 年まで鎮党書記を務めた呉潤富氏が浙江省の義烏小商品市場を念頭に「なぜ照明器具展示会をやらないのか」と提案したことに始まる[15]。展示会は 2004 年以降には毎年開催され，2011 年までに合計 10 回開催され，2005 年以降はおおむね 5 万人から 6 万人のバイヤーが買い付けに訪れている（表 3-4 参照）。中でも注目されるのは，国内バイヤーの数の多さと，もう一方での外国人バイヤーの国籍の多様性であろう。古鎮は照明器具を主柱産業として産業政策と展示会開催などを推進し，このことが浙江省温州市の照明器具企業の転入と国内市場の開拓という，2 つの重大な変化を現地にもたらしたのである。

当時，浙江省温州市も国内有数の照明器具産地であり，特に温州人ネットワークを活用した販売網は中国国内を網羅していたが，生産地としての温州では土地価格が古鎮の 5〜10 倍に高騰し，さらに地元政府の無計画な課税，企業間の無秩序な模倣，粗製濫造が発生していた。一方で，古鎮での展示会をきっかけに，古鎮周辺でのサプライヤーの集積も理解され，これ以降，温州の照明メーカーが大挙して古鎮へ移転することとなった[16]。温州企業が古鎮に移転する

---

14) 楊（2010）pp. 73-76 を整理。
15) 楊（2010）pp. 124-125 参照。それによると同氏は鎮の会議において「浙江義烏人がどのように市場を興したのか見なさい。義烏は中国最大の小商品市場となり，展示会を開くことで優位性を形作り，もはや誰も彼ら義烏と競争しようとはしない。我々古鎮はなぜ照明器具展示会をやらないのか」と述べたという。

表 3-4　古鎮灯飾博覧会の概況（1999～2011 年）

開催年		出展側		バイヤー側		出身国数
		出展企業数	ブース数	国内バイヤー（人）	国外バイヤー（人）	
第 1 回	1999	200	N. A.	N. A.	N. A.	28
第 2 回	2002	457	1,535	33,638	3,782	63
第 3 回	2004	649	1,982	46,575	4,727	75
第 4 回	2005	445	1,836	50,417	5,203	99
第 5 回	2006	462	1,851	54,503	5,733	113
第 6 回	2007	515	2,107	63,324	6,628	124
第 7 回	2008	489	2,155	59,939	5,389	128
第 8 回	2009	600	2,156	N. A.	N. A.	N. A.
第 9 回	2010	613	2,250	N. A.	N. A.	N. A.
第 10 回	2011	624	2,271	合計 65,065		N. A.

出所：楊（2010）p.134,『中山日報』2011 年 10 月 18 日記事「10 届灯博会，見証古鎮灯飾産業輝煌」，ほか各種現地報道より。

ことで，一段と古鎮の産地としての役割が高まり，2000 年代にかけて毎年メーカーが数百社増加する状況が続くこととなった。事実，1996～2001 年の 5 年間で，鎮内での照明器具メーカー数は 153 社から 1,432 社へと急増しており，生産額も 3.7 億元から 33.5 億元にまで増加した（表 3-3 参照）。

　この時期に広東省科技庁も産業集積の発展促進に力を入れ始めた。2000～01 年には広東省では「専業鎮（特定産業に特化した鎮を指す）」と呼ばれる産業集積の育成政策が始動し，古鎮は省政府が 2001 年に公表した 21 カ所の専業鎮の一つに選定され，「広東省専業鎮技術イノベーション試験単位」に指定された。これに連動し，2002 年には鎮政府が「古鎮灯飾産業発展戦略計画」を制定し，2005 年の修正を経て，①技術力，ブランド力を持つ有力企業の育成，②照明器具産業で影響力を持つプラットフォームの設置，③製品品目の拡充（家庭用，オフィス用，大型プロジェクト用，屋外用）と，産業チェーンの拡充（外注加工，組み立て，品質検査と認証，運送）を主要な目標として設定した[17]。これらを受

---

16) この点については専修大学社会知性開発研究センター・中小企業研究センター編（2007）pp. 41-51 に古鎮における温州系企業や温州商会からの聞き取り記録がある。林（2012）も参照。

表 3-5 古鎮における照明器具卸売市場（2010 年時点）

名　称	設立年	主要品目	店舗数
七坊灯飾配件城	1998	ガラス部品，金属部品，装飾部品	400
古一灯飾配件城	2004	ガラス部品，小型電気部品，金属部品	1,000
古二順成玻璃配件市場	〃	ガラス部品	200
長安灯配電子城	2009	電子基板関連部品	300
灯都灯飾配件城	2010	総合的	2,000
LED 交易中心	〃	LED 関連部品	100
瑞豊国際灯配装飾城	〃	〃	1,000

注：このほかに「旺輝灯飾配件」がスーパーマーケット方式の金属部品市場（1996 年創業）として存在するが，卸売市場とは異なる形態のため割愛した。
出所：2011 年 7 月に現地で行った聞き取り，楊（2010）および現地報道より作成。

写真 3-1 古鎮中心部，照明器具メーカーのショールーム
出所：2011 年 7 月 22 日，筆者撮影。

けて，2000 年代以降，鎮内には数多くの部品卸売市場が開設され，多様な製品を生産可能な状況が生まれている（表 3-5 参照）。2002 年 10 月には古鎮は中国軽工業聯合会と中国照明電器協会により「中国灯飾之都（中国照明器具の都）」に指定された。このように，古鎮は 2000 年代に照明器具の街としてのア

17）『科技日報』2011 年 1 月 11 日記事「古鎮灯飾発展之道——従模倣到創造」より。

表 3-6 古鎮の一定規模（年間販売収入 500 万元）以上企業の工業生産額推移（2001～10 年）

(億元・当該年価格)

年	2001	2002	2003	2004	2005	2006	2007	2008	2009	2010
電気機械および機材製造業	6.16	13.30	18.30	25.33	29.27	42.64	56.29	73.43	80.14	112.17
その他全工業	8.01	13.53	11.92	16.68	20.67	24.75	27.21	32.36	28.77	35.44
電気機械および機材製造業のシェア(%)	43.5	49.6	60.5	60.3	58.6	63.3	67.4	69.4	73.6	76.0

出所：『中山市統計年鑑』各年版より作成。

イデンティティを一貫して強化してきたと言える。

　表3-6は古鎮の一定規模以上企業の工業生産額の推移を見たものである。照明器具が含まれる電気機械および機材製造業の伸びが著しく，鎮の工業生産額に占める比率も2001年の43.5％から10年の76.0％にまで上昇している。1990年代末から2000年代初頭は温州企業が転入してきた時期にあたるが，それ以降にも継続的に拡大を続けていることがわかる。2000年代以降の成長について，楊（2010）は展示会の開催，温州資本の役割のほかに，①大企業の成長，②部品サプライチェーンの完備，そして③「照明器具の都」としての地域ブランド戦略の3つに言及しており，特定製品領域に特化した産地としての機能を深化させていた，と評価することができるだろう[18]。

　一定規模以下の企業を含む表3-7を見ると，2010年現在，古鎮には照明器具メーカーが4,402社，関連製品を販売する店舗が3,601店存立している。現地の業界団体の資料によれば，照明関連メーカーの従業員数は約8万人で，照明器具の国内市場の60％を占めている[19]。すでに表3-1に示した2010年の中国照明器具産業（照明器具と部品の製造）の生産額や輸出額と照合すると，照明器具および部品の製造のおよそ10％，輸出額でも10％を古鎮が占めている計算となる。現地業界団体の言う「国内シェア60％」には遠く及ばないが，

---

18) 楊（2010）では，①の大企業については代表的企業3社を取り上げ，企業レベルのブランド構築や販売ルートの開拓を紹介し，②のサプライチェーンについては当時の代表的な部品市場を4つ取り上げ，主な取扱品目などについて言及している。
19) 古鎮鎮灯飾行業協会（2012b）より。

表 3-7 古鎮の工業の状況（2008～10 年）

年	2008	2009	2010
工業総生産額（億元）	219.3	222.2	233.5
うち照明器具産業	163.6	166.1	173.1
工業製品輸出額（億元）	46.0	52.6	75.1
うち照明器具産業	36.7	43.7	63.8
照明器具の輸出比率	22.5%	26.3%	36.9%
製造業企業数	4,716	6,548	8,045
うち照明器具産業	3,148	4,075	4,402
規模以上企業数	208	201	181
照明器具販売店舗数	2,571	3,682	3,601

注：輸出額は年平均レートで元換算した。
出所：古鎮鎮人民政府 HP 記事 2011 年 9 月 30 日記事「我鎮迎来"中国灯飾之都"九周年復評」より。

2011 年時点で全国に 4 万 906 カ所存在する郷鎮レベルの行政区のうちのわずか 1 カ所で，ある製品の生産が全国の 10％程度担われていることは驚くべきことであろう。周辺地域での生産額・輸出額を含めた場合にはこのシェアはさらに高まることとなる。厳密には比較は難しいが[20]，古鎮と日本の照明器具輸出額を比較すると，2010 年時点で日本の 95 億円に対して，古鎮は 9 倍弱の 828 億円（9 億 4,000 万ドル，1 ドル＝87.77 円）となり，圧倒的な量と額の照明器具が古鎮を中心に生産・輸出されていることがわかる。また，正確なデータはないが，主な輸出先は東南アジアとロシアなどを筆頭として，発展途上国が 60％を占めるとされている[21]。

最近では産地としての新たな取り組みも見られる。例えば，2010 年 10 月から照明器具の価格指数が公表され始め，業界内での主導的地位を確保しようとしているほか[22]，2011 年からは「古鎮灯飾」という地域ブランドを正式に集団商標として用い始め，製品品質の優れた地元企業のみが使用できる仕組みと

---

20) 厳密には表 3-7 に現れる古鎮の生産・輸出データは実際には照明器具だけでなく，その他の電気機械器具製品を含むと考えられ，日本側の統計と直接比較はできない面もあるが，概要は把握できるだろう。
21) 楊・寥（2006）より。
22) 中山市照明電器行業協会 HP 資料より。

表 3-8　古鎮産業集積の形成と発展

集積形成のポイント	概　　　要
初期条件，工業基盤の影響	現地に鎮営企業
集積形成のきっかけ	現地人が需要を発見，周辺地域から部品を調達して製造，追随者が登場
域外資本の役割	香港資本は輸出，台湾資本は加工技術，温州資本は販売ルートと古鎮の国内最大産地化を促進
地方政府の産業政策	鎮政府の作用が大（鎮営企業の改革，税制・土地面での優遇，照明器具産業への特化戦略策定，展示会の開催）
企業間の分業の状況と集積の経済性の内実	部品卸売市場を介して取引，多様集積の経済性の内実な製品を供給することが可能

出所：筆者作成。

することで，地域のブランド価値を高めようとしている[23]。このほかにも特許を管理するプラットフォームを古鎮照明器具協会が整備するなど，産地としてのブランド化や地位の向上を図っている。

④小　括

以上の古鎮産業集積の形成と発展の概略をまとめたものが表 3-8 である。初期条件としては現地に鎮営企業が存立していたことが指摘できるが，現在の産業との強固な歴史的連続性を見出すことはできない。集積形成のきっかけは，現地の企業家による国内需要の発見，周辺地域の部品供給能力を活用した形での製造開始，そして先駆的企業の成功を見た追随者の大量参入である。珠江デルタという地理的な条件ゆえに，香港，台湾企業が近隣あるいは現地へと進出し，特に香港企業は輸出ビジネスのノウハウを，照明製造で先行していた台湾企業は加工技術の面で古鎮にスピルオーバー効果をもたらしたと考えられる。ただし，1990 年代前半までの時点では，地域としての照明器具産業への特化は顕著ではなかった。地方政府の役割としては，省政府でも市政府でもなく，古鎮政府が主体となって，とりわけ 1990 年代末に照明器具産業を主柱産業に据えた発展戦略を策定し，展示会を開催したことが集積形成・発展の重要な契

---

[23]　『中山日報』2011 年 12 月 20 記事「古鎮正式啓用"古鎮灯飾"集体商標」より。

機となった。この後，温州からの企業の進出が加速し，国内で最大規模の照明器具産地となることが可能となった。現地企業は複数の部品卸売市場を活用して多様な製品を生産することが可能となっており，2000年代にもほぼ一貫して産地の拡大が続いてきた。

3　産業集積における企業行動

1）古鎮照明器具メーカーの事例紹介

　以上，先行研究および資料を基にして，古鎮照明器具産業集積の成長およびその要因について整理した。すでに多くの要因が明らかになっているが，下記の諸点についてはさらなる検討の余地があるだろう。

　第一に，現地の中小企業を中心とした業務と分業を具体的に把握する必要がある。楊（2010）では，現地の照明器具産業の集積の経済性について，①情報コストの削減，②労働力コストの圧縮，③取引・流通コストの削減，④企業間信用の形成による監視コストの削減，⑤地域ブランド形成による無形資産の共有，⑥研究開発プラットフォームの共同利用，これらの点が指摘されている[24]。また同書では部品の供給について関連産業を含めた現地・周辺の供給体制の強み，とりわけ金属製品を周辺から，ガラス製品を浙江省浦江市から調達していることが指摘されているが[25]，古鎮で圧倒的な多数を占める中小規模メーカーの業務と分業に踏み込んだ分析はなされていない。このため，集積内部での取引関係や，地域内での主な業務・工程，そして地域外との関係といった点についての構造的な把握は弱い。実際，後で取り上げるように，集積地内でも企業規模，生産品目，製造技術は企業レベルで大きく異なり，企業間での異質性を視野に入れた多層的な集積構造を把握する必要がある。

　第二に，2000年代後半以降，古鎮では現地での土地資源の制約や現地政府の政策もあり，周辺地域への企業・産業の拡張や移転が続き，一方で，古鎮の

24）楊（2010）pp. 188-190.
25）楊（2010）pp. 98-100.

中心部は製品と部品の取引と比較的規模の大きな企業の本社機能が集まる傾向にあり,「汎古鎮」化とも言うべき展開を見せている。同時期には珠江デルタでの賃金の急上昇も始まっており,同時期の企業行動と集積構造の関係を跡付けることは,沿海部に形成されてきた類似した労働集約的産業の集積の未来を考えるうえで,有意義な知見を提供することになるであろう。

そこで以下では,主に現地での企業への聞き取り調査を基に,上記の課題に対応するために①企業成長のパターンの確認,②企業間・工程間・地域間分業の詳細,そして③古鎮産業集積の拡張・移転・転出と個別企業の戦略について検討を加える。

現地で聞き取り調査を行った照明器具メーカーの概況は,表3-9の通りである。すでに取り上げた統計によれば,現地には約4,000社の照明器具関連メーカーが存立し,合計の従業員規模は8万人程度と見積もられている。したがって,現地メーカーの平均規模は約20名となるが,実際に訪問できた企業は比較的大型の企業の比率が多かった[26]。以下では,まず聞き取り調査を行った企業のうち,大企業1社,中規模企業1社の聞き取りの概要を示し,そのうえで上記の論点について事例から整理してみよう(その他の企業については章末に補足資料として掲載した)。

【事例1】大企業C社

C社は浙江省麗水市の出身者が1996年,古鎮にてわずか従業員数8名で創業した企業である。2012年現在では総従業員数約5,000名となり,家庭用照明器具で国内有数のブランドを築き上げている。現在古鎮工場に約2,000名の従業員がおり,2012年5月に江蘇省呉江に新工場を建設,イランにも国外工場があり,さらなる企業発展のために本社機能を古鎮から上海へと移した。専売店は中国全土に3,000店舗展開し,県レベル以上の都市にはほぼすべて進出している。古鎮工場では自社ブランドのLEDランプを800人体制で月750万個生産し,この他に各種照明器具に必要となる電子基板や変圧器を生産している。

---

[26] 現地調査の際には業界団体および私的関係から訪問企業を選択せざるをえなかったため,無作為抽出ではなく,特に規模の大きい代表的企業・優良企業が紹介されやすかったことは否めない。

表 3-9　調査企業の概況

企業名	従業員数	主要商品	工場所在地	創業者出身地	創業年	輸出比率(%)	訪問日時
A	5,000	各種照明器具(商業用,家庭用,屋外用,シャンデリア等)および光源	古鎮,横欄鎮,江門市,東莞市,寧波市	広東省古鎮	1986	50	2011年7月22日,2012年7月12日
B	5,000	シャンデリア等大型照明	古鎮	〃	1999	N.A.	2011年7月22日
C	5,000	LEDライトおよび照明用電子基板	古鎮,江蘇省呉市(2012年5月設立)	浙江省麗水	1996	N.A.	2012年7月12日
D	2000	シャンデリアおよび各種照明器具	古鎮	広東省古鎮	1992	N.A.	2011年7月8日
E	500	シャンデリアおよび各種照明器具	〃	〃	1990	65	2011年7月22日
F	400	デザイン照明器具	〃	浙江省温州	2002	100	2012年7月12日
G	200	LED照明,屋外用照明	〃	広東省古鎮	1992	90	2012年7月16日
H	150	LEDを並べたシート・チューブ	〃	湖南省	2003	50	2011年7月23日
I	120	卓上・天井用照明器具	横欄鎮(古鎮から2010年移転)	江蘇省	2005	90	2011年7月8日,2012年7月15日
J	100	屋外用・商業用のLED照明	古鎮(横欄から2007年移転)	広東省古鎮	1999	50	2012年7月16日
K	100	卓上照明	古鎮	〃	1990	40	2011年7月23日
L	40	屋外用中型LED照明器具	横欄鎮(小欖鎮から2012年移転,創業初期は古鎮に工場)	黒竜江省	2007	0	2012年7月15日
M	20	卓上照明	横欄鎮(古鎮から2009年移転)	広東省古鎮	1998	0	2012年7月15日

注:なお,メーカーのほかに古鎮鎮人民政府,中山市照明電器行業協会,古鎮鎮商会,3つの照明部品卸売市場でも聞き取り調査を行った。

呉江工場では天井用照明器具と電気関連部品を製造しており，上海は販売と研究開発の本部となっている。

　光源の生産ラインではLEDチップ，ランプの外郭ガラス，プラスチック部品が必要となるが，古鎮工場ではプラスチック部品のみ自社工場で射出成型により製造し，その他の部品は外部から購入し，組立生産している。LEDチップについては国内で製造できるメーカーが限られているため，基本的に代表的企業から購入し，ガラスについては浙江省のメーカーから購入している。パッケージされた製品は当社ブランドとして中国全国で販売される。

　古鎮工場の電子基板製造ラインは，自動化ラインと半自動化ラインによって構成される。自動化ラインはシーメンス社製の設備を導入することで，標準的な平面的な電子部品と立体的な電子部品の両方を一台につき1時間で7万個基板に差し込むことが可能となっている。ハンダ付けについてはJUKI社製の設備を導入し，同様に高速でのハンダ付けが可能となった。これらの一連の設備の価格は一台140万元程度であるが，数十台を2008年に導入し，人の13倍の速度で製造可能であり，導入により一台につき12人の人員を削減した。自動化生産が難しい電子基板については，1ライン6〜10名程度で手動で部品への差し込み，自動機でハンダ付けし，その後2名程度でチェックをする体制となっている。生産ラインの責任者によれば，これらの生産ラインは2009年に行った大幅な改革によって効率化されており，特にトヨタ自動車の工場を見学した経験が，こうした合理化を進めるうえで参考になったという[27]。このラインで生産された基板のうち，LEDランプ用のものは古鎮工場で組み立てのために使用し，天井用照明器具に用いる基板は呉江工場で製品に組み付けられる。

　C社の場合，90％程度の製品については自社工場で生産し，他のメーカーに生産を外注する比率は低い。このため，一部の電子部品や原材料を除けば，部品を古鎮から調達する比率は著しく低く，部品調達と製品販売の両面で，現地産業基盤に依拠せずに企業経営を成立させている点が大きな特徴である。また企業の本社機能も上海へと移転したことから，事実上古鎮の産業集積と距離

27）工場の組み立て生産ラインには天井吊り下げ式の輸送ラックが並走し，完成品の発送まで含めて合理化が進められている。

写真 3-2 プラスチック，金属製でデザイン性を売りにした照明

出所：2011 年 7 月 8 日，古鎮にて筆者撮影。

を置く方向に進んでいる[28]。

【事例2】中型メーカー E 社

E 社は 1990 年創業の家庭用照明器具メーカーで，1994 年に古鎮でもほぼ最初期に輸出を開始した企業として現地で認知されている。これは香港と台湾の商社から輸出ルートを獲得したことによる。創業時は従業員 1～2 名の工場であったが，その後従業員は 30 名，そして 100 名へと 2008 年までは徐々に発展し，金融危機に直面した。2011 年現在では，一時期より若干減少して 500 名である。新たな可能性を求め，新製品として太陽エネルギーを用いた新製品を

---

28) この企業の本社移転については，外地出身の企業ゆえに，現地人が創業した現地大企業よりも大幅に高い税金を鎮政府からかけられていたことが原因だと指摘する業界関係者もいた。

開発して，2009年以降には国内市場を開拓し始めている。

　生産はすべて古鎮の工場で行っており，アメリカ市場向けのOEM生産が主な業務である。アメリカが主要な顧客であるため，製品品質への要求は高く，素材としては木材，陶器，ガラスなどを用いている。木材加工は社内にもラインがあり，ガラスについては地元古鎮で購入し，陶器については広東省の潮州から，金属と木材部品は佛山市楽従から調達している。電線や電気系統の部品については，安全性に関わるために輸出製品では重要な部品である。そのため，米国の認証を獲得している東莞市のメーカーから調達している。

　米国企業との取引はすでに十数年に及び，この間一貫して取引している顧客もいる。デザインについては先方から提供されることが多く，他の顧客にはそのデザインを見せないようにしている。創業者は，30歳の時に灯具メーカーを立ち上げたが，それ以前は養魚や，モーター製造，電池製造，金属加工に携わり，1990年に灯具製造へと参入した。そのために製造業の基礎技術や照明器具の構造などを理解している。古鎮には各種部品供給の面で産業チェーンが完備されているため，そう簡単に外部へと移転することはできず，また輸出のため港に近い必要があり，四川などの内陸への移転は難しいと考えている。

2）企業と産業集積の発展パターンの確認

　章末に示したそのほかの聞き取り調査の内容も含めて，いくつかの論点について分析してみよう。

　まず，すでに先行研究をもとに整理した集積形成・発展のストーリーを否定するような事例は見当たらなかった。企業の参入時期と創業者の出身地を見てみると，地元の古鎮人が1986年から90年頃，そして1998〜99年頃に創業している一方で，2000年代以降は外地出身者が創業している傾向が明確である（表3-9参照）。1990年代までに，まず古鎮の地元企業家が主体となって産地の原型が形成され，2000年代以降に外部からの参入者が急増することで現在の規模にまで拡大してきたと考えられる。輸出先は新興国市場と先進国市場の両方があり，ルートの開拓については1990年代には香港・台湾系の商社からの獲得（事例2のE社）と，2000年代以降の外地人流入による国外市場の開拓

(章末補足資料に挙げる事例6のL社)が指摘されたが,現在では各種展示会への出展が主な開拓手段となっており,一般に輸出の場合にはOEMでの生産が多い状態にある。古鎮で生じる集積の経済性については,現地での照明器具産業チェーンの完備を指摘する企業が多く,特に部品メーカー・部品販売業者が多数集積することで調達取引コストが削減されていることが示唆される。

3) 企業間の異質性と産業集積

　次に確認できることは,ほぼ企業規模に比例して内製化工程の数が変化し,企業間での差異が明確で,大企業と中小企業では現地集積が持つ意味がまったく異なることである。前述の通り統計上は,古鎮における照明器具メーカーの平均規模が20名であるのに対して,現地で最大規模とされるA社とC社は従業員数5,000名となっており,企業間でのビジネスモデル,生産品目のラインアップに大きな差異がある。例えばA社とC社はLEDの光源から各種の照明器具までを自社生産しており,そのラインアップは幅広く,さらに部品の内製率も高い。これに対して従業員数100名前後の小型メーカーでは,卓上照明や室内や屋外のLED照明器具といった品目に特化し,多くの部品を社外から購入し,社内では主に組み立てを行うほかは,金属加工などの一部工程を行うにとどまる。

　このことを示すため,丸川(2009b)を参考に,表3-10に各企業の製品ラインアップ数と内製部品・工程の状況をまとめた。大企業ほど調達面では内製部品が高く,さらに販売面ではブランド・専売店を構築するという意味で垂直統合的な発展を見せるのに対して,中型・小型のメーカーは古鎮および周辺地域の照明器具産業集積からの部品供給と加工能力に依拠したビジネスモデルとなっている。C社が江蘇省呉江市に進出して拡張を見せている例はその顕著な例であり,大企業ほど集積への依存度が低い傾向を示唆している。合計値が最少で2ということは,すべての工程を外注にした場合には企業としての差別化が困難であり,何らかの内製部門を持つことで存立していることを示唆している。

　また,照明器具用の電子基板という同一製品の製造プロセスでも,機械化の程度に大きな差が生じている。C社は高価な外国企業製の自動機を導入した電

表 3-10 調査企業の生産業務の内製状況

企業名	従業員数	製品ラインアップ数	光源	電子関連部品・加工	金属部品・加工	プラスチック部品・加工	ガラス部品	合計値
A	5,000	4	1	1	1	1	0	8
C	5,000	3	1	1	1	1	0	7
E	500	2	0	0	1	0	0	3
F	400	2	0	1	1	0	0	4
G	200	2	0	1	1	0	0	4
H	150	1	0	1	1	0	0	3
I	120	1	0	0	1	0	1	3
J	100	1	0	0	1	0	0	2
K	100	1	0	0	0	1	0	2
L	40	1	0	1	0	0	0	2

注1：製品ラインアップ数はオフィス用，家庭用，室外用，シャンデリアの4部門のうちの生産品目数。その他については内製していれば1，外注していれば0とした。合計はラインアップ数と各工程の合計値。
2：各種原料，LEDチップ，陶器・木材部品についてはいずれの企業も内製していなかったので割愛した。
3：ある部品を内製・外注両方する場合には1とした。
4：聞き取り内容が不十分なB，D，M社はカットした。
5：I社のガラス工程は，経営者の別会社であるが，ここでは1とした。
出所：表3-9に示した現地聞き取り調査により作成。

子基板生産工程を持っていたが，G社の場合にはほぼ手作業で同様の工程を組んでいた。C社の場合，企業規模が大きく，外部環境の変化を念頭に2009年に自動化を進めたが，G社のような中小規模企業の場合には工程自動化はまだ進展していない状況にある。

　このほかに，ファッション性の高い製品か，屋外・オフィス向け照明なのかで製品の流行変化のスピードが大きく異なることも確認された。J社，L社のような屋外・オフィス向け照明では，価格と性能のバランスを重視した競争が展開される一方で，F社，I社などのファッション性の高い照明器具についてはデザインを中心としてバイヤーへの迅速な対応が重要な経営課題として指摘されている。つまり大企業が工程を内製化し，販売ルートを自ら構築するほかに，中小企業でも屋外・オフィス向けメーカーと，ファッション性の高い照明器具を製造するメーカーでは性質が異なり，大別すれば上記の3つの企業類型に分けての理解が可能である。

写真 3-3　古鎮内の部品卸売市場の一つ
光源，金属部品，電子部品，ガラス部品が販売されている。
出所：2012 年 7 月 14 日，筆者撮影。

4　産業集積の構造と機能

　すでに明らかな通り，古鎮の中小企業は外部からの部品購入に依存しており，その前提として現地の部品市場の存在が指摘されている（表 3-5 参照）。先駆的な部品市場として七坊市場が 1998 年に開設されており，同時期に自然発生的な部品販売店の集中地域もいくつか見られたが，本格的な部品市場開設は 2004 年と，2009～10 年の 2 つの時期に集中している。2004 年は鎮政府による照明器具産業を主軸にした発展戦略の提起と，広東省政府からの専業鎮への指定の 2～3 年後にあたり，伝統的な照明器具に対応した部品が主な取扱品目となっている。2009～10 年に開設された市場は，取扱品目からもわかる通り，LED を中心とした新たな照明器具産業の発展需要に対応したものだと位置づけることができ，卸売市場としての規模も大きい。

　聞き取りから各部品調達元の産地を把握できた A 社と I 社を例として，調達の傾向を整理してみよう。大企業である A 社の場合，内製部門が多く，外部から購入する部品は①シャンデリア用のスワロフスキー社製（広東省に工場

あり）のガラス部品や，②家庭用照明器具用の装飾用陶器（江西省景徳鎮産）などに限られる。一方で中小企業であるⅠ社の場合には，ほぼすべてを古鎮の卸売市場と周辺工場から調達しており，装飾用の織布は広東省東莞市虎門産であった。現実には，古鎮の卸売市場には，深圳，東莞，温州といった地域の企業から電子部品が流通しており，古鎮の卸売市場で購入した場合には産地を特定することは難しい。ただし，一連の企業への聞き取りから①人造ダイヤについては浙江省浦江市から，②ガラス部品については浙江省寧波市，杭州市，江西省から，③電子部品については広東省東莞市，深圳市から，④陶器部品は江西省景徳鎮と広東省潮州市から，⑤布材については東莞市虎門鎮から流通しており，古鎮周辺に立地しているのはその他の金属・プラスチックの成形加工，メッキ・磨き加工，そして組立加工であることがわかった[29]。

　現地政府公表のデータと聞き取り調査から，古鎮から見た照明器具の部品・製品の流れをまとめると図3-1のようになる。古鎮内に立地しているのは，完成品メーカー，部品メーカー，そして部品および製品販売店舗である。生産に必要な部品のうち，過半数は鎮外から流通しているものだと考えられ，古鎮内では完成品メーカーに対して部品メーカーが少ない状況が生まれている。このように，鎮外からの部品流通が完成品組み立ての前提として機能しており，一部の光源，人造ガラス部品，陶器製品は広東省以外の国内から調達されている[30]。古鎮内での生産工程は，一部の金属・電子部品の加工のほかは，主に組立工程となっており，メッキや塗装などの環境負担の大きい工程は近隣の鎮・市に外注している状況である。古鎮の完成品メーカーの多くは鎮内に販売店舗

---

29) 共同研究を行っている陸剣宝氏が2012年11月に古鎮市内の卸売市場内で実施したアンケート調査によれば，卸売市場内に入居する部品メーカー733社のうち，中山市に立地するメーカーは229社で，深圳市が45社，江門市が43社，佛山市が11社，東莞市が9社となっている。さらに浙江省金華市のメーカーが302社（特に浦江市からの人造ガラスの流通が大部分を占める）と突出しており，有力産業集積間での部品流通が顕著である。
30) ただし，現地の企業登記を管轄する工商局の情報によれば，2010年と2011年の2年間にそれぞれ364社，218社の個人経営企業が無免許経営のために検挙されており，その大多数を照明器具関連の製品・部品工場と販売店が占めている。このため，実際には鎮内に立地している照明産業関連企業数は公表データよりも数百社以上多い可能性が高い。

第 3 章　郊外農村から照明器具の都へ　131

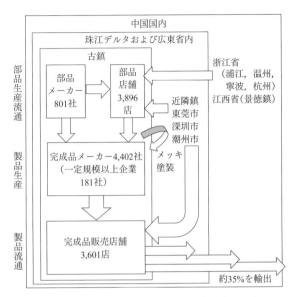

図 3-1　古鎮照明器具産業の部品・生産・流通の流れ
　　　　（2010 年頃）

　注：企業数は各種政府公表データから推計した概算。2010〜11 年に，古
　　　鎮鎮内に照明器具および関連の全工業・商業企業数が 1 万 2,700 社
　　　存在し，うち 7,497 社が商業関連，残りの 5,203 社が各種メーカー。
　　　さらに 2010 年の完成品メーカー数および販売店舗数が判明してい
　　　るため，これらデータより推計。鎮内の完成品メーカーから販売店
　　　舗を通さない取引も当然あるが，図では割愛した。
　出所：古鎮鎮人民政府 HP 情報，『灯都古鎮』，2011 年 7 月および 2012 年
　　　　7 月に行った現地聞き取りより作成。

を構えており，販売店舗を含めた集積が形成されている。額で見ると製品の約35％が輸出されており，約65％が中国国内の各地に流通している。販売については，聞き取りで判明した輸出先を念頭に置くと，企業ごとに特定の製品・地域に特化して販売する傾向が強く，これはそれぞれの製品・地域で求められるデザインや品質要求が異なるためだと考えられる。単独の企業では生産可能な製品分野やデザイン特性は限られるが，集積全体としてファッション性の高い製品からオフィス用まで，多様で大量の照明器具の供給を実現している。

　上記のような集積構造であるため，古鎮が有する特徴は日本の地場産業・産地に見られた部品を含めた域内分業生産体制の構築というよりも，域外に開か

れた構造での部品集散市場の存在と，それを前提とした各種完成品企業の集積と企業間競争の発生，そして各企業がそれぞれ独自に販路を開拓するという点にある。集積形成の要因は，現地に照明器具産業が計画経済期から歴史的に存在したといった理由ではなく，主に国内需要に対応した形で生産販売のプラットフォームが現地に形成されてきた点に求められるだろう。「金属部品や電子部品の産地である近隣地域（小欖鎮や東莞市）ではなく，なぜ古鎮に照明器具産地が形成されたのか」という疑問に答えるためには，ものづくりの基盤以外の要因として，他に先駆けて照明器具産地としての規模の経済性を達成していた点や，現地政府と省政府のサポートを指摘しなくてはならない。

　こうした集積構造のもとで，どのような集積の機能がもたらされたのであろうか。現地の圧倒的多数を占める中小規模完成品メーカーは，生産品目を限定し，部品市場と近隣地域の加工メーカー集積を活用して，ニーズの移り変わりの早い照明器具をバイヤーの要望に応えて生産していると考えられる。約4,000店舗の部品市場には光源，金属部品，電子部品，ガラス部品などの主要な品目が流通しており，結果として中低級品質の照明器具であれば，家庭用，オフィス用，屋外・プロジェクト用等，あらゆる製品が生産可能となっていることが，集積の機能として指摘できるだろう。現地では「古鎮であれば200万元で照明器具メーカーを創業できるが，中西部地域では600～1,000万元必要だ」と言われているが，これは古鎮の集積が提供する中間財と販路ゆえに，初期投資が少なくても起業可能なためである。

　この集積構造の特徴は，特定企業が中核的な組織者（オーガナイザー）として機能する日本の産地とは大きく異なり，徹底して開かれた構造を形成し，外部からの多くの新規参入企業を受け入れている。温州から数百社規模での企業移転が発生したことはその顕著な例である。また，部品の多くが外部から調達され，それらの組み合わせによって製品生産が成立する状況は，「開かれた，そしてモジュール化された産地」とも言える構造を形成している。I社の事例では，取引関係が安定している部品を除けば，その時々で変動する割合が8割を占めており，新規参入企業も多いことから集積内での取引関係は大きく変動していると推測される。このように，古鎮では部品の集積を基礎として，多数

の企業が入り乱れて新たな取引関係を結びつつ，個別企業としては特定製品・特定市場に対応するが，集積全体としてその時期に必要とされる照明器具全般をタイムリーに供給していると位置づけられる。

競合産地として指摘されたのは，広東省では東莞市，佛山市，江蘇省では常州市，塩城市，浙江省では温州市などで，すべて中国沿海地区である。現状では業界内で古鎮が最も著名な産地になっており，他地域からの部品流通の拠点が形成され，また外部からの企業も数多く進出している。この開放性と流動性が古鎮産業集積の特徴として指摘できるだろう。

5　小　括——急速な形成と広域化

1）近年の変化——「汎古鎮」化と「汎家居」化構想

2000年代末以降，古鎮ではいくつかの状況変化が観察されている。

その第一は「汎古鎮」化とも言える，近隣地域への産業・企業の拡張・移転である。近年珠江デルタでは賃金と土地価格の上昇と広東省政府の産業高度化政策のために，多くの労働集約的産業が中国の中西部や国外に移転する可能性が示唆されてきたが，現実に古鎮で起きたことは，上記の集積構造を前提として，自動車でおよそ20〜60分程度の距離にある横欄鎮，小欖鎮，江門市といった近隣地域への企業の進出であった。聞き取りでも確認されたように，2009年以降，いくつかの中小企業が古鎮から土地コストが1/2〜1/3である近隣鎮へと工場を移転した（表3-9参照）。しかしながら依然として部品調達や販売の中心が古鎮にあり，こうした集積を活用することで存立している中小メーカーは容易に遠隔地への移転を実行できない。逆に，大企業の場合には，C社のように，本部を上海へと移転させたり，新工場を江蘇省に建設したりする余力を持ち，むしろ企業の発展のために先進地域へと進出する事例も観察されている。

こうした企業の移出入は，古鎮の照明器具産業にどのような影響を与えているのであろうか。第一に，中小規模メーカーの近隣地域への工場移転は，現状では古鎮の部品市場と販売機能を利用可能な限りにおいての空間的な拡張であ

り，産業集積の構造に変更を迫るものとは言えない。第二に，大企業の先進地域への移転は，自らのブランド力と販路を築き上げた企業が，集積内の分業関係や中間財供給に依存しなくなったためだと考えられる。大企業が集積を「卒業」する現象だと言えるが，これはこの地域のみに見られる現象ではない。現地の産業集積にとって重要な点は，引き続き集積の提供する中間財供給や販売プラットフォームを利用している大多数の中小企業が，層として経営を継続できているか，経営戦略として集積から離れる傾向があるか否か，であろう。

すでに述べた通り，現状の古鎮照明器具産業集積が持つ機能は「中低級品の照明器具について，多様な組み合わせで対応可能」という点にあると考えられる。聞き取りやデータからも確認された通り，古鎮の生産額は拡大を続けつつも，企業間の競争は激しい。そのため個別企業は，①OEM元企業やバイヤーへの提案と対応を磨く（I社），②付加価値を高めるために部品市場に流通するより高品質な部品を購入し利用する（F社），③社内で内製している金属加工工程での付加価値を高める（J社），④太陽エネルギーを用いた新製品を開発する（E社），といった試みを行っている。これらのうち，少なくとも①〜③までの経営戦略は既存の産業集積を活用した形での発展方向を模索していると考えられ，これらの取り組みが成功すれば，バイヤーにとってより魅力的で，なおかつ高品質な照明器具を集積として提供することが可能になる。

つまり，古鎮に存立する企業のうちの中小企業のある一群は，経営戦略として既存の集積構造から脱する動きというよりも，既存の集積構造を活用しつつ，高付加価値化を目指していると位置づけることができる。確かに大企業は集積との関連性を低下させる傾向があるが，圧倒的多数を占める中小企業が既存の集積構造のもとで事業を継続させていくならば，集積としての継続的な存続や発展が可能となる。現地の企業数がリーマンショック以降にも右肩上がりに伸び続けているのは，参入障壁が極めて低い構造によるが，生産額も堅調に推移していることは一面では現時点では国内市場と新興国市場で中低級品を販売するに足る価格競争力が保たれていること，もう一面では上記のような企業の新たな取り組みが行われていることによって理解できる。ここから示唆される古鎮産業集積の発展展望は，近隣地域への空間的拡張を伴いながらも，部品集

積・販売店集積という構造を維持し，国内外のミドル・ローエンド市場のあらゆる照明器具製品を柔軟に提供するこれまでの路線に加えて，集積の構造を活用した形での新製品や高品質部品・加工の導入という方向性をも内包したものとなる。

　第二の萌芽的な変化は，古鎮の発展戦略に関わるものであるが，目下，現地の業界関係者は近隣の関連産業集積も含めた「汎家居産業」（家具，照明器具，インテリア用品を含む概念）としての可能性を模索している[31]。古鎮の近隣には順徳市の家電と家具産地，佛山市南庄の陶器産地などが形成されており，こうした近隣の関連企業にも声をかける形で，2014年12月には「華南照明工程」展示会が開催され，そこでは照明器具に加えて家具やインテリア製品も展示された[32]。広東省内に形成された産業集積は浙江省と同じく，個別製品に特化する形で形成が進んだが，国外のニーズに加えて，国内消費者の住居インテリアに対する需要の洗練化という変化を前に，照明メーカーと家具や陶器メーカーの協力によって家庭用家具・インテリアと一体となった製品の提案という新たな段階に一部古鎮照明器具企業も達しつつあるようだ[33]。「汎家居産業」なる概念は佛山市の家具業界やその他業界でも注目されており，古鎮照明器具産業集積がどこまでこの構想を実現できるかはまだ不透明だが，「集積が集積している」ともいうべき珠江デルタ地域ならではの範囲の経済性の発揮を狙う取り組みとして注目に値する。

2） 古鎮産業集積からの示唆

　本事例で第一に興味深い点は，現地には照明器具産業の歴史がなく，1990年代半ばの時点でも現地経済の主要産業の一つにすぎなかった同産業が，1990年代末から急速に発展し，十年足らずで「照明器具の都」として確たる地位を

---

31) 2014年6月12日，現地業界新聞社・古鎮灯飾報社で行った総編集長からの聞き取りによる。
32) 『羊城晩報』2014年12月10日記事「特色風家居歓迎中山古鎮打造一站式採購平台」より。
33) 『中山日報』2015年4月3日記事「古鎮灯飾与潮州陶器跨界合作　両地企業共同拓展"汎家居"商機」参照。

獲得したことである。すなわち，照明器具集積は当初から存在したのではなく，一定の企業数や生産高があったものの，最近になって特定産業への特化が進展した。このプロセスは珠江デルタという製造業が集中している中で，現地の企業家の先駆的試みと膨大な数の追随者の存在を前提としつつも，ある時点で地域の発展戦略として意図的に局地的産業特化が進められてきたと考えることができる。広東省の専業鎮政策のもとで，現地鎮政府は発展戦略を策定し，意識的に地域の特化を可能とする専門卸売市場を建設してきた。この政策が成功した背景には，同時期に他の照明器具産地（温州）が凋落を見せたことや，中小企業が容易に生産可能な基盤を提供する地域がほかになかったことが考えられる。

第二に，本事例の集積構造と機能は，現地における部品から販売店までの集中立地を前提として，「中低級品の照明器具について，多様な組み合わせで対応可能」な点にある。約4,000店舗の部品集積ゆえに，メーカーとしての参入コストは他の地域より圧倒的に低く，また集積全体として提供可能な製品品目はファッション性を重視した製品分野から機能・価格を重視した屋外・オフィス向けまで含めて幅広い。鎮内には部品メーカーは必ずしも多くないが，近隣鎮や珠江デルタ，さらには他省の産地からも部品が流通しており，極論として組み立てのみで照明器具が製造可能となっている。つまり，この産地の競争力は単独で形成されたのではなく，中国国内の他の産地，とりわけ珠江デルタの各種産業基盤があって初めて成立しうると言える。この意味で，とりわけ珠江デルタという工業基盤に立って供給力を確保していると評価でき，前章で分析した義烏の事例と類似して，周辺地域連関を視野に入れなくては個別産業集積の競争力も評価できないことが確認された。同時に，集積内では大企業ほど内製化，高付加価値化，ブランド化，販売チェーンの構築に力を入れる傾向があり，集積への依存度を低下させる傾向が見られる。この点は，大企業にとっては集積の提供する部品や製品流通の機能が重要性を持たなくなっていることを示している。

第三に，上記の集積構造と機能は2012年時点でも維持・拡大されており，その主要な担い手は多数の中小企業である。古鎮は中小企業の近隣地域への移

転や，大企業の先進地域への進出のもとで，依然として部品の集積や販売の拠点としての求心力を持つ集積として維持されている。近年，沿海部での各種コスト増によって労働集約的産業が高付加価値化，衰退，移転のいずれかを迎えるという見方が一般的であるが，「汎古鎮」照明器具産業集積から示唆されるのは，一部企業の淘汰を伴いつつ，既存の集積構造を維持・活用した形で近隣地域へと空間的に拡張し，製品品質を段階的に引き上げる方向である。現地の中小企業の中には集積の構造を活用した形での新製品や高品質部品・加工の導入に取り組む企業もあり，中低級品の照明器具供給を主流としつつも，集積の内部で多様な取り組みがなされていることも注目に値する。この背後には，国外市場のみならず，中国国内の様々な建設プロジェクト需要に対応しているという点が指摘できるだろう。

　本事例でも中国製造業研究の先行研究でたびたび指摘されてきた，「企業間の激しい価格競争」や「企業の内製化による脱集積」という特徴は確認されたが，それにもかかわらず集積全体として規模を拡大し，また新たな経営戦略を集積の構造を利用した形で策定している企業群が存在することも確認された。このことをどう考えればよいのだろうか。先行研究で確認された「開かれた構造による容易な集積への参入と，個別企業内製化による集積の意義の低下」という中国の産業集積の特徴把握に対して，古鎮の例から示されるのは集積全体として「中低級品の照明器具について，多様な品目に対応可能」という経済性を発揮している点である。「脱集積」でも，「過当競争による共倒れ」でも，「中小企業の全面的高度化」でもない「多様な中低級製品を集積として規模と範囲の経済を発揮して供給する」点に，現在の中国の産業集積の強みがあると言えると同時に，製品品質面では世界最高水準を目指さないし，また到達しえないという傾向があると考えられる[34]。

---

34) 聞き取り調査の中でも，現地に上場企業がない点や，政策・税制面での問題点，そして製品品質向上が必ずしも容易でない点が指摘された。確かに今後，さらに賃金や人民元レート上昇などにより，ミドル・ローエンド製品を迅速かつ多様に供給する点を特徴としてきた古鎮の産業集積に大きな構造変化が迫られる可能性もある。この点については追跡調査が必要であるが，このような産業集積の動きを追うことなくしては中国製造業の今後は理解困難だと考えられる。

補足資料：古鎮企業からの聞き取りノート

【事例1】大企業A社

当社は1986年に古鎮人が創業した現地業界における先駆的企業で，北京オリンピックのメインスタジアムである国家体育場の照明を手掛けるなど，現在国内でも有数の規模と知名度を誇る。当社は合併・買収を繰り返してきて拡張してきた点に特徴があり，現在傘下に12の照明器具ブランド，26カ所の工場がある。グループ内にLED光源や整流器・コントローラーを生産するメーカーも含まれており，シャンデリアからオフィス用，家庭用まで幅広い品目を生産している。

工場は広東省の中山市古鎮・横欄鎮，江門市，東莞市，浙江省寧波市にそれぞれ立地している。品目とブランドごとに工場が異なり，責任者や管理体制も別となっている[35]。大まかな企業内での分業体制としては，寧波と東莞で高級品を生産し，古鎮周辺では中低級品を生産している。古鎮周辺は相対的に賃金が安価であり，中低級品を大量に生産する傾向が強いという。A社の場合，金属部品，メッキ工程，金型製造まで内製しており，社外から購入するものとしては，原料を除けばシャンデリア用の水晶（スワロフスキー製等），装飾用陶器（江西省景徳鎮製），一部光源（フィリップス，オスラン製など）に限られている。販売については，ブランドごとにフランチャイズ式の専売店があり，国内に合計300店舗を数え，この他にホテルや政府の大型プロジェクトなど利潤率の高い業務も受注している。A社は現在では特に古鎮で照明器具や照明部品の卸売市場とショッピングモールや5つ星ホテルなどの開発事業にも進出している。

【事例2】中型メーカーF社

F社は2002年に3人の温州人が古鎮で創業し，香港に登記した照明器具メ

---

[35] この点は合併を繰り返して拡張してきたことがその原因であるが，大企業としての規模の経済性を発揮しきれない生産・管理体制となっていると指摘する現地の業界関係者も複数存在した。

ーカーである。創業以来，製品はすべて輸出しており，現在でも3人の創業者が協力して運営している。工場は古鎮に2つあり，一カ所ではアルミを用いたデザイン性の高い照明器具製品を製造し，もう一カ所では電子部品を生産している。販売先は主にドイツ，オランダで，逆に中東やインドなど新興国ではデザインに関する好みがまったく異なるため，新興国への輸出はほとんどない。社内の5人のデザイナーで238の外観特許を取得しており，バイヤーのニーズに対応する体制となっているという。国外市場は展示会，例えば香港の展示会に参加することで開拓している。

　企業の成長の結果，工場面積が足りない状態となった。そこで新工場建設用地を古鎮政府と協力して確保し，新工場を建設している。古鎮政府も，外部へと移転する企業が増えることを懸念しており，工業用地の確保に力を入れ，特に優良企業への優遇的な土地配分を行っている。現在従業員数は400名で，特に金属を加工できる従業員は貴重で，連日募集を行っている状況である。

　古鎮では部品はほぼすべての種類が揃い，中国のほかの場所にはこのような場所は存在しないという。ただし，先進国へ輸出をするための加工能力はまだあまりない状況で，例えば質の良いステンレスのネジなどは古鎮周辺では生産しておらず，浙江省温州市などから調達する必要があるが，こうした企業の販売店が古鎮の部品市場にあり，買い付け可能だという。ほぼすべての原材料はアルミで，佛山市南海に数社有名なメーカーがあり，そこから買い付けており，LEDなどの光源は外資企業が生産したものを買い付けている。

【事例3】中型メーカーG社

　当社は1992年に古鎮人が創業した照明器具メーカーで，1997年に省エネ照明器具の生産へ，2007年にLEDランプの生産に進出した。2012年現在，屋外やオフィス用のLEDランプの生産を行っており，販売額の90％を輸出が占める。特に中東，アフリカ向けが多く，この他にアメリカとカナダのブランドのOEM生産も行っている。国内販売は主に大型プロジェクト向けに納入しており，マカオのホテルやクラブに設置されるLEDを取り扱っている。従業員数は現在200名で，主に電子基板の製造と照明器具の組み立て生産を行っており，この他に一部金属のプレス加工も行っている。

部品の調達については買い付け部門に4名の従業員がおり，多くの中間財を社外から購入している。買い付けている主な部品としては，LEDの発光チップ，プラスチック部品，ガラス部品（ランプの外郭など）のほかに，金属部品についても，新たに金型を作る必要のない標準的な部品については，ほとんどを古鎮の部品市場で購入している。製品によっては必要となる塗装は環境汚染の問題もあり，当社工場では行っておらず，小欖鎮，横欄鎮などの近隣地域の企業に外注している。設計については特許を十数件所有しているが，基本的にバイヤーから必要なデザインや企画が持ち込まれることで設計がスタートする。販売面では，古鎮のホテルに販売ブースを設けており，特にバイヤー向けの販売窓口の役割を果たしている。

標準的な小型のLEDランプを製造する際には，古鎮の部品市場から金属部品，LEDチップ，プラスチック部品などを購入し，組み立てれば完成する。このため古鎮のサプライチェーンから離れることはできず，工場の移転については遠くても隣の横欄鎮までしか移動できないであろうという。また工場を移転する際には進出先と転出元の地元政府からの税制面での問題が起きやすく，そう簡単には移転はできないという。電子基板の生産ラインでは自動機の導入も始まったが，依然として大部分を若い女性従業員が，手動で電子部品を基板に差し込んでおり，ハンダ付け工程も手動であった。

古鎮の照明器具産業は，1990年代にはほぼ国内市場を前提にして発展してきたのであり，当時は輸出については国有の輸出入公司が古鎮に来て買い付けていた。2000年代に外地人が古鎮に来るようになって国外市場も含めて本格的な開拓が始まったという。現状では企業が中西部へ移転することは，サプライチェーンの問題と税制面の問題から難しく，遠くても近隣の鎮に移転するのが限界である。中西部へと移転する場合には部品調達の問題が発生するほか，進出先の地元政府から多くの税金を課せられることを覚悟しなくてはならないためである。現在の競合産地は，江蘇省塩城市建湖県に光源メーカーが十数社集中しており，浙江省の余姚に街灯を生産している企業が多い。このほかにも福建省厦門では大企業が高級品を生産しており，日本企業のOEMも行っているという。

写真 3-4　中型メーカー G 社の照明器具用基板生産ライン
出所：2012 年 7 月 16 日，筆者撮影。

【事例 4】小型メーカー I 社

　I 社は 2005 年に江蘇省出身の創業者が古鎮で設立し，2010 年 4 月に隣接する横欄へと移転した。創業者は 2001 年か，2002 年頃に浙江省浦江市でガラス部品の工場を創業した。その後，販売拠点を古鎮に設け，シャンデリア用のガラスを販売していた。その後，照明器具への需要が大きいことに注目し，家庭用照明器具の完成品の製造に参入した。浦江市のガラス工場も引き続き操業しており，古鎮の販売店も存続している。当社は設立当時，古鎮の中心部に立地していたが，賃料が高く，また交通面で古鎮中心部はかなり渋滞し，さらに古鎮の都市化計画の影響で，古鎮内で工場を拡張することは難しかったために自らの判断で，自動車で 30 分程度の距離にある横欄鎮へと移転した。2012 年現在，従業員数は 120 名で，主に欧州（スペイン，イギリス）の家具ブランド向けに，OEM で家庭用照明を組立生産している。

生産面では品目にもよるが，家庭用の普通のサイズの照明であれば30個からのロットで受注している。部品についてはほぼすべてを社外から購入し，組立生産をしている。例えば，ガラスは浙江省浦江市と広東省浮雲市から調達し，金属部品，電子部品などはすべて珠江デルタから，一部の紡織素材は東莞市虎門や広州市から買い付けている。金属部品については，工場の一階に加工設備があり，サンプルなどを作るが，量産は外部に発注している。新製品のために金型が必要な場合には外注を利用しており，金属加工の企業は小欖鎮を中心に，中山市内に多くの企業が立地している。同様にメッキと磨き工程についても外注しており，それぞれ異なる企業が専門化してこれらの工程を担っている。

I社はバイヤーの欲するデザインの製品を開発提案し，比較的小ロットから組立生産している点に特徴がある。近年では部品メーカーも在庫は持たないので，受注生産となっており，照明器具の完成品の納期は45日程度で，注文が来てから部品を発注して集め始めることとなる。ネジや電線などの共通部品は社内に一定のストック（例えば5,000個）を確保するようにしているが，そのほかには在庫は持たない。照明器具はアパレル産業と同じで流行があり，毎シーズンの傾向が違うために在庫は持てない。各種の部品サプライヤーについては，80％は変化する層だが，共通部品を扱う20％の層は固定的な取引先となっている。10年余り古鎮で事業を継続しているので，当社の開発責任者は各種業者の名刺を3,000枚所有しており，メーカーから部品を買い付ける際には部品ごとに近隣の工場を10社程度ずつ，価格と品質を比較し，取引先を選定できる体制となっている。

生産面では古鎮を中心としたサプライヤーチェーンへの依存が明確だが，販売面では輸出が圧倒的に多く，この面では古鎮への依存度は低い。雑誌に広告を載せ，基本的には広州と深圳で毎年展示会に出展することで販路を開拓している。2012年の訪問時にはバイヤーからの情報を参考に，展示会に向けて開発人員5名で新製品を開発していた。

【事例5】小型メーカーJ社

J社は古鎮人が創業した屋外用・オフィス用照明器具メーカーである。創業者は1999年から照明器具業界に携わり，当初は家庭用の照明器具や，シャン

デリアなどを生産していたが，2004年に現在の会社を設立し，オフィス用照明器具生産に転換した。工場は古鎮で1999〜2002年，横欄鎮で2003〜07年運営し，2007年から再び現在の古鎮の同益工業園区へと戻ってきた。以前の2カ所は賃貸式であったが，企業の成長に伴い，現在の工場は土地使用権も購入している。2012年現在，従業員数は100名で，最大時には120名であった。会社名にドイツという名が含まれているが，これは親戚のいるドイツで登記したためで，実際には外資ではないが，国内で営業する際にはこうした名前が信頼を得るうえで有効だという。

販売市場は国内向け50％，輸出が50％という状況で，輸出先は東南アジア，ロシア，中東，トルコが多く，近年では南米市場の開拓を狙っている。日本などの先進国市場向けは製品への要求レベルが高すぎて参入していない。オフィス用照明についてはもともと佛山市南海の方が産地として有名で，強力な産地だったが，2010年頃から古鎮の方がサプライチェーンの面で優位に立ったという。

製品のすべてがアルミ素材で製造され，原材料は板材については河南省から，線材は広東省東莞市大理鎮から調達している。買い付ける部品としては，光源，プラスチック部品，電源などで，金属の加工は社内に30名の加工人員がおり，内製している。酸化工程は江門市の企業に，メッキ工程は横欄鎮や河塘鎮の加工工場に外注している。コスト構造から見ると，金属関連部品は製品価格の3分の1を占め，3分の2を電源や電器，プラスチック部品が占めている状況であるが，目下，内製している金属加工部分の付加価値引き上げを目指している。

古鎮ではあらゆる既存部品が手に入る状況が生まれており，産業チェーンが完備されていて，参入障壁がとても低い状況だという。総経理によると，小さい工場はとにかく部品を集めて組み立てて，脱税をすることで利益を上げようとする傾向がある。同氏は部品を集めてきて簡単に組み立てできるようなものではすぐに他の企業に代替されてしまうため，自ら新たな製品を開発していく必要があると考えている。LED照明も，急激に企業数が増加し，競争が激化し，利潤が減る傾向が鮮明であったという。古鎮では競争が激しく，2009〜10年に60元だったあるオフィス用照明の価格は，2012年には20元程度まで下

落しているという。総経理は新興国市場向けには価格相応の性能を持つ製品が有効であり，2～3年程度の発光を保証できるようにする一方で，価格を低く抑えることが重要だと考えている。製品の販売としては，古鎮の製品販売市場に2店舗出店しており，特に国内市場開拓の役割を担っている。

　総経理の話では，古鎮の産業チェーンはあらゆる品目に拡張していくが，ハイエンド製品には参入していない。あらゆる部品や加工へのアクセスは完備されており，このサプライチェーンはこの先10年から20年は揺るがないくらい強固な優位性を持つと見ているが，同時に高級品を製造するための必要な部品や加工は古鎮や周辺には存在しないため，東莞や深圳の企業を利用する必要がある。同氏は古鎮には上場企業も存在せず，（生産額10億元を超えるような）大企業も，これだけ長く照明産業が発展してきたにもかかわらず，いまだに存在しない点が問題だと指摘した[36]。また比較的大型の企業も，ある段階から製造業から徐々に不動産などの他の事業に力を入れ始め，製造業は業務の一部になってしまう傾向があり，2000年代以降は外地人による起業が増加し，古鎮人経営者の比率はかなり低くなっているという。

【事例6】小型メーカーL社

　L社は，黒竜江省の出身者が，古鎮で創業した屋外用LED製品を生産しているメーカーである。創業者は2001～07年にロシアで照明器具の販売を行っていた経験を持ち，当時の照明器具は黒竜江省の卸売市場で買い付けていたが，生産地は古鎮であった。その後，中国国内の成長が著しいことに気づき，2007年に古鎮でのLED生産に参入した。当時はちょうどLED産業が急激に広まり始めた時期にあたり，製造は容易で，なおかつ中国各地で省エネブームが起きたことでLEDが飛ぶように売れた。

　2012年時点で，従業員数は40名で，LEDのチップを調達し，それを自動機で貼り付け，顧客のニーズに合わせて金属フレームなどに装着して販売している。販売市場はすべて国内向けで，ショッピングモールや政府のプロジェクト

---

36)『中国経営報』2009年8月17日記事「古鎮灯飾幇：期待"工業精神"」にも同様の指摘があり，多品種少量生産の傾向のある照明器具分野では，特に売上3,000万元を超えると企業の管理が困難化することを指摘している。

などに納入している。こうした製品領域は，同じ照明器具でもファッション性を求められることはないため，流行の変化が小さいといった特徴を持つ。事業の流れとしては，例えば多国籍企業であるオスランがデザイン会社から大型プロジェクトを受注し，彼らはそれを外部に委託する。その委託された会社が当社に外注してくる。

　L社の場合，ほぼすべての部品を古鎮で買い付け，ここで組み立てて製品化している。買い付け部品としてはプラスチック製品，アルミ製品，電線，LEDなどで，それぞれについて5，6社の取引先がいる状態である。最長で5年の取引関係を持つ企業もあり，こうした取引は古鎮では長期取引に属する。部品の90％は古鎮の販売店で買い付けができ，ごく一部は東莞，深圳，浙江省浦江（ガラス製品）から調達している。

　古鎮の課題としては，地元政府による税金の徴収が厳しく，特に外部から来た企業への優遇政策はほぼなく，対応は保守的である。当社の経営者は，古鎮政府のトップが今後どのような政策を採用するかで，「灯都」の地位を確保し続けられるかが決まると見ている。同氏の見解では，地元の大企業の主要業務はもはや照明器具の製造ではなく，不動産投資になっている状況で，これらの企業の製品のレベルは決して高くないという。屋外照明の競合産地は江蘇省常州市で，小規模工場がLEDを中心に生産しているほか，東莞市にも産地がある。

第4章

「世界の工場」中国の再編
―― 立地変化と事例研究 ――

古鎮のある中小企業の照明器具用基板生産ライン
(2012年7月16日,筆者撮影)。

1 はじめに

　第2章と第3章では沿海部に形成された個別の産業集積の事例から，初期条件に恵まれていない地域がいかに急成長し，また近年どのような変化を遂げつつあるかについて検討した。それに対して，本章の課題は，2000年代半ば以降のよりマクロな産業立地の変化の趨勢と要因について，見取り図を得ることである。特に重視する論点は，中国が大国である点と，2000年代後半にどのような立地変化が起きたか，である。

　2000年代の後半以降，中国沿海部に集積してきた製造業が国内外に移転しつつあるとの見方が浮上しているが，その背景にあるのはすでに序章で述べた2004年以降の中国の労働力市場の変化であり，出稼ぎ労働者の行動の変化によって沿海部での人手不足が広く指摘され，地域間の賃金格差も大きいことから，中国では国内での産業移転の可能性が指摘されている。この論点は「国内版雁行形態」と呼ばれているものの，その実証研究は数が限られている段階にある。またこれもすでに前章までで確認した通り，中国の沿海部には多数の産業集積が形成されており，中西部への産業移転が既存の産業集積の効果を含めてどのような要因によって生じているのかについては識別されていない。日本でも高度成長期以来，既存の中核的産業集積地から地方へと工業立地が分散した。より国土が広い中国においてどのような産業立地の変化がどのようなパターンとして把握できるかは，検討に値する論点であろう。そこで本章では，省・産業レベルのデータを用いて，2000年代の中国で「国内版雁行形態」が発生しているのか否かを産業集積の効果まで視野に入れて実証的に検討する。

　沿海部の産業・企業が国外を含めた他地域へと移転する事例や，大幅な機械化を進める事例が報告され，安価で豊富な労働力を強みとしてきた「世界の工場」の時代が転機を迎えているとの認識が広がりつつある。実際に中国の最低賃金は2006年から10年までに毎年平均12.5％上昇しており，さらに政府は

2011年から15年にかけて年平均13％増を目標に掲げている[1]。中国政府は労働集約的産業が支える雇用面の役割に配慮しつつ，産業高度化を推進しているが，温州市や東莞市に見られる先駆的労働集約的産業の集積地の苦境が度々報道され，また電子製品でその労働集約的な組立加工を一手に担ってきた受託生産（EMS）が急激に中国の中西部への展開を進めている。近年の労働市場の環境変化のもとで，産業の側ではいかなる変化が生じているのかを分析する必要が生じている。

本章の構成は以下の通りである。次節では関連議論を整理し，分散力と集積力をともに考慮した分析が必要であることを述べる。第3節では計量モデルとデータの詳細を述べ，第4節で推計結果を述べる。第5節では推計結果に検討を加え，他のデータや事例研究を踏まえて議論を行う。第6節は結論として「国内版雁行形態」の傾向も確認されるものの，より多様な要因を踏まえた分析が重要であることを主張する。

2　産業立地変化のマクロ分析

1）国際競争力と産業立地の変化

すでに表序-1で確認したように，中国製品は1990年代の後半から2000年代まで，一貫して国際競争力を高めてきた。一方，中国国内の産業立地は改革開放以来，2000年代前半まで東部地域に集中する傾向があったが（Long and Zhang, 2011），1990年代後半以降，内陸地域の発展が重視されるようになり，東部地域の生産額シェアが2000年代半ばから徐々に下がってきている（日置, 2011）。図4-1は，1952年から2011年までの60年間に，中国国内の工業生産額に占める沿海部と二大デルタ地域のシェア推移を示したものである。1952年から80年頃までは，沿海部並びに二大デルタのシェアは低下か低迷する傾向にあった。1980年代以降，すなわち改革開放期には明確な上昇傾向を示し

---

[1] 人力資源社会保障部・国家発展改革委員会・教育部・工業和信息化部・財政部・農業部・商務部「促進就業規劃（2011-2015年）」より。

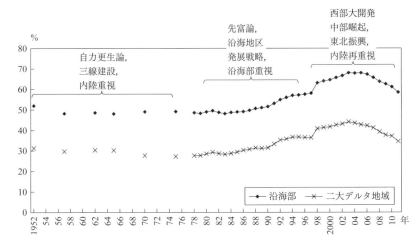

図 4-1　沿海部と二大デルタ地域の全国工業生産額に占めるシェア（1952〜2011年）

注：沿海部は北京，天津，河北，山東，江蘇，上海，浙江，福建，広東を，二大デルタ地域は江蘇，上海，浙江，広東を指す。なお，広東省のデータに欠損が多いため，1978年以前のシェアについては一部の年についてのみ算出した（広東省統計局・国家統計局広東調査総隊『数説広東六十年 1949-2009』2010年でも補うことができなかった）。

出所：統計データはミシガン大学 China Data Center データベースより，時期区分については加藤（2003）p. 44, 表 1-1, 日置（2011）等より作成。

てきたが，沿海部への産業の集中傾向は 2000 年代の後半以降には見られず，むしろ他地域のシェアが上昇しつつある。

　中国社会科学院工業経済研究所（2012）の第 33 章によれば，工業付加価値額で見ると，東部地域のシェアは 2004 年の 60.5％を頂点にその後減少しており，2011 年には 51.8％となった。一方，中西部のシェアは高まりつつあり，中部地域のシェアは 2000 年の 16.9％から 11 年には 21.0％，西部地域（東北を除く）のシェアは同期間に 13.9％から 18.3％へと高まった。範・李（2011）も一定規模以上企業のミクロデータを基に 2004 年以降に沿海部の生産額シェアが低下し始めたことを示しており，まさに「民工荒」（急激な人手不足を指す中国語）が珠江デルタで発生した 2004 年が，沿海部の工業生産シェアの頂点であったことを明らかにしている[2]。

2）ただし，どのデータ（総生産額，付加価値額，雇用者数等）を，どう測るか（一部地域のシェア，ジニ係数，タイル指数等）により評価が変わる余地はある。

表 4-1 中国 4 地域別の労働集約的産業とエレクトロニクス産業の総生産額分布変化
（2005〜09 年）

(%)

	東 部		中 部		西 部		東 北	
	2009 年	2005〜09 年増減	2009 年	2005〜09 年増減	2009 年	2005〜09 年増減	2009 年	2005〜09 年増減
紡織業	80.20	-4.38	12.20	3.19	5.80	1.07	1.70	0.03
アパレル・靴・帽子	83.80	-7.28	9.20	3.76	1.90	0.98	5.00	2.44
皮革関連製品	81.10	-5.76	11.60	4.79	6.10	2.34	1.20	-1.37
木材加工関連製品	56.70	-11.24	20.00	5.45	9.00	2.58	14.20	3.11
家具	72.90	-11.62	10.90	4.96	7.10	3.49	9.10	3.17
文具・教育・スポーツ用品	92.50	-3.58	5.50	2.83	0.50	0.40	1.40	0.26
工芸品その他	81.20	-3.96	11.80	2.08	4.00	0.79	3.00	1.09
電気機械・器具	76.90	-6.58	12.00	3.85	6.30	1.58	4.80	1.16
通信設備・PC・電子設備	91.50	-2.73	3.40	1.33	3.50	1.22	1.60	0.17

注：なお，2005 年の産業別資本労働比率は，紡織産業から上から順に，17.52 万元，9.21 万元，8.54 万元，16.06 万元，14.49 万元，9.24 万元，10.88 万元，30.12 万元，41.08 万元である。
出所：中国社会科学院工業経済研究所（2011）pp. 350-351 より作成。

　特に東部への集中の程度が高かった労働集約的な消費財製造業においては，近年東部の生産シェア低下が顕著である事実が指摘されている。実際に，労働集約的な 7 産業について東部が占める工業総生産額シェアを見てみると，2009 年時点でも依然として高いシェアを保つものの，2005 年からの 4 年間に 4〜11％程度の減少を見せている（表 4-1 の上から 7 産業[3]）。序章で確認したように，この間，中国製品の国際シェアは引き続き上昇しており，国際競争力の向上と中国国内での立地再編が同時に進行していたことがわかる。

2）先行研究の整理

　東アジア諸国間での産業の国際移転については雁行形態論が有力な視座を提供してきた。そこでは後発国は，一定の政治体制と国際環境，そして産業イン

---

[3] 集計した地域区分は表 4-2 の通りである。

フラストラクチャーを前提とすると，低賃金を武器に労働集約的な産業における輸出競争力を獲得しやすいため，先発国から後発国へとより労働集約的な産業・製品から生産が移転していくことが図式化された[4]。このフレームワークでは，一国の経済発展は資本労働比率の上昇を通して比較優位産業の段階的移行をもたらす。国際貿易論の分野でも，一国の要素賦存比率により輸出競争力を持つ産業が決定されるというヘクシャー＝オリーンモデル（HOモデル）があり，雁行形態論と共有する視座を提供している[5]。

中国での「国内版雁行形態」については多くの論者がその可能性を指摘し，また実証分析を行ってきた。その可能性については，邦文では関（2009），小島（2009），中兼（2012），厳（2012），馬（2012），大橋（2012）が言及している。例えば，中兼（2012）pp. 147-148 は，中国国内での要素賦存条件の差異により，同時期に 100 円ショップで販売されるような雑貨と資本集約的・技術集約的な製品が，ともに競争力を持ちうると指摘している[6]。中国沿海部で比較優位を失った産業が，同時期に中西部では依然比較優位を持つ場合，国内での産業移転により，一定期間，中国が労働集約的製品から資本集約的製品まで幅広い品目にわたって高い輸出競争力を発揮する可能性が存在する[7]。

実際に中国の地域間の賃金格差を確認してみよう。図 4-2 は，2011 年の中国各省レベルの都市部と農村部の民営企業の賃金水準を示している。都市部間の差は，最大で 2.04 倍（北京市 34,235 元，甘粛省 16,731 元）となっており，それほど大きくはないが，農村部での差は最大で 4.49 倍（上海市 31,950 元，

---

[4] 大野・桜井（1996），末廣（2000），小島（2003），木村（2009）参照。
[5] 木村（2009）参照。ただし，これらのフレームワークについてはフラグメンテーションの進展，生産ネットワークの伸長，中国の登場による ASEAN をスキップした国際産業移転の発生などの面で限界が指摘されている。
[6] なお，国外への移転については，例えば林毅夫は Lin（2011）において，中国が労働集約的産業での優位性を失いつつあるとして，今後サブサハラアフリカ（SSA）に 1 億人の雇用が生まれる可能性を指摘しているが，逆に Collier（2007）は①アジアにおける企業と労働者の集積の経済性の存在と，②アフリカにおける様々な罠（紛争，天然資源，内陸国，ガバナンス）の存在，さらに③中国によるアフリカへの政府資金援助による依存効果を指摘している。
[7] 国別での分業のパターンについては大野・桜井（1996）p. 19，末廣（2000）pp. 45-51 を参照。

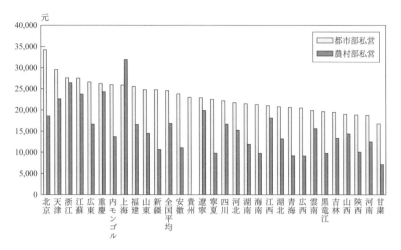

図 4-2　都市と農村における私営企業の賃金差（2011 年）

注：貴州の農村部私営企業のデータは得られなかった。上海のみ，農村部の賃金が都市部を上回った。
出所：都市部（城鎮）私営企業の労働者平均収入は『中国統計年鑑』より，農村部（郷鎮）私営企業の労働者平均収入は『中国郷鎮企業及農産品加工業年鑑』の労働報酬／雇用者数で算出した。ともに 2012 年版より。

甘粛省 7,113 元）となっており，引き続き大きな差が見られる。江蘇省，浙江省，重慶市など，同一省内で都市部と農村部の賃金差がほぼ見られない地域もあるが，少なくない地域で都市と農村部の間に 2 倍程度の賃金格差が確認されるため，産業が省や地域を超えて移転する可能性はある[8]。

「雁行形態」の用語とフレームを用いた実証分析は主に中国人研究者の間で先行した。主な研究として蔡・王・曲（2009），張・梁（2010），Ruan and Zhang（2010），中国社会科学院工業経済研究所（2012）があり，幅広く共有されつつある視角だと言える[9]。例えば，蔡・王・曲（2009）は「大国雁行形態モデル」と銘打ち，国内での産業移転の進展と可能性について，地域ごとの労働報酬と労働生産性のギャップに注目して分析を加えた。それによれば，先進地域

---

8) なお，賃金に加えて工業用地の価格も重要な要因である。
9) 中国語で雁行形態論は「雁陣布局」，「雁陣形態」，「雁陣模式」，「雁行模式」などと呼ばれている。

である華南沿海部の優位性（単位報酬と限界労働生産性の比で求められる）は低下しつつあり，華北と中部の優位性の伸びが大きいことが示された。類似した結果は張・梁（2010）でも報告されるが，同論文では「想像されるような大規模な国内中西部への産業移転が進んでいるわけではない」と，その移転規模については留保をつけている。その他にも Ruan and Zhang（2010）は紡織・アパレル産業を対象に，東部への産業集中のメカニズムが失われたことを明らかにした。中国社会科学院工業経済研究所（2012）の第33章では，鉱工業を①資源採掘型，②労働集約型，③資本集約型，④技術集約型の4つに類型化し，特に東部地域の労働集約的産業が中西部へと移転しつつあり，「国内版雁行形態」が進展していると述べている[10]。

2012年以降には工業情報化部と国家発展改革委員会がそれぞれ報告の中で国内での産業移転について言及している（工業和信息化部産業政策司・中国社会科学院工業経済研究所編，2012；国家発展和改革委員会産業経済与技術経済研究所編，2013）。前者の工業情報化部の報告書では産業移転のタイプを6分類（資源利用型，市場開拓型，戦略投資型，産業集積型，競争促進型，政策吸引型）し，地域ごと，産業ごとに分析を加え，産業移転によって国内で産業構造の転換がスムーズに進む可能性を指摘している。一方，後者の国家発展改革委員会報告書では企業へのアンケート結果から主に民営企業が，土地や労働面での制約から移転を実行し，移転先ではサプライヤーや人材の不足といった問題に直面していることが示され，産業移転によって生じる問題点も重視した分析となっている[11]。

---

10) なお，馮・劉・蒋（2010）は極めて興味深い分析だが，第一に時期区分上，最も沿海部に産業が集中していた2004年前後の変化を明確に捉えられない点と，『中国工業経済統計年鑑』を用いているために，労働集約的産業が事実上，紡織・アパレル産業しか含まれていないデータセットを使用している点に分析の限界がある。

11) 興味深いことに，両報告書ではともに企業が移出する地域での「産業空洞化」を危惧しており，過去に日本でも盛んに議論されてきた「産業空洞化」が中国でも注目され始めていることがわかる。

3）赤松，ルイス，マーシャルの交錯

　上記の研究が共通して示すのは，2003〜05年を転機として，沿海部への産業集中のメカニズムが失われ，東部から中西部への産業の拡散が始まった，というストーリーである。しかしここで考えるべき論点は，第一に国間の比較優位に基づく雁行形態論を中国国内に適用することの是非と，第二に東部地域における産業集積の存在をどう評価するかである。

　そもそも比較優位の理論は要素賦存の異なる国間での理論であり，国際労働移動を想定していない。中国国内での産業発展がもっぱらルイスモデルに依拠して議論されてきたのは，ルイスモデルが一国内での労働移動を前提とし，現代部門≒都市部（あるいは東部地域）での集中的な経済発展を描写してきたからであった。仮に投入コスト要因のみから中西部が東部に比して比較優位を持ち，産業が東部から移転すると考えるならば，そもそもなぜ改革開放以来，一貫して土地・労働コストが安価であった中西部で産業発展が進展しなかったのか説明がつかない。したがって，地域間の比較優位構造の差異に加えて，出稼ぎ労働力移動の環境変化，輸送コストの低下，中西部での工業化の進展とインフラの拡充といった基礎的な条件が成立して，初めて「国内版雁行形態」が発生しえる。この背景としては，2000年代に道路交通網の大幅な拡充による交通圏の拡大が見られた一方で，出稼ぎ労働者は出身地の近くで就業しようとする志向を強めていたことを指摘できる。

　確かに関（2009）や蔡・王・曲（2009）が示す「国内版雁行形態」論は魅力的ではあるが，現在の中国の産業政策や東部地域における産業集積をも視野に入れておくべきだろう。例えば政策面では国務院の「工業転型昇級規劃（2011〜2015年）」では「工業空間」について各地域の資源賦存や優位性を基にしつつも，沿海部の産業を内陸へと産業移転させることと産業集積の発展促進が並列して提起されている[12]。沿海部の既存産業集積地の役割を捨象したうえで，中西部へと産業が移転すると展望することは，これまでの沿海部での産業発展

12）産業移転に直接関わる中央政府と省レベルの政策は，沿海部では広東省が省内での産業移転を，中西部では四川省が外部からの産業誘致に関わる先駆的な政策を2005年に打ち出し，2010年以降には，中央レベルの政策が策定されている。

の蓄積を軽視した視角と言えるだろう。現実の中国では，ルイスモデルが想定する労働力移動による成長，雁行形態論が想定する比較優位の変化による産業移転，マーシャルが指摘した集積の経済性，そして政策要因が交錯している。可能な限り，これらの要因に目配りをした分析が必要である。

こうした問題意識から，以下では先行研究が重視してきた比較優位のフレームワークと分析結果を基礎に，①先行研究が産業移転の実証面では注意を払ってこなかった産業集積の存在による集積力を視野に入れ，②また先行研究が分析を行ってこなかった地域産業のシェア変化の要因に光を当てた分析を行う。ここで言う集積力とは，地域産業というレベルで，産業の量的規模の大きさや特化の度合いが，同地域の産業成長に正の効果を持つ場合を想定している。一方で，分散力とは，賃金の高さや混雑コストに伴い，一部の産業が他地域に比べて成長が低くなり，その結果として立地面でシェアが低下することと定義しておこう。中国沿海部における産業集積についてはすでに数多くの研究蓄積があるが，こうした産業集積が「ルイスの転換点」に関わる環境変化とどのような関係にあるかは比較的新しい論点である。

3　分析モデルと利用するデータ

1）分析モデル

以下では分散力と集積力を含めて，各地域の産業がどのような要因で国内でのシェアを変化させてきたのかを検討する。地域の産業の伸びに産業集積が与える定量的効果については，Henderson（1997），Hanson（1998）を参考にすれば以下のような関係を想定することができる。

$$\Delta Y_{ijt} = y(w_{ijt},\ A_{ijt},\ E_{ijt},\ O_{ijt}) \tag{1}$$

$$\Delta \log(Y_{ijt}) = \alpha \log(w_{ijt-1}) + \beta \log(A_{ijt-1}) + \sum_{k=1}^{K} \gamma_k \log(E_{ijt-1}^k) + \sum_{m=1}^{M} \delta_m \log(O_{ijt-1}^m) \tag{2}$$

ここで ΔY_{ijt} はi地域j産業の規模（雇用数や工業生産額）のt−1年からt年への伸び率を意味し，以下同様に w_{ijt} はt年の賃金水準，A_{ijt} は技術レベル，E_{ijt} は外部経済性，O_{ijt} はその他の要因を指す。先行研究の実際の推計では，ある時点での産業集積測度が，その後の地域産業の成長に影響を与えているという因果関係を仮定するのが一般的である（Gao, 2004）。式(2)について言えば，$\Delta \log(Y_{ijt})$ はt−1年からt年にかけてのi地域j産業の伸び率を指し，右辺の説明変数にt−1年の各種変数が入る。すなわち，t−1年時点で，他地域に比べて産業が集積している地域では，t−1年からt年への成長率が高まるか否か，あるいは同様に相対的に賃金が高い地域では産業の成長率が低くなるか否か，こうした疑問に応えることができる。

以下の推計では，産業固有の効果をコントロールするために，資本労働比率を除いて産業平均との比の形に変換したうえで，初年度の変数が次年度の産業成長に影響を与えると簡略化して，下記の式(3)を推計する[13]。

$$\ln\left(Y_{ijt}/Y_{jt}\right) - \ln\left(Y_{ijt-1}/Y_{jt-1}\right)$$
$$= \alpha_0 + \alpha_1 \ln\left(Wage_{ijt-1}/L_{ijt-1} \Big/ Wage_{jt-1}/L_{jt-1}\right) + \alpha_2 \ln\left(Asset_{ijt-1}/L_{ijt-1} \Big/ Asset_{t-1}/L_{t-1}\right)$$
$$+ \alpha_3 \ln\left(L_{jt-1}/L_{t-1}\right) + \alpha_4 \ln\left(Y_{ijt-1}/Y_{it-1} \Big/ Y_{jt-1}/Y_{t-1}\right) + \alpha_5 \ln \sum_j \left(Y_{ijt-1}/Y_{it-1}\right)^2$$
$$+ \alpha_6 \ln\left(L_{ijt-1}/EST_{ijt-1} \Big/ L_{jt-1}/EST_{jt-1}\right) + \alpha_7 \ln\left(Asset_{ijt}/L_{ijt} \Big/ Asset_{ijt-1}/L_{ijt-1}\right)$$
$$+ \alpha_8 \ln\left(\left(Profit_{ijt-1}/T\_Asset_{ijt-1} \Big/ Profit_{jt-1}/T\_Asset_{jt-1}\right) + 1\right) + e_{ijt} \quad (3)$$

ここで，i は地域（本章では省レベル），j は産業，t は年を指し，Y は産出額を，$Wage$ は賃金を，L は労働者数を，$Asset$ は固定資産額を，T_Asset は資産総額を，EST は企業数を，$Profit$ は利潤額を，e はかく乱項を指す。したがって，被説明変数はi省j産業の全国j産業に占める産出額シェアが，$t-1$ 年から t 年にかけてどの程度変化したかを示し，産業内での相対的産出増加率を意

---

13) この他にMano and Otsuka（2000），Tomiura（2003）も参照した。

味する。ある地域のある産業が，産出額で測られるシェアを拡大した場合，当該業界平均よりも高い成長率を意味し，その要因を下記の説明変数から探る。

右辺説明変数の第2項と第3項は，国内での産業の分散力を測る相対賃金比率と相対的資本労働比率である。相対的賃金比率は，$t-1$ 年の i 省 j 産業の賃金が，同年 j 産業の平均賃金よりも高い場合には1よりも大きくなる。近年の賃金増による地域産業への影響から示唆されるように，係数は特に東部地域で負が予想される。つまり，同一業界内で，相対的に賃金が高い地域では，成長率が業界平均よりも低くなるであろう，という想定である。

相対的資本労働比率は $t-1$ 年における全国全産業の資本労働比率に対する i 省 j 産業の資本労働比率を用いた[14]。「国内版雁行形態」論は労働集約的産業の産出額シェアが東部から中西部へと移転すると想定する。このことは，中西部地域では労働集約的な産業が，業界平均よりも高くなることを意味する。これはつまり，中西部のみについて推計した場合には，この相対的資本労働比率の回帰係数が，負となることを意味する。また逆に，東部では資本集約的産業の成長率が高くなるという意味で，正の符号が期待される。この係数は本分析が最も注目する係数である。

第4，第5，第6項は国内での産業の集積力を測る雇用全国シェア，地域産業特化係数，地域産業ハーフィンダール指数である。雇用全国シェアは $t-1$ 年の i 省 j 産業の雇用者数が，当年の全国全産業に占めるシェアで，絶対的な規模を測る指標である。これに対して地域産業特化係数は $t-1$ 年の j 産業が，全国平均よりも i 省に相対的に集中しているかを産出額で測っており，マーシャル型の特化型経済の効果を推定する。ハーフィンダール指数はジェイコブズ型の地域内の産業多様性の効果を推計する。

第7，8，9項はそれぞれ相対的な企業レベルの規模の経済，機械化の進展程度，利潤率を指す。特に機械化は近年の中国では盛んに論じられている論点で

---

14) 分母を全国平均としたのは，全国レベルで見た平均的資本労働比率からの差が当該地域産業の成長にどのような影響を与えているかに注目したいからである。分母を産業平均とすると，アパレル産業において相対的に資本労働比率の高い省の値が，輸送機器産業において相対的に資本労働比率の低い省の値よりも高くなり，より「資本集約的」と評価されかねない。

あり，一般に正の符号が期待される[15]。

2）データと推計法

本分析ではミシガン大学の China Data Center が提供する各年の工業データを利用する。中国の鉱工業のデータは『中国工業経済統計年鑑』に大分類業種の各省生産額・従業員数等が記載されているが，労働集約的な産業は紡織産業とアパレル産業のみしか継続的に掲載されていない[16]。他の典型的な労働集約的産業である皮革関連製品製造業，木材加工および関連製品製造業，家具製造業，文化教育スポーツ用品製造業，工芸品その他製造業がデータセットから抜け落ちるのは深刻な問題であるため，これらの産業分類についてもデータを提供しているミシガン大学のデータベースを活用する[17]。

分析対象は表4-2 の通りである。地域単位は省レベルで，対象は28産業，期間は2004〜10年である。鉱業，エネルギー関連産業は，「国内版雁行形態」論が想定する企業・産業の移転に伴う地域別生産シェアの変化とは大きく異なる性質を持つと考えられるために除外した。分析対象の期間は，「民工荒」が観察され始め，またすでに確認した既存研究でも東部工業生産額シェアが頂点を超えて下がり始めた時期にあたる。

各変数の記述統計量は表4-3 の通りである。相対的産出増加率を3つの地域レベルで見ると，中部で最も高く，東部で最も低くなっている。逆に，相対的賃金比率，相対的資本労働比率，対全国雇用シェアでは東部が最も値が高い。

分析に先立って，相対的産出増加率と相対的資本労働比率の関係を図示しておこう。図4-3 は，縦軸に東部10省合計の対全国生産額シェアの毎年の変化

15）例えば『経済観察報』2012年5月28日記事「珠三角：機器正替代人工」参照。また中国に進出した日系のメーカーは，目下，国内市場の開拓のほか，多能工・熟練工の確保育成や機械化の促進によって昨今の環境変化に対応しようとしていることが報告されている（岸・内村，2011）。

16）例えば2011年版には大分類39業種中27業種の省別データが掲載されている。

17）同年鑑を用いる以外に，より多様な産業について省レベルの生産動向を把握するためには，各省の統計年鑑から積み上げて算出することが考えられる。しかし残念ながら，各省統計年鑑が公表しているデータの項目がかみ合わないため，全国データを分解することができない。

表 4-2　分析対象

産業 (28 産業)	食品加工業，食品製造業，飲料製造業，煙草製造業，紡織業，アパレル・靴・帽子製造業，皮革・毛皮・羽毛製品製造業，木材加工および関連製品製造業，家具製造業，製紙および紙製品製造業，印刷業，文化・教育・スポーツ用品製造業，化学原料および製品製造業，医薬品製造業，化学繊維製造業，ゴム製品製造業，プラスチック製品製造業，非金属鉱物製品製造業，鉄鋼業，非鉄金属加工業，金属製品製造業，一般機械製造業，専用設備製造業，輸送機器製造業，電気機械・器具製造業，通信設備・PC・その他電子設備製造業，計器製造業，工芸品およびその他製造業
地域 (30 省)	東部：北京，天津，河北，山東，江蘇，上海，浙江，福建，広東，海南 中部：山西，河南，湖北，湖南，江西，安徽 西部および東北：四川，重慶，甘粛，貴州，寧夏，青海，陝西，広西，雲南，新疆，内蒙古，遼寧，吉林，黒竜江
時期 (6 年)	2004 年から 10 年（1 年のラグを取るためデータでは 6 年分）

注：チベット自治区のデータは外れ値が多いため除外した。
出所：筆者作成。

率を，横軸に産業レベルの資本労働比率をとったものである。ここから，東部というセミマクロなレベルでは労働集約的産業ほどシェアの低下が鮮明であることがわかる。一方，図 4-4 は東部の各省・各産業レベルの産出増加率と資本労働比率を見たものであるが，各省・各産業レベルで見ると両変数の関係は鮮明ではないことがわかる。東部でも成長を続ける労働集約的産業もあれば，シェアを低下させているものもかなり存在する。このため，中国国内の産業移転一般を検討するうえでは，資本労働比率のみではなく，各省・各産業レベルで様々な要因を含めた分析が必要となることが確認できる。

　分析ではまず全国レベルでの推計を行うことで産業成長の一般的な要因と傾向を計測し，次に東部のみ，中部のみ，西部のみの 3 地域について推計を行うことで，産業の分散力と集積力の影響が地域間でどのように異なるのかを分析する。推計の際，分析期間である 2004 年から 10 年にかけて，推計されるパラメーターに構造変化が起きているかチョウ検定を行ったところ，$t = 2008$ 年とした場合にはすべての係数が一定であるという帰無仮説が有意水準 1％で棄却され，また他の年（2006～09 年）で期間を区分するよりも強く支持された。そこでそれぞれの分析の際には，2005 年から 07 年（前期）と，2008 年から 10

表4-3　各変数の記述統計量

	全国				東部			
	平均	標準偏差	最大値	最小値	平均	標準偏差	最大値	最小値
相対的産出増加率	1.032	0.296	10.944	0.047	0.969	0.211	7.236	0.326
相対的賃金比率	0.946	0.303	3.449	0.203	1.094	0.345	3.339	0.348
相対的資本労働比率	1.187	1.206	25.962	0.024	1.317	1.670	25.962	0.055
対全国雇用シェア	0.001	0.003	0.038	1.3E-06	0.003	0.004	0.038	2.1E-06
地域産業特化係数	1.037	1.203	22.799	0.004	1.025	0.771	6.855	0.027
ハーフィンダール指数	0.114	0.050	0.259	0.054	0.104	0.039	0.208	0.054
相対的企業規模	1.044	0.414	11.001	0.037	0.998	0.212	5.849	0.137
資本装備増加率	1.120	0.778	19.643	0.067	0.928	0.368	4.448	0.175
相対的利潤率	0.860	0.713	8.230	-0.945	1.011	0.555	4.578	-0.944

	中部				西部・東北			
	平均	標準偏差	最大値	最小値	平均	標準偏差	最大値	最小値
相対的産出増加率	1.081	0.181	2.608	0.478	1.058	0.377	10.944	0.047
相対的賃金比率	0.827	0.207	1.799	0.409	0.887	0.260	3.449	0.203
相対的資本労働比率	1.047	0.815	9.012	0.109	1.152	0.877	9.398	0.024
対全国雇用シェア	0.001	0.001	0.007	3.5E-06	4.8E-04	0.001	0.006	1.3E-06
地域産業特化係数	0.984	0.776	5.736	0.004	1.070	1.581	22.799	0.005
ハーフィンダール指数	0.103	0.059	0.254	0.063	0.127	0.051	0.259	0.062
相対的企業規模	1.059	0.353	6.868	0.159	1.073	0.537	11.001	0.037
資本装備増加率	1.131	0.526	4.993	0.073	1.264	1.036	19.643	0.067
相対的利潤率	1.059	0.913	8.230	-0.882	0.649	0.657	7.297	-0.945

	全国		東部		中部		西部・東北	
	平均	標準偏差	平均	標準偏差	平均	標準偏差	平均	標準偏差
ln（相対的産出増加率）	0.008	0.208	-0.044	0.154	0.064	0.161	0.023	0.250
ln（相対的賃金比率）	-0.101	0.297	0.047	0.285	-0.219	0.243	-0.160	0.283
ln（相対的資本労働比率）	-0.111	0.739	-0.073	0.788	-0.191	0.691	-0.102	0.719
ln（対全国雇用シェア）	-7.767	1.615	-6.942	1.623	-7.582	1.186	-8.491	1.444
ln（地域産業特化係数）	-0.390	1.009	-0.235	0.779	-0.325	0.872	-0.541	1.189
ln（ハーフィンダール指数）	-2.256	0.407	-2.330	0.378	-2.389	0.433	-2.137	0.382
ln（相対的企業規模）	0.004	0.269	-0.018	0.182	0.023	0.252	0.012	0.326
ln（資本装備増加率）	-0.015	0.480	-0.145	0.376	0.039	0.402	0.060	0.558
ln（相対的利潤率）	0.551	0.395	0.658	0.303	0.645	0.392	0.425	0.421

年（後期）の2つの時期についての期間別推計も実施した。中国における「民工荒」や労賃上昇は，前期よりも後期にかけて深刻化していたと考えられるため，特に東部の推計では賃金や資本労働比率の係数は後期でより明確に表れることが想定される。

　推計の際，i省j産業の固定効果をコントロールする固定効果モデルをパネ

第4章 「世界の工場」中国の再編　163

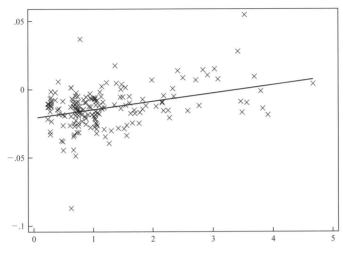

図4-3　東部10省合計シェア変化とKL比率

注：縦軸は東部10省合計 j 産業の産出の対全国シェアの毎年の変化率（2004〜10年），横軸は当該年 j 産業の資本労働比率の全産業平均に対する比率。

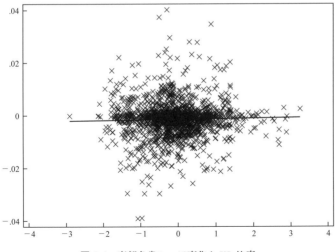

図4-4　東部各省シェア変化とKL比率

注：縦軸は i 省 j 産業産出の対全国シェアの毎年の変化率（2004〜10年），横軸は当該年 i 省 j 産業資本労働比率の全産業平均に対する比率の対数値。

ル推計した場合には，当該地域産業の資本労働比率や地域産業特化係数の推計への影響が大きい。一方で，Breusch-Pagan-Godfrey テストの結果，説明変数と誤差項との間の均一分散の帰無仮説が棄却された。そこで実行可能な一般化最小二乗法（FGLS）に年ダミーを導入し，不均一分散に対応しつつ各年の固有効果をコントロールした推計を行う[18]。

推計の焦点を改めて述べれば，2004年から10年にかけて，東部から中西部への労働集約的産業の相対的な移転が発生しているのであれば，東部では労働集約的な産業の成長率は業界平均よりも低く，中西部では業界平均よりも高くなるはずである。つまり東部の相対的資本労働比率の係数は正で有意に，中部・西部では負で有意になることが期待される。

4　定量分析の結果

1）全国の推計

表4-4は全国を対象に通期（$t=2005\sim10$年），前期（$t=2005\sim07$年），後期（$t=2008\sim10$年）の3期間について推計を行った結果である。全国推計に際しては広域地域ダミー（東部，中部，西部）を含めた推計（[2]，[4]，[6]）を行っており，合計6モデルの結果が示されている。

まず分散力を指す相対的賃金比率を見ると，一般に負の効果が確認され，2000年代に相対的な高賃金が地域産業の成長に負の効果をもたらしたことが確認できる。一方で，相対的資本労働比率は前期と後期で符号が異なり，また有意な結果も限られている。これは後で確認するように地域間で資本労働比率が果たす効果が異なるために生じている。

次に，集積力の影響を見ると，雇用全国シェアの効果は，広域地域ダミーを導入する前には通期で負，前期は正，後期は負となり，広域ダミー導入後には

---

18) FGLSの分散構造推計は表4-4に示した8つの説明変数を用いて線形で行った。この結果，不均一分散の程度は緩和され，最小二乗法（OLS）推計に比べて小さい分散で計測ができた。

表 4-4　全国の推計結果（2005～10 年）

	[1]	[2]	[3]	[4]	[5]	[6]
	全国通期		全国前期		全国後期	
ln（相対的賃金比率）	-0.1003 [0.0077]***	-0.0455 [0.0079]***	-0.1339 [0.0105]***	-0.0854 [0.0113]***	-0.0653 [0.0113]***	-0.0165 [0.0110]
ln（相対的資本労働比率）	-0.0001 [0.0029]	-0.0059 [0.0028]**	0.006 [0.0040]	0.0021 [0.0038]	-0.0051 [0.0043]	-0.0112 [0.0040]***
ln（雇用全国シェア）	-0.0029 [0.0017]*	0.013 [0.0019]***	0.0053 [0.0023]**	0.0179 [0.0026]***	-0.0087 [0.0024]***	0.0093 [0.0027]***
ln（地域産業特化係数）	-0.01 [0.0031]***	-0.0202 [0.0031]***	-0.0031 [0.0043]	-0.014 [0.0043]***	-0.0172 [0.0044]***	-0.0266 [0.0043]***
ln（ハーフィンダール指数）	-0.0275 [0.0055]***	-0.0177 [0.0055]***	-0.0318 [0.0075]***	-0.0284 [0.0074]***	-0.0199 [0.0083]**	-0.0075 [0.0080]
ln（資本装備増加率）	0.1108 [0.0108]***	0.0987 [0.0103]***	0.1515 [0.0161]***	0.1514 [0.0155]***	0.0824 [0.0143]***	0.0733 [0.0134]***
ln（相対的企業規模）	-0.0121 [0.0053]**	-0.0357 [0.0054]***	-0.0205 [0.0073]***	-0.0332 [0.0075]***	-0.012 [0.0077]	-0.0383 [0.0077]***
ln（相対的利潤率）	0.0478 [0.0067]***	0.0589 [0.0065]***	0.0357 [0.0090]***	0.0537 [0.0091]***	0.0538 [0.0101]***	0.05 [0.0098]***
東部ダミー		-0.0864 [0.0079]***		-0.0689 [0.0124]***		-0.0992 [0.0105]***
中部ダミー		0.0109 [0.0081]		0.008 [0.0126]		0.0136 [0.0110]
西部ダミー		0.0014 [0.0081]		-0.001 [0.0124]		0.0049 [0.0112]
年ダミー	Yes	Yes	Yes	Yes	Yes	Yes
定数項	-0.1301 [0.0199]***	0.0381 [0.0218]*	-0.0781 [0.0264]***	0.0413 [0.0296]	-0.1346 [0.0295]***	0.0633 [0.0315]**
調整済み決定係数	0.0952	0.164	0.1322	0.1711	0.0796	0.1813
観測数	4695	4695	2342	2342	2353	2353

注：* は $p < 0.1$，** は $p < 0.05$，*** は $p < 0.01$ を指し，括弧内は標準誤差を示している。全国の回帰での地域ダミーのうち，西部は東北 3 省を除外してある。

すべて正となっている。これは産業が規模的にも集中している東部地域の効果を測る東部ダミーが，この時期の東部全体としての低成長の効果を吸収した結果，雇用全国シェアのパラメーターが負から正へと変化していると考えられる。つまり，2004 年から 10 年にかけて，東部地域の産業の成長率は一般に全国平均よりも低くなる傾向があり，この効果をコントロールしたうえでの絶対的な

規模から測った産業集積は，地域産業の成長に正の効果を持っていた。一方，地域産業特化係数とハーフィンダール指数の係数はともに一般に負となり，i 省が $t-1$ 年の時点で特定産業に特化しているほど，当該産業の成長率が低くなる傾向が示されている。つまり絶対的な規模は産業成長に有利だが，特化は成長に不利に働くという傾向が確認できる。

その他の資本装備増加率，企業規模，利潤率については，それぞれ符号は正，負，正となっており，この傾向は一貫している。より機械化を進めた地域産業や，より利潤率の高い地域産業が高成長を遂げることは同時期の中国の状況および理論的示唆と整合的である。全国の通期推計において，資本装備増加率の高さが，地域産業の成長率に正の効果を持っていることは，この時期に各産業で製造業の固定資産への投資を加速させることによる成長が起きていたことを示すものだと言えよう。表4-4のモデル［1］と［2］において，資本装備増加率のパラメーターの絶対値は他のパラメーターよりも大きく，この間に相対的賃金比率のパラメーターが大きく負となっていたことを考えると，同時期に中国産業は賃金上昇をうけて，労働から資本へと投入財の重心を移転させていたことが示唆される。

2）地域別の推計

次に本章の関心である東部，中部，西部・東北地域の推計結果の差異について見る（表4-5）。とりわけ興味深いのは，相対的資本労働比率の効果が，［1］〜［3］の東部では正であるのに対して，［4］〜［6］の中部では係数は負で有意となっている点である。この結果は，東部地域ではより資本集約的な産業が，中部地域ではより労働集約的な産業が高成長する傾向があったことを示している。例えば［4］によれば，中部地域では相対的資本労働比率が標準偏差1単位分（0.691）減少すると，産業の相対的産出成長率は1.65％高くなることを意味する。西部・東北地域では資本労働比率の変化による産出への影響は統計的に有意な水準では計測されない（［7］〜［9］）。相対的賃金比率の効果を見ると，特に東部では一貫して負で統計的に有意な効果が観察され，なおかつその係数は他の地域よりも大きく，後期にはより大きくなっている。

表 4-5　地域別推計の結果（2005～10 年）

	[1]	[2]	[3]	[4]	[5]	[6]	[7]	[8]	[9]
	東部			中部			西部・東北		
	通期	前期	後期	通期	前期	後期	通期	前期	後期
ln（相対的賃金比率）	-0.0886 *** [0.0104]	-0.0903 *** [0.0140]	-0.0937 *** [0.0162]	-0.0168 [0.0167]	-0.1044 *** [0.0254]	0.0436 ** [0.0208]	-0.0214 [0.0163]	-0.0324 [0.0244]	0.0026 [0.0214]
ln（相対的資本労働比率）	0.0073 ** [0.0035]	0.0117 ** [0.0046]	0.0014 [0.0052]	-0.0239 *** [0.0063]	-0.0136 [0.0088]	-0.0359 *** [0.0085]	0.0009 [0.0067]	-0.002 [0.0098]	0.0054 [0.0090]
ln（雇用全国シェア）	0.0134 *** [0.0024]	0.0175 *** [0.0031]	0.0081 ** [0.0033]	0.0013 [0.0045]	0.0023 [0.0061]	0.0054 [0.0059]	0.0206 *** [0.0035]	0.0295 *** [0.0051]	0.0138 *** [0.0048]
ln（地域産業特化係数）	-0.0107 ** [0.0047]	-0.0095 [0.0063]	-0.0099 [0.0067]	-0.0151 ** [0.0071]	0.006 [0.0097]	-0.0315 *** [0.0095]	-0.0301 *** [0.0053]	-0.0202 *** [0.0078]	-0.0392 *** [0.0071]
ln（ハーフィンダール指数）	-0.0169 ** [0.0072]	-0.0334 *** [0.0095]	0.0016 [0.0106]	-0.0655 *** [0.0130]	-0.0713 *** [0.0160]	-0.0339 [0.0208]	0.0072 [0.0099]	0.0083 [0.0141]	0.0088 [0.0137]
ln（資本装備増加率）	0.0524 ** [0.0204]	0.193 *** [0.0291]	-0.059 ** [0.0281]	0.0746 *** [0.0176]	0.1005 *** [0.0315]	0.0509 ** [0.0203]	0.1246 *** [0.0152]	0.1391 *** [0.0213]	0.1171 *** [0.0209]
ln（相対的企業規模）	0.0048 [0.0083]	0.0056 [0.0109]	0.0002 [0.0123]	-0.0604 *** [0.0125]	-0.0606 *** [0.0172]	-0.0833 *** [0.0166]	-0.0541 *** [0.0086]	-0.0632 *** [0.0125]	-0.052 *** [0.0116]
ln（相対的利潤率）	0.0666 *** [0.0112]	0.0308 ** [0.0143]	0.1096 *** [0.0168]	0.0023 [0.0125]	0.041 ** [0.0173]	-0.0299 ** [0.0159]	0.0521 *** [0.0114]	0.0402 *** [0.0153]	0.0545 *** [0.0184]
年ダミー	Yes	Yes	Yes	Yes	Yes	Yes	Yes	Yes	Yes
定数項	-0.0306 [0.0264]	-0.0162 [0.0336]	-0.0545 [0.0390]	-0.1015 ** [0.0505]	-0.1521 ** [0.0636]	0.0366 [0.0720]	0.1351 *** [0.0410]	0.2112 *** [0.0571]	0.1401 ** [0.0561]
調整済み決定係数	0.1199	0.2021	0.1017	0.189	0.196	0.2361	0.1118	0.1097	0.1059
観測数	1618	810	808	983	492	491	2094	1040	1054

注：* は p < 0.1，** は p < 0.05，*** は p < 0.01 を指し，括弧内は標準誤差を示している。

　産業集積に関する係数を見てみると，絶対的な規模を測る雇用全国シェアの係数は正となる一方で，地域産業特化係数は一般に負となり，特に中部と西部・東北では係数が大きく，なおかつ有意な結果となった。一方，ハーフィンダール指数の結果は，東部と中部では負で有意となっている。この結果からすると，当該期間には絶対的な規模の大きな集積が成長する傾向が見られたもの

の，その効果は前期から後期にかけて減少しており，産業構成として特定産業への特化が進んだ地域では成長が鈍化したことが示された。なお，省レベルのダミー変数を導入して地域固有の効果をコントロールした推計も行ったが，おおむね上記の結果を否定する変化は見られなかった（章末の補表参照）。

以上より，東部における資本集約的産業の成長と中部における労働集約的産業の成長が示されることから，「国内版雁行形態」の傾向が観察されるものの，西部・東北地域ではこうした想定通りには産業成長は進んでいないことがわかった。東部では賃金上昇による負の効果が 2000 年代末に大きくなった一方で，中部地域では相対的に労働集約的な産業の発展が加速したことが確認できる。東部の雇用全国シェアの係数が前期から後期にかけてより小さくなる傾向も観察され，産業集積が持つ地域産業の成長への効果も一部観察されるものの，その効果は後期に鈍化した。

5　中国の産業立地の変化をどう見るか

1）「国内版雁行形態」論の評価

以上の結果から，2004 年から 10 年にかけて中国国内では，「国内版雁行形態」の特徴である産業の分散力が働いていることが広範に確認され，同時に絶対的な規模で測った産業集積の成長効果も一部計測され，またその他の利潤率や資本装備増加率も，製造業の生産シェア変化を考えるうえで重要な要因であることがわかった。

分散力については，特に東部地域の各産業は 2008～10 年にかけて賃金上昇による負の影響を受けており，相対的に資本集約的産業の発展スピードが速いことも示された。一方で，とりわけ中部地域では，相対的に労働集約的な産業の成長が高く，これは蔡・王・曲（2009），張・梁（2010）らが報告する中部の相対的な効率性が向上しているという結果と合致している[19]。しかしながら，

19）近年中国国内の経済成長率における「西高東低」が指摘されているが，本分析の結果も資本労働比率の観点からこの点を補強するものの，高成長の要因は政府主導の固定資産

西部・東北地域ではむしろ資本集約的な産業の成長も示唆された。東部が賃金上昇に伴って労働集約的な産業の比較優位を失い，中部地域が比較優位を発揮しつつあると言えるが，これらの説明変数の説明力は決して支配的ではなく，さらに分析を深めるためには，それぞれの産業の利潤率や地域が持つ要因を検討に入れなければならない。例えば地域産業の利潤率は，一定程度，現地産業の競争力を示しているであろうから，競争力を持つ地域産業とそうでない地域産業との間での分岐が発生している可能性がある。

　ここで注意が必要なのは，「国内版雁行形態」の趨勢が係数から確認されたものの，すでに第2節で確認したように，シェア変化の絶対的な規模は依然として限定的であり，またその傾向はあくまでも平均的なものにすぎない点である。推計の結果から中部では相対的に労働集約的な産業の成長が速いことが確認されるが，労働集約的産業ばかりが成長しているわけではない。李編（2012）によれば，中部地域の地方政府が最も力を入れて振興しているのは労働集約的産業ではなく技術集約度の高い産業であり，例えば江西省で最も受け入れが急増しているのはリチウム電池，LED製造，電子機器，銅加工業などである（同書の第五章参照）。国家発展改革委員会の「関於中西部地区承接産業移転的指導意見」でも労働集約的産業は具体的言及があった7産業のうちの一つにすぎず，中部地域のそれぞれが持つ工業基盤を活かすことが意図されており，例えば湖南省の場合には鉄鋼や重機械産業の発展が期待されている。

　また，西部・東北地域は相対的に資本装備率の高い重工業を中心にした地域が少なくない。特に東北地域では歴史的に国有重工業が発展してきており，西部地域の場合には労働集約的な産業の発展を可能とする基礎的インフラストラクチャーが弱いため，シンプルな「国内版雁行形態」の想定とは食い違う現象が生じていると考えることができる。したがって，「国内版雁行形態」は傾向としては確認されるが，中国の産業移転全体を説明するロジックとして過大評価すべきではなく，推計結果からも示されるように他の変数も視野に入れるべきであろう。

───────────

　投資を含めて検討を加える必要があるだろう。

2) 産業集積の評価

　次に，産業集積の効果について検討すると，第一に，全国レベルでの推計結果の東部ダミーが示しているように，東部地域に集中してきた産業が2004年以降，分散傾向を示していることが確認されている。これは第2節の既存研究の結果を支持するものである。ただし，第二に，既存の産業集積が一般に成長効果を持っていないとは言いきれないことも示唆された。推計結果からすると，絶対的な規模の大きな産業集積での成長は観察されたものの，相対的な産業構成から見た地域産業の特化は地域産業の成長に負の効果をもたらす。これは，省内の産業構成はより多様な状況下で，ある産業の規模が大きい場合には成長率が高まることを示している。このような地域は全国レベルで考えた場合には東部地域に集中すると思われるが，同様の結果が中部や西部・東北地域でも観察されたことから，多様な産業を揃えるジェイコブズ型の範囲の経済性を確保しつつ，特定産業が国内で有数の規模を持つことが，産業の成長につながっていることが示唆された。

　ただしここで注意が必要なのは，本分析では省レベルを用いているため，それより下の市・県レベルで示される結果とは異なる可能性がある点と，回帰分析の結果は資本労働比率の結果と同様にあくまでも平均的な効果を示す点である。実際には沿海部の労働集約的産業の産業集積の中でも，成長している事例と低迷している事例が存在する。東部地域の推計結果から得られた平均的な傾向をベースラインとしつつも，今後成長を維持する集積と衰退する集積の間の異質性にも目を向けた分析を加えることで，国内での産業立地の変化について理解が深まる可能性がある。

3) 追加的ケーススタディからの示唆

　そこで，以下では今後のさらなる研究のために検討が必要だと思われる点を整理する。

①省内移転

　第一に，省レベルの分析では抜け落ちる重要な点として，省内や東部地域内での産業移転が挙げられる。省内移転で有名な例は，江蘇省南部から江蘇省北

表4-6 広東省における産業移転関連の政策・計画リスト（2002〜09年）

公布日付	発表単位	政策名称	概　要
2002年9月27日	中共広東省委 広東省人民政府	関於加快山区発展的決定	山間地域のインフラストラクチャー整備と農工業の発展促進
2005年3月7日	広東省人民政府	関於我省山区及東西両翼与珠江三角洲聯手推進産業転移的意見（試行）	省内産業移転の重要性および「産業転移園区」の設置
2008年5月24日	中共広東省委 広東省人民政府	関於推進産業転移和労働力転移的決定	省内における産業移転と労働力移転の重要性（「双転移」と呼ばれる），目標の設定，移転の原則，政策措置の提示
6月17日	広東省 工商行政管理局	貫徹落実省委省政府関於推進産業転移和労働力転移的決定的実施意見	移転が禁止されている産業・企業の登記禁止を明記，移転後も既存企業名やブランド商標を維持できる方策を提示，移転時の事務手続きの優遇措置等
6月23日	広東省 経済貿易委員会	広東省産業転移区域布局指導意見	移転を奨励する産業と禁止する産業の指定，東・西・北に移転が奨励される産業の明記，個別産業移転工業園区の主導産業の設定
6月24日	広東省 経済貿易委員会	広東省産業転移和労働力転移 目標責任考核評価試行弁法	地級市政府と産業移転工業園区に対する評価制度を設定
2009年	広東省 社会科学院	広東省産業転移区域布局総体規劃	産業移転の意義・原則・目標の確認，省内産業分布の「一核，三圏，五軸，五塊」戦略を提示

出所：現地報道より作成。このほかに省政府2009年6月「関於抓好産業転移園建設加快産業転移歩伐的意見」があるが筆者未見。

部への移転と広東省の省内での移転である。広東省を例にとると，省政府が「民工荒」の直後の2005年から，省内移転政策を進めてきた（表4-6）。その目玉となるのは，2005年から開始された「産業移転園区」の設置で，政府が園区のインフラストラクチャーを整備し，移転企業に税制・管理面での優遇政策をとることでデルタの中心部からの省内企業移転を促進する狙いがあった[20]。

---

20) この産業移転園区は，デルタと非デルタの地方政府が協力して，特定の産業を主な対象としている。園区への入居企業の法人税収入が2つの提携市で分けられるという税制上

これらの政策の青写真は，広東省経済貿易委員会の「産業転移区域布局指導意見」に示されており，同資料によれば，省東部には紡織・アパレル，電子工芸品，靴，玩具，陶器，石油化学，皮革，ステンレスに関する製造業を，省西部には家電，金属およびステンレス加工（ハサミなど），石油化学工業，鉄鋼，紡織関係を，省北部には冶金関連，機械，自動車部品，時計，建材玩具，家具，食品加工といった産業を重点的に誘致するとしている。これは各地域の天然資源や既存産業集積との関連を念頭に置いていると考えられるが，現実には多くの産業移転園区が電子関連産業を主要誘致産業の一つと位置づけており（表4-7），必ずしも省政府の計画通りに進んでいるとは言えそうもない[21]。

　省内産業移転をデータで確認するため，『広東省統計年鑑』を用いて市レベルでの産出額シェアの変化を見てみると，産業によって傾向が大きく異なる。例えば文化教育スポーツ用品製造業では，珠江デルタの中核地域6市（深圳，東莞，広州，珠海，中山，佛山）のシェアは低下しており，その代わりに省東部の汕頭市のシェアが大きく高まっており，デルタ外への移転が見られる（図4-5）。同産業の場合，中分類では産出額の6割を玩具産業が占めており，東部の新興玩具産地である澄海がその震源地の一つであると思われる[22]。一方，工

　のインセンティブが存在しており，これによって送り出し側の市は仮に全面的に企業が移転した場合にも損失を補てんできる仕組みとなっている（池辺，2008）。なお，2010年の上半期までに，省内の産業移転園区で1,850の投資プロジェクトが契約され，総投資額は3,700億元，このうち1,200億元が投資済みとなっている（『南方日報』2010年9月21日記事「広東産業転移園区内外企出口征退税師差将可享優惠」より）。
21）広東省産業集積政策関連部門によれば省内産業移転政策については広東省政府内でも評価が分かれており，特に労働集約的産業を淘汰転移させた後に新しい産業を誘致あるいは育成することが難しいことが認識されている。そのため，現時点で存在する既存産業をグレードアップさせる方向での政策が有力な選択肢となっている（2012年7月，広州で行った聞き取りより）。
22）2010年の広東省文化教育スポーツ用品製造業産出額1,081億元のうち，玩具産業が667億円を占める（ミシガン大学China Data Centerデータより）。澄海工商行政管理局の副局長の説明によれば，2008年以降の金融危機後に東莞の玩具産業が大きなダメージを受け受注を減らした一方で，澄海に発注が流れ，これが澄海産地のさらなる発展をもたらした。東莞は電子産業も含む生産地であり，玩具工場が工場建屋を借り，経営者も外地人で成り立っている一方で，澄海はより玩具に特化し，工場は自社所有の工場で，経営者も地元出身者という違いがある（2011年8月7日，澄海区工商行政管理局で行った聞き取りより）。

表 4-7　広東省の主要産業移転園区のリスト（2008 年時点）

工業園区名称	所在区域	主要誘致産業
深圳塩田（梅州）園区	山区	電子情報関連，電気
東莞石碣（興寧）園区	〃	自動車，金属・機械
中山（河源）園区	〃	電子通信，機械・金型
深圳福田（和平）園区	〃	時計，電子通信設備
東莞石竜（始興）園区	〃	電子，精密機械装置
東莞東坑（楽昌）園区	〃	機械，家具
中山三角（濱江）園区	〃	電子情報関連，機械製造
中山大涌（懐集）園区	〃	家具，金属製品
順徳竜江（徳慶）園区	〃	ライター，家具
佛山順徳（雲浮新興新成）園区	〃	軽工業向け機械，電子通信
佛山禅城（雲城都楊）園区	〃	機械製造，家具
東莞鳳崗（恵東）園区	〃	靴，家電
東莞橋頭（竜門金山）園区	〃	アパレル，家具
佛山（清遠）園区	〃	機械，医薬
深圳南山（潮州）園区	東翼	機械，新材料
東莞大朗（海富）園区	〃	電子情報関連，バイオ
佛山順徳（廉江）園区	西翼	小型家電
深圳竜崗（呉川）園区	〃	電子，玩具
東莞大朗（信宜）園区	〃	紡織，農林産品加工
広州白雲江高（電白）園区	〃	電子楽器，紡織・アパレル
中山火炬（陽西）園区	〃	紡織アパレル，食品，医薬
中山石岐（陽江）園区	〃	電子情報関連，日用家電
佛山禅城（陽東万象）園区	〃	金属機械，家電
東莞長安（陽春）園区	〃	電子楽器，アパレル

注：名称のはじめに記載された地域が産業の移出元で，括弧内が移出先を示している。2011 年 12 月時点で 36 カ所まで増加しているが，ここでは 2008 年 6 月時点で選定されていた 24 カ所のみを示した。
出所：広東省経済貿易委員会 2008 年 5 月 28 日発布「広東省産業転移区域布局指導意見」（『粤経貿工業』385 号，2008 年）より作成。

芸品その他製造業ではデルタ中核 6 市のシェアは高止まりしているが，その中でも深圳が大きくそのシェアを伸ばしている（図 4-6）。つまり，全国レベルとしては，一般に産業は拡散傾向にあるかもしれないが，いくつかの産業集積は労働集約的な産業でさえ依然として珠江デルタ地域でその集積力を保っていることが判明する。文化教育スポーツ用品製造業と工芸品・その他製造業では，広東省はこの期間中に全国シェアを拡大させており，その震源地は市レベル以下の産業集積にあったと見ることができる。

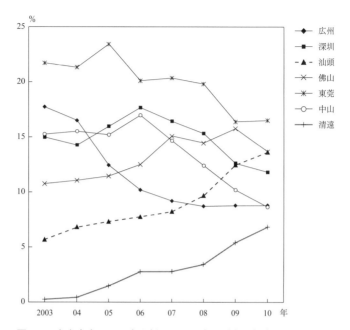

図 4-5　広東省市レベル産出額シェアの変化（文化教育スポーツ用品製造業）（2003～10 年）

注：2011 年データより産業集計方法が変化したため 2010 年まで表示。簡略化のため，期間中に一貫してシェアが 5％以下の地域は省略した。
出所：『広東省統計年鑑』2004～11 年版より筆者作成。

②産業集積の構造との関係

さらに検討が必要な点は，産業移転と既存産業集積の構造との関係である。一般に労働集約的産業がより要素価格の安く，一定の産業基盤のある中部に移転する傾向があることと，東部に構築されてきた産業集積の持続的発展とは必ずしも矛盾しない可能性がある。その第一の可能性は，東部における既存産業のグレードアップである。東部地域の産業集積は現在イノベーションや研究開発を重視する傾向にあり，中西部地域での新興産地とは産業分類上では同一産業でも，実際には異なる品質や市場を対象とする産業集積となる可能性がある。第二の可能性は，中国の軽工業分野の産業集積はプラットフォームタイプの集積構造を持つものが少なくなく，東部地域の産業集積を情報・販路・開発の基

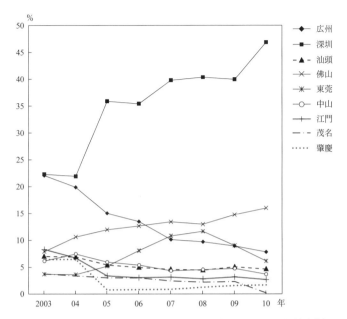

図 4-6　広東省市レベル産出額シェアの変化（工芸品・その他製造業）
　　　（2003～10 年）

注：2011 年データより工芸品産業のデータがなくなったため，2010 年まで表示。簡略化のため，期間中に一貫してシェアが 5％以下の地域は省略した。
出所：図 4-5 に同じ。

点としてより労働集約的な工程が中国中西部で担われる，国内フラグメンテーションが集積を伴った形で進展する可能性である。

　ただしこの点については，踏み込んだ事例分析が必要であり，より詳しくは 2 章と 3 章で検討した通りである。実際に特定産業内の労働集約的工程が省を越えて中西部地域で担われ，東部の産業集積が中核拠点としての機能を強化する可能性はあるが，そのハードルは決して低くはない。沿海地区の産業集積がグレードアップを実現するのか，国内でのフラグメンテーションは進展するのか，あるいは沿海部の集積が大きく衰退するのか，その際に新興産地は中国国内に形成されるのか，あるいは他の新興国に形成されるのか，これらの点を明らかにすることで中国における地域経済の持続的成長の可能性とグローバルな

貿易パターンの変化にも接近できるであろう。

③台湾系 EMS の動向

また，中国国内での産業移転を考えるうえでは，本書でこれまで取り上げてきた雑貨製造業とは大きく異なる産業分野になるが，電子機器製品の生産を請け負う EMS の大規模な移転も興味深い[23]。例えばフォックスコン社の場合，2010 年前後から大規模な内陸移転を開始しており，2012 年に販売された i-Phone5 の一部は河南省鄭州市工場で組み立てられたものであった。河南省税関によると，2012 年の第 1 四半期の河南省輸出入総額は前年同期比から倍増し，このうちフォックスコンや傘下企業の貿易額が省全体の 50.6％を占めている。同社の 2009 年以降の主な新工場展開事例を見ると，2009 年第 4 四半期に重慶市にノートパソコン工場を立ち上げ，2010 年 7 月に四川省成都に HP（ヒューレット・パッカード）・ソニー・アップル向けの製品工場を，河南省鄭州市に国内市場向け製品の工場建設を決めた[24]。EMS の拠点移動に伴い，アパレル・雑貨産業だけでなく，電子機器産業において中西部の生産シェアが伸びる可能性もある[25]。

実際に地域別輸出データから鄭州市，成都市，重慶市の輸出額の推移を見ると，2011 年以降に急激な輸出増が観察されるが（図 4-7），その大部分は電気機械製品によるものである。鄭州市を例にとると，フォックスコンが進出した 2010 年以降，わずか 2 年で鄭州市税関の輸出額は 16 倍増しており，また輸出額の 95％程度を，「電話，通信機器およびその部品」（HS8517）が占める。これはフォックスコンの生産する iPhone の輸出が巨額であるためで，この結果，河南省の輸入構造にも大きな変化が生じた（図 4-8）。フォックスコンの進出に伴い，スマートフォンを生産するために必要な部品を韓国，台湾，中国の加工

---

23) EMS の中西部展開については，例えば『経済観察報』2012 年 8 月 13 日記事「台商西進」参照。
24) また 2011 年にも重慶市にタブレット PC 工場，四川省成都市に携帯電話工場，広西省南寧市に携帯電話と通信ネットワーク機器工場の建設を決めている（EMSOne 記事より）。
25) サムスンがベトナムに進出し，スマートフォン・ギャラクシーシリーズを生産することで同国の輸出額が大幅に伸びている例もほぼ類似した現象であろう。

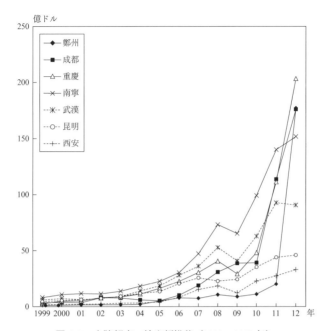

図 4-7　内陸都市の輸出額推移（1999〜2012 年）

出所：Global Trade Atlas データより筆者作成。

貿易区，日本，そしてさらにベトナムなどから輸入しており，その細かな品目を見ると韓国製・台湾製のメモリ付プロセッサ，中国製の電子部品，ベトナム製のカメラ，日本製のマシニングセンタが大きな比率を占める（表4-8）。

　フォックスコンの鄭州市進出の事例は一つの極端な例ではあるが，中国沿海部での労賃上昇に伴う産業立地の変化は，東アジアの生産ネットワークのあり方にも影響を与えている[26]。すなわち，中国沿海部までが組み込まれていた東アジアの国際生産ネットワークに，2000年代後半以降，中国中西部までもが重要な構成要素として組み込まれるようになったと言えるだろう[27]。このこと

---

[26] EMS の場合，電子機器産業とは言っても，スマイルカーブ説に見られるように，特に労働集約的な組立工程を担っていると同時に，巨大企業であるために各種の移転コストを負担できるという条件が指摘できる。多くの中小企業の場合には，新工場を新たに建設する資金的余裕はないと考えられる。

[27] 華南地域とベトナムとの産業連関を指摘する「華越経済圏」論（池辺亮）や，華南の

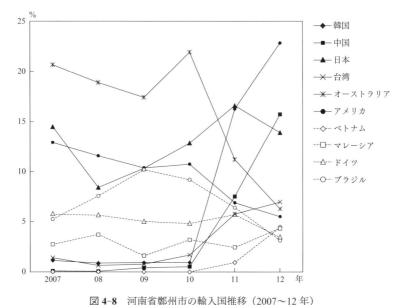

図 4-8　河南省鄭州市の輸入国推移（2007〜12 年）

出所：図 4-7 に同じ。

は，中国国内での産業立地の変化が，東アジアの産業連関全般に関わるような影響力を持つ論点であることと，中国大陸における産業立地の変化を産業レベルではなく，企業・工程レベルで評価するアプローチも必要となっていることを示唆している[28]。

6　小　　括

本章では，定量的な視角から中国の産業集積，特に労働集約的産業の動向に

　OA 機器メーカーが，第二工場をベトナムやフィリピンに開設し，部品流通が生じるという議論（森，2013）など，ここに来て，中国と近隣国との産業連関の事例が報告され始めている。
28)　なお，フォックスコン社で発生した自殺事件や関連するストライキなどについては阿古（2012）を参照。

表 4-8 鄭州市の輸入品目の構成変化（2010〜12 年）

	相手国	HS コード	製品	輸入額（100万ドル）			鄭州市輸入に占めるシェア（%）		
				2010 年	2011 年	2012 年	2010 年	2011 年	2012 年
			合計	4,091.7	9,085.3	18,641.5	100	100	100
1	韓国	85423100	メモリ付プロセッサ，コンバーター，その他の集積回路	2.0	875.9	3,168.4	0.05	9.64	17.00
2	中国	85177030	無線電話用部品	0.0	272.5	1,030.7	0.00	3.00	5.53
3	ベトナム	85258013	その他のカメラ	0.0	64.7	750.0	0.00	0.71	4.02
4	台湾	85423100	メモリ付プロセッサ，コンバーター，その他の集積回路	6.1	120.3	674.6	0.15	1.32	3.62
5	日本	84571010	垂直マシニングセンタ	50.3	247.4	618.4	1.23	2.72	3.32
6	オーストラリア	26011120	非凝集型の鉄鉱石と関連濃縮物	344.6	488.0	511.7	8.42	5.37	2.75
7	韓国	85258013	その他のカメラ	0.0	309.9	437.7	0.00	3.41	2.35
8	〃	85423200	メモリー	0.0	216.1	420.8	0.00	2.38	2.26
9	中国	〃	〃	0.0	26.9	354.8	0.00	0.30	1.90
10	台湾	〃	〃	0.0	189.1	316.0	0.00	2.08	1.70

注：河南省鄭州市の輸入に中国が登場するのは，中国国内の加工貿易区からの輸入を指す。
出所：図 4-7 に同じ。

ついて分析を行った。その結果，マクロに見て，2000 年代後半に産業立地が中部地域へと拡散する傾向と，同時に規模で計測した場合，集積地ほど地域産業の成長が速くなる傾向が確認された。この知見は中国産業が国内の広大な空間を活用しつつ，有力な産業集積地では成長が持続している状況を示唆している。中部地域では労働集約的産業の方が高成長する傾向が確認され，また一般に東部地域の成長が低くなることが示されたが，これらの結果は産業立地が東部から分散する傾向を持っていたことを示しているものの，同時に絶対的な集積度は産業成長にプラスの効果を持つことも確認されている。労働市場の変化によって，賃金や資本労働比率といった分散力が広範に見られると同時に，産業集積の効果も一部観察されたことは興味深い。中国の産業立地の変化についてさらに理解を深めるためには分散力と集積力，そしてその他の要因を含め

て多面的にアプローチしなければならないことが示された。

　第5節のケーススタディの若干の紹介からも明らかなように，比較優位の変化に伴う産業の分散力と既存産業集積における集積力，この両者のメカニズムの働き方は個別の地域や産業ごとに異なるようである。労働供給の面では馬（2012）で地域ごとに余剰労働力の状況が異なることが指摘されており，産業の側においても，産業の移転，集積の発展と衰退，新興産地の形成，フラグメンテーションなどが，産業ごと・地域ごと・集積ごとに異なる展開を見せつつある。今後も産業の移転，集積の高度化と衰退が並走する錯綜した展開が予想される。沿海から内陸へ，というシンプルな「国内版雁行形態」論は，魅力的であり，また現状の一側面を捉えているが，産業集積の存在やその異質性，歴史的経路依存性を視野に入れておらず，2010年代の中国産業の立地変化を総合的に理解する際には適切なフレームとは言えず，第2章と第3章で取り上げたような，個別の産業集積のミクロなメカニズムも視野に入れた把握が必要である。

補表　地域別推計（省ダミー込）

	[1]	[2]	[3]	[4]	[5]	[6]	[7]	[8]	[9]
	東　部			中　部			西部・東北		
	通期	前期	後期	通期	前期	後期	通期	前期	後期
ln（相対的賃金比率）	-0.0675 *** [0.0144]	-0.0398 * [0.0208]	-0.0986 *** [0.0209]	-0.0156 [0.0223]	-0.0672 ** [0.0333]	-0.03 [0.0271]	-0.0334 * [0.0172]	-0.0717 *** [0.0264]	-0.0134 [0.0236]
ln（相対的資本労働比率）	0.0105 *** [0.0037]	0.0142 *** [0.0050]	0.0061 [0.0052]	-0.0207 *** [0.0069]	-0.0124 [0.0091]	-0.027 *** [0.0091]	0.0024 [0.0077]	-0.001 [0.0109]	0.0084 [0.0108]
ln（雇用全国シェア）	0.0053 [0.0033]	0.0081 * [0.0044]	0.001 [0.0048]	0.0125 *** [0.0049]	0.0046 [0.0070]	0.0156 *** [0.0059]	0.0126 ** [0.0051]	0.0137 * [0.0073]	0.0128 * [0.0072]
ln（地域産業特化係数）	0.0054 [0.0054]	0.0121 [0.0074]	0.0034 [0.0077]	-0.0289 *** [0.0073]	-0.0071 [0.0103]	-0.0471 *** [0.0093]	-0.0197 *** [0.0064]	-0.0058 [0.0090]	-0.0335 *** [0.0089]
ln（ハーフィンダール指数）	-0.0537 [0.0413]	0.0135 [0.0800]	-0.058 [0.0906]	-0.1786 ** [0.0708]	0.1439 [0.1081]	-0.333 ** [0.1389]	0.1173 ** [0.0495]	-0.0262 [0.0947]	0.0304 [0.0912]
ln（資本装備増加率）	0.067 *** [0.0202]	0.1863 *** [0.0297]	-0.0377 [0.0272]	0.0718 *** [0.0178]	0.1253 *** [0.0313]	0.0347 * [0.0206]	0.1588 *** [0.0158]	0.1754 *** [0.0228]	0.1317 *** [0.0211]
ln（相対的企業規模）	-0.0321 *** [0.0100]	-0.0497 *** [0.0134]	-0.0229 [0.0149]	-0.0565 *** [0.0129]	-0.0553 *** [0.0182]	-0.0609 *** [0.0170]	-0.0498 *** [0.0088]	-0.0403 *** [0.0133]	-0.0524 *** [0.0124]
ln（相対的利潤率）	0.024 * [0.0126]	0.0015 [0.0163]	0.0443 ** [0.0198]	0.0257 * [0.0153]	0.0302 [0.0208]	0.0471 ** [0.0209]	0.0519 *** [0.0120]	0.0242 [0.0166]	0.0788 *** [0.0194]
年ダミー	Yes	Yes	Yes	Yes	Yes	Yes	Yes	Yes	Yes
省ダミー	Yes	Yes	Yes	Yes	Yes	Yes	Yes	Yes	Yes
定数項	-0.0919 [0.0744]	0.0468 [0.2266]	-0.1387 [0.1566]	-0.2377 [0.1731]	0.471 * [0.2728]	-0.5803 * [0.3329]	0.2693 *** [0.0935]	-0.048 [0.2557]	0.1687 [0.1563]
調整済み決定係数	0.1627	0.233	0.1646	0.239	0.2345	0.3693	0.153	0.1584	0.1347
観測数	1618	810	808	983	492	491	2094	1040	1054

注：* は p < 0.1, ** は p < 0.05, *** は p < 0.01 を指し，括弧内は標準誤差を示している。

終　章

「世界の工場」は終わるのか
────大国における産業集積の形成と再編────

広東省潮州市の北中米市場向けの衛生陶器工場（2015年9月13日，筆者撮影）

終　章　「世界の工場」は終わるのか　185

1　中国における産業集積の形成と変動

　序章で設定した本書の課題は，賃金上昇が続いた2000年代に，投入コストが相対的に高いはずの沿海部で中国の労働集約的産業が高い国際競争力を維持できたのはなぜなのかを明らかにすることであった。この際に本書では，第一に担い手としての民営企業に注目し，第二に，中国における産業集積と国土の大きさを重視し，そして第三に産業集積形成の背後にある歴史的要因にも着目すると述べた。
　各章の実証研究の結果は下記の通りである。
　まず第 1 章では，中国の雑貨産業の歴史的な展開を，計画経済期に遡って検討を加えた。1950年代から70年代の計画経済期には，社会主義集団化や政治的運動の結果，日用雑貨製品の生産は低迷し，供給不足が続いた。その後，1980年代以降市場経済化に伴い沿海部への産業の集中立地傾向が顕著となったが，その過程で雑貨産業は改革の初期の段階から自由化が進み，民営企業主体の産業集積が多数形成されることとなった。浙江省と広東省を例にとると，それぞれ日用消費財と機械金属加工業の産業集積が多数形成されており，いずれの場合にも民営企業が重要な担い手であることを指摘した。
　続いて第 2 章と第 3 章では，中国の雑貨産業集積の事例研究を通して，いかに有力産業集積が成長を維持してきたのかについて，産業集積の形成過程，集積構造と集積機能，そして企業行動の面にまで踏み込んで検討を加えた。
　第 2 章では汎長江デルタ地域に属する浙江省義烏市の事例を分析し，雑貨卸売市場が中核となって，現地と各地の雑貨産業の発展をけん引してきたプロセスを企業の事例に注目して検討を加えた。義烏産業集積の形成過程では，改革開放初期の段階から現地政府が先駆的な政策を採り，また多くの零細企業が売買と生産に参入することで集積が急速に形成された。産業集積の構造は，卸売市場という開かれた場を中核としており，メンバーシップを固定しない開放的

な構造で，特に1990年代まで中国国内の巨大で多様な雑貨需要に対応する仕組みとして発展を遂げた。義烏市の産業集積の最大の特徴は，地元・周辺・遠隔地の生産力を活用し，その結果，超多品種の雑貨を大量かつ安価に供給できることにある。特に興味深い点は，第一に，2000年代以降，義烏市は急速に国際市場への輸出を開始し，新興国・途上国の零細バイヤーが直接買い付けに訪れることができる場へと変貌したことと，第二に，農村部のより安い労働力を活用する農村委託加工という仕組みが創出されたこと，そして第三に国内市場へと販売するインターネット通販との融合が進んでいることであった。

　第3章では珠江デルタ地域に属する広東省中山市古鎮鎮の事例を取り上げ，いかに現地が中国最大の照明器具産地へと成長したか，また近年の環境変化のもとで現地企業はどのような動きを見せているかを検討した。古鎮の産業集積の形成は，上記の義烏市の事例に比べて，より短い期間に急速に達成された。1980年代から照明器具関連企業は確かに現地に存立していたが，地域として照明器具産業に特化していくのは1990年代後半以降，とりわけ2000年代に入ってからであった。そのきっかけとなったのは，現地政府が見本市の開催に代表される発展促進政策を採用し，国内競合地域（温州）の企業の転入と地元企業の盛んな創業が起きたからであった。産業集積はここでも開かれた構造であり，卸売市場が製品と中間財の両面で形成されることで，差別化の程度は低くとも，短時間に多様な製品の開発と供給を可能としていた。とりわけ重要な点は，その供給力の背景に，珠江デルタの各産業の基盤があることである。古鎮の照明器具製品供給力は，周辺産地との連携のもとに確保されてきたと言える。また，近年の土地価格や賃金の上昇のもとで，地元企業は，新製品の開発や製品付加価値の引き上げ，そして隣接地域への工場移転などで対応しており，引き続き，古鎮を中核とした集積の拡張（汎古鎮化）が確認された。これらの事例分析により，草の根の地域産業発展が，企業家と現地政府の行動と，空間的な重層性のもとで可能となっていることが確認できた。

　最後に，第4章では，2000年代後半以降の環境変化に伴い，中国国内で製造業の立地がマクロに見てどのような要因で変化しているかを検討した。先行研究では沿海から内陸への産業移転という，国内版の雁行形態が指摘されてき

たが，ここでは産業の分散力となる賃金水準や資本労働比率に加えて集積力をも視野に加えてその要因を分析した。その結果，国内版雁行形態論が想定するように中部地域ではより労働集約的な産業が高い成長を遂げたことが確認されたが，西部・東北部ではこうした傾向は観察されず，同時に地域産業の規模が大きい地域ほど地域産業の成長が高まる傾向も確認された。すなわち，2000年代後半にかけて，中国では賃金上昇に代表される産業の立地分散力と同時に，産業の集積力も生じていた。また，第4章では，広東省における地域政策と，台湾系のEMSの動向も追加的に紹介し，より総合的に中国の産業立地の変化を把握するためには，地域固有の条件，産業集積，産業政策，そして企業戦略なども検討する必要があることも指摘した。

　マクロに見て，賃金上昇によって沿海部の労働集約的産業は国内でのシェアを低下させる傾向があるが，同時に規模の大きな産業では依然として成長が加速される効果も確認されている。このことは，同一の産業内でも，沿海部で成長を続ける地域と成長が頭打ちとなる（あるいは縮小する）地域が併存することを意味する。よりミクロに見るならば，事例分析で取り上げた義烏や古鎮のように，沿海部の代表的な集積は引き続き求心力のある地域として機能してきたが，衰退を開始するような地域産業の存在も示唆された[1]。この背景にあるのはコスト上昇のみならず，産業集積間の競争も含まれており，有力産業集積は独自性と競争力を発揮し，特に中間財や製品を含めた流通組織の形成は多数の新規参入企業を受け入れながら，激しい競争のもとで新たな製品開発を刺激している。この過程で地方政府が果たす役割は重要であり，特に発展の初期の段階での地域産業の発展の方向付けを明確にすることは，成功例に共通する要因であった。

---

1) 衰退する産業集積に関する事例研究は数少ないが，駒形（2005）第六章が浙江省瑞安市のウールセーター産業の事例を報告している。それによれば，1996年には3,000社余りが生産に従事していたが，市場の買い手市場への転換と，企業間の模倣と低価格競争の展開の結果，1999年には500社足らずに減少し，現地の卸売市場も閉鎖された。その背後には，急拡大の中での競争激化と価格競争があり，多くの企業が淘汰されたという。つまり市場での競争の結果が産業集積地の企業数の大幅な減少をもたらしたとしている。

2　ボトムアップ型経済発展とは何か

1）中国での産業集積の形成と構造

　結論に進む前に，本書の分析の結果から得られた様々な知見について先に整理しておこう。

　序章で確認したように，改革開放期の中国の産業集積形成は，沿海部での民営企業の発展によって特徴づけられたが，ミクロなレベルでのケーススタディを通して，有力産業集積の形成パターンが一定程度明らかになった。義烏のように現地での行商の伝統の存在という，清代以来の歴史的な要因が効くこともあったが，逆に古鎮のように現地での歴史が意味を持たない事例も確認された。歴史的な要因は，産業集積，ひいては地域経済の発展のきっかけとなることもあったが，それは必須となる条件ではない。つまり改革開放期という高度成長期かつ経済制度の改革期において，伝統的な産業や商業を持たない地域においても急激な発展が可能であったということである。より大胆に言えば，「歴史からの逸脱」とも言えるようなダイナミックな地域経済発展も，改革開放期の中国の各地で，頻発していたことを示唆している。ただし，2つの事例がともに，中国の沿海部，それもデルタ地域に位置（義烏は汎長江デルタ地域，古鎮は珠江デルタ地域）し，広い意味における地理的条件が両産業集積の発展に大きく影響を与えたことも事実である。

　こうした成長を可能とした需要条件として，国内市場と輸出市場がともに重要であった。開発経済論では，かねてより国内市場を重視する「輸入代替工業化」と，国外市場への輸出を重視する「輸出指向型工業化」の存在が指摘されてきたが，中国の民営企業主体の産業集積の事例から示唆されるパターンは，地域産業の形成過程では，まず国内市場がその需要を提供し，その後，とりわけ2000年代に入って以降に国際市場に展開する，というものである。地域産業の形成段階では国内のローエンド市場が重要であったのに対して，国際市場はよりデザインや品質の面での高いレベルを求める先進国市場のみならず，中国国内市場とおおよそ同水準の製品が流通する新興国・途上国市場も重要なマ

ーケットとなった[2]。この意味で，中国の工業化パターンを捉えるには，「輸入代替工業化」か「輸出指向型工業化」か，という二者択一な把握では不適切であり，大まかに言えば外資系企業主導の輸出指向工業化と，地場民営企業主導の国内市場向け工業化が同時進行しつつ，2000年代後半以降には民営企業の海外市場開拓が進んだと捉えるのが適当だろう[3]。

上記の需要条件のもとで，産業集積の発展を実現するためには，地域産業のボトムアップな取り組みが何よりも重要であったが，同時に行政的権限を駆使した地域政策の執行も見逃せない論点であった。改革開放という経済体制の移行と高度成長が並行した時代において，広大な国土の中で，中国のどの地域が発展のチャンスをつかんだのであろうか。事例研究によれば，ミクロなレベルでの草の根の模索と企業家の取り組みがなくては地域産業の発展は実現されなかった。この意味で，企業家によるボトムアップの模索がまず重要であったが，地元政府のサポートに加えて，さらにより強力な権限を持つ上層行政単位のサ

---

2) この市場環境が，中国の産業集積と園部・大塚（2004）が想定した発展パターンとの間にギャップが生まれた要因であったと考えられる。園部・大塚（2004）では産業集積は一般に，量的拡大期を経て質的向上期に至ることが指摘されており，最大公約数的な発展パターンを描写している。本書で取り上げた産業集積の事例からは，生産額・取引額の急拡大が，中国国内市場と新興国市場に依拠して達成されていたことが示されている。そこで観察された産業発展の実態とは，義烏の場合には「工夫と対応力の向上を含む，量的拡大」であり，古鎮の事例では「オープンな集積構造を活用しながら製品付加価値を引き上げる」というパターンであった。このことは，この時期の中国の産業集積が置かれた市場環境が，ミドル・ローエンドの市場は限定的規模であるという園部・大塚（2004）の暗黙の仮定とは相いれない状況にあったことを示唆している。特に2000年代の中国と世界経済の需要環境からすると，中所得国レベルの需要が中国国内と新興国をはじめとして急拡大し始めた時期であった。それゆえに，「質的向上」に限定されない産業発展の可能性が中期的に与えられていたと考えることができる。無論，両事例の長期の産業発展プロセスの中で，製品品質の向上があったことも否定できず，また賃金上昇がさらに継続することが予想される中で，「質的向上」が重要な論点であることに変わりはない。ただし，少なくとも2000年代までの発展を描写する際には，「量的拡大から質的向上」というシンプルな発展パターンからはみ出す現象も，2000年代の新興国と中国国内の市場環境を基礎として観察されたことは強調されてしかるべきである。

3) 絵所（2013）は改革開放期中国の工業化パターンは「外から内へ」，つまり輸出指向型工業化として始動したと理解している。しかし，産業集積に関する先行研究や本書の事例分析でも確認されるように，中国の地場民営企業主導の産業発展は主に国内市場に依

ポートを得る努力も必要であった。こうした中国の政治経済的な特色は，地域経済や産業集積の発展にも大きな影響を与えていると考えられ，例えば，日本の産業集積を分析する際にはおそらく検討する必要性のない論点も，中国においては重視しなければならない。こうした基層政府の幹部の動きは，より上層の政府との垂直的関係を重視していたものの，それのみに限定されたものではない。例えば義烏の発展初期の段階で，県政府の幹部が民営経済の先進地域であった温州市へ視察に行き，そのことがその後，経済改革をより積極的に実施することにつながったのである[4]。

　本書の2つの事例研究から示唆されるのは，ボトムアップ型の企業家による盛んな創業と経済活動と，垂直的な行政関係のもとでより上層の政府から権限や優遇政策を獲得してくるという現地地方政府と企業家の行動が，地域における経済発展という同じ目標を目指して協働していた事実である。ここに本書が重視するボトムアップ型経済発展のダイナミズムがある。

　無論，両者の役割には大きな違いがあり，企業家が自由な事業活動を模索する一方で，地方政府は地域経済の発展につながるようなプラットフォームの建設・整備を進めようとしてきた。特に国家との関係で興味深いのは，第2章の末で触れた，義烏における国家級改革特区への指定の働きかけであろう。義烏市の有力企業家兼人民代表の人物が，国務院に働きかけをすることで，新たな改革の権限を得たことは，今後の義烏の経済発展に影響を与えると思われる。このように，民営経済と地方経済にとっても，重層的な政治システムのより上位から権限を獲得してくることが，持続的な成長につながりうると考えられる。この点は，中国の国有経済（換言すれば「国家資本主義」）ともう一方での企業家経済（「大衆資本主義」）を，「2つの中国（Two Chinas）」として対立するもの

　　拠して形成されたため，「外から内へ」という把握は，外資企業の直接投資と加工貿易モデルの導入という面は把握できるものの，そのもう一面での民営中小企業の成長による「内から外へ」のパターンを考えることも必要であろう。
 4) また，専門卸売市場という流通形態については，古鎮の事例で確認したように，義烏の成功モデルを古鎮の政府関係者が学び，これを導入した。このように，地域間の相互学習もとりわけ地方政府のリーダーたちが力を入れた活動であった。こうした水平的な関係と交流により，地域振興の経験が広く中国で共有されていることも確認できた。

と捉えるべきか，という論点と関連する。義烏の事例は，末端における無数の商人・企業家が作り出した経済圏という意味で，「大衆資本主義」の特徴を多分に体現しているが，そこに国務院の政策といった意味での国家が顔を出しているのも事実である。こうしたリアリティを踏まえると，中国経済の発展を考えるうえで，純粋にどちらか一方の視角から断定的に把握しようとするアプローチには限界がある[5]。中国における地域産業の発展をもたらしたこのようなボトムアップの取り組みは，民営企業の活発な事業展開と，地方政府による事業環境改善の協働の結果生じたものだと言えよう。

産業集積と企業行動の面からすると，2000年代の中国の産業集積の一部は，開放的な取引制度を構築した点に大きな特徴があり，また集積地の多くの中小企業はこうした構造を活用する形で参入と事業成長を実現してきた。この集積構造を前提として，企業の参入退出や地域間での流動性も高く，古鎮の例では，浙江省温州市のメーカーが大挙して参入することで，産地が急速に成長することとなった。同時に，古鎮の事例から示されたように，個別企業は目下，こうした構造を活用しつつ，より高付加価値な製品や新製品を提供するべく行動している。ここで関連して指摘できることは，中国におけるものづくりと流通の関係についてであろう。中国の産業集積の形成過程において，全国的な流通機構が未整備だったこともあり，特に中小企業が活用できる流通システムの形成が現地の中小企業の成長のみならず，地域経済の成長をも左右した。この意味で，中国の産業集積を分析する際には，製造の面と同様に，流通とマーケティングの面にも注意を払う必要がある。

事例研究によれば，「集積の経済性」の中身は，一般に想定される専門労働力のプーリングの面よりも，もっぱら多数の企業集積ゆえの中間財と最終財の供給バラエティの拡充として現れ，同時にそのことは企業間の激しい競争を意味した。有力産業集積では，特定品目に関わるあらゆる中間財が短時間に入手可能となっており，このことが需要（バイヤー）への迅速な対応と製品開発の

---

5)「国進民退」の議論は基本的に国レベルの議論であるが，個別地域のレベルで見た場合，地元政府と地元民営企業の関係はかなり密である。なお，Two Chinas との認識は例えば Huang（2009）に現れている。

可能性を広げていた。敷衍すれば，中国の輸出競争力の高さは，製品の単なる安さや個別企業単独での競争力のみではなく，供給に関わるバラエティを基軸とした産業集積レベルの能力によっても支えられていたのである。生産される製品は，その需要レベルに規定されて，それほど差別化されているとは言えないが，需要に迅速に応答しえる供給体制が有力産業集積に構築されていたことは注目に値する。

2）国内市場と国土の大きさの意味

次に指摘しておくべきことは，中国という国土のもとでの産業立地の集中と拡散，そして競争と協業である。第4章で示したように，中国の広大な国土のもとで，国内での産業の移転がマクロレベルで観察されるとともに，ミクロなレベルでは有力な産業集積が引き続き競争力を保っていた。日本でも高度成長期から安定成長期にかけて，京浜工業地帯から周辺地域または遠隔地への工場移転が観察されたが，中国においても2000年代に類似した展開が観察された。このことは，中国の個々の産業集積を検討する際に，国内市場と国土の大きさを視野に入れるべきであることを意味する。

この国内市場と国土の大きさは，産業集積間の競争と協力と，そしてまたその結果，各地の地域産業の特徴が磨かれる効果をもたらした。義烏と古鎮の例では，ともに国内の類似した集積地との競争を展開しつつも，近隣と遠隔地の産地や企業の参画を得て，より多様な中間財や製品供給を可能とし，また新たな市場を開拓していった。換言すれば，空間的な重層性と企業の流動性が，産業集積の成長だけでなく，産業集積の差別化をも促進した。空間的な重層性について言えば，義烏の場合には，特に財の流通ネットワークハブとして，浙江省内の各産地の製品や中間財が集約された。また古鎮の例では，特に珠江デルタの電気機械産業の中間財サプライヤーや広東省内の陶器や紡織産業の基盤を活用することで，多様な照明器具を供給するという集積の競争力が確保されていた。義烏の場合には自らがハブとなって近隣産地や企業を，場合によってはスポーク（専属企業）として位置づけるような動きもあった一方で，古鎮の場合には，珠江デルタの広域産業集積の基盤に乗る形で，その供給能力を保持し

ていたと位置づけられ，両者の間に産業集積としての主体性の強弱や，その影響力の面での差異があったことも確かである。しかしいずれの場合も，広域地域の工業基盤を一つの背景として，そしてさらに，その外部の産業集積あるいは企業と取引を行うというパターンが産業集積の競争力を担保していたと捉えることができる。

　よりダイナミックに産業集積の形成発展を考えると，計画経済から市場経済への移行期に，集積間競争が発生したことで，需要への対応力により優れた地域が勝ち残ったと考えることができる。中国経済は計画経済期において各地経済の自力更生が重視されていたため，特定地域への産業立地の集中は顕著ではなかった。改革開放期に入ると，経済の自由化と対外開放のもとで，各地がボトムアップの形態で集積を発展させ，また地域の独自性を競った。この過程は，細胞が分裂して特定機能に分化・特化していくプロセスになぞらえることができる。地域経済・産業が近隣地域との競合と協業の中で，徐々に主要産業への特化を実現する地域が現れ，国内市場や国外のバイヤーへの対応を競い，競争の中で勝者となった地域はさらなる企業参入と需要開拓を実現して，集積としての方向性を明確化させることにより，さらに大きな集積の経済性を享受したのである[6]。

　さらに中国の空間的な重層性のもとで，近隣地域の産地の中間財・製品を活用しつつ，地域産業・経済の独自性を構築することが，長期的な地域経済の成長に直結した。同時に，行政的な垂直性のもとでボトムアップの模索を起点としつつも，上層行政単位から権限移譲やサポートを得られるように働きかけることも必要であった。したがって，中国大陸を舞台としてこの30年間に，有力産業集積が各地で林立し，それぞれの地域産業は近隣地域の産地・産業集積の中間財・製品を活用しながらも，現地の産業競争力構築を競い合っていたと捉えることができる。産業集積を基軸として，広範囲の中間財の調達と，それによる幅広い製品の柔軟な供給の実現という供給能力の拡充は，個別企業のみ

---

[6] 改革開放期に見られた国内大市場に立脚した労働集約的な産業集積の発展と特化の過程は，斎藤（2008）に見られるような経済史研究の領域で指摘される「スミス的成長」とSugihara（2007）の工業化モデルを想起させるものである。

では実現不可能であり，また地方政府の支援のもとで結実した。このことは，中国産業の競争力構築を考えるうえで，企業レベルの組織能力の構築や，国家レベルの規制緩和・制度改革・産業政策に関する議論だけでなく，地域レベルでの取り組みも重要な論点であることを意味している。

　そして最後に指摘しておくべきは，中国の産業集積の規模とインパクトであろう。第2章と第3章の事例分析でも指摘したように，中国のナショナルチャンピオンレベルの産業集積の規模は，すなわち世界最大規模である。例えば，義烏の場合，2011年の輸出コンテナ数は57万6,000個で，単純計算すると輸出コンテナ取扱量で日本7位の博多港を上回り，6位の神戸港の輸出量の約半分の規模となる。また，古鎮の場合には日本の同種の照明器具産業の生産額の約半分に相当する額が，中国に4万以上存在する鎮レベル行政単位の一つで担われていることになる。中国の基層レベルの行政単位の一つが，こうした巨大な規模の貿易と生産の拠点となっている事実は，ミクロな視点なくして「世界の工場」中国のグローバルな影響を理解することが難しいことを示している。

　すでに指摘したように，中国の産業集積がグローバルな市場へ参画する際に，多くの場合，卸売市場を活用することにより，多数のバイヤーを引き寄せている。このことによって，グローバルな大企業からの受注を得るだけでなく，数多くの中小バイヤーからの受注開拓も可能になった。その意味で，中国において有力な産業集積が，特定企業やバイヤーからの受注に大きく依存する事態は限られている。逆に言えば，中国の産業集積は，2000年代以降のグローバルな製品流通の中でも主体的で，なおかつ無視しえない役割を果たしていると見るべきであり，義烏の場合には，アフリカや中東のバイヤーが買い付けに訪れ，また古鎮でも東南アジア，ロシア，中東向けの製品が数多く生産されていた。「草の根のグローバル・バリューチェーン」ともいうべき状況が，中国の産業集積を震源地として，新興国市場に向けて形成されていると見ることができる。このことは，中国製造業のグローバルな影響力を考える際にも，企業レベルの分析アプローチのみではなく，産業集積で生じている層としての需要開拓のパターンにも目を向ける必要があることを示唆している。

3　国際競争力高止まりの背景

　それでは，なぜ中国沿海部の労働集約的産業の産業集積は，投入コストが急激に高まり，また所得水準が他の途上国を上回りつつある環境下で，国際的に高い競争力を維持していたのだろうか．本書の実証分析の結果からすると，2000年代後半の中国の労働集約的産業の国際競争力高止まりは，中国が大国であることを前提として，第一に，沿海部の有力産業集積における供給能力の拡充と，第二に集積地を基点とした企業間分業の再編とその範囲の空間的広域化，この2点によって生じた，と総括できる．

　第4章で示されたように，マクロに見て，中国国内での産業立地の再編と産業集積地の成長が同時に発生していることが見て取れたが，事例分析によれば，沿海部の有力産業集積は，賃金上昇の環境下において製品バラエティの拡充や，供給ロットの柔軟化，バイヤーへの対応の強化，一部工程や企業の近隣地域への移転や外注によるコスト圧力の緩和といった面での供給力の向上と維持を実現していた．重要なことは，これらの能力の向上と維持が，当該地域の産業のみで実現されたものではなく，国内の各種関連集積地との産業連関と空間的な重層性を前提としていたことである．近隣，周辺，遠隔地域の企業からの部品流通だけでなく，工場の移転や加工工程の山間部への外注といった取り組みは，中国国内に多数の産業集積地があり，また地域間で経済発展水準が大きく差がある状況を背景としていた．無論，このプロセスでは，沿海部の産業集積の中でも持続的に求心力を保った地域と，相対的に成長が頭打ちになるか衰退する地域の両方が現れたし，また一部国外へと移転した工場（主に外資の）もあった．しかしながら，特に競争力を持った産業集積では，国内市場を土台として成長を実現し，義烏のようにグローバルな貿易へのインパクトを持つ事例も生まれていた．

　この意味で，中国経済の「大国性」は，産業集積の成長と，もう一方での一部工程・企業の拡散を同時に可能としていた．沿海部に巨大な産業集積が形成され，依然として求心力を保っている状況下で，内陸部へと企業や産業の一部

工程が波及するという現象は，国内での集積（agglomeration）と工程分割（fragmentation）が同時に起きていることを意味し，フラグメレーション（fragmeration）の発生ともいうべき状況にある[7]。無論，事例研究が示しているように，こうした生産工程や分業の広がり方は，産業や産業集積によっても異なると考えられ，義烏の場合には省を超えるような流通や分業が一般に観察された一方で，古鎮の事例では近隣地域への工場立地の移動が特に観察された。また雑貨産業以外にも視野を広げてみると，フォックスコン社のように，既存の産業集積との関連性に規定されない移動も見られ，それぞれに異なるメカニズムを内包していると考えられる。しかしここで筆者が強調しておきたいのは，中国経済の空間的な大きさと，その発展程度のギャップを背景として，既存産業集積の成長と，そこからの工程・企業の拡散・拡張の余地が大きく，賃金上昇という環境変化の下で，沿海部の産業集積を基点とした中国国内での産業連関の空間的拡張と創出が起きており，2010年代にもその傾向が続く可能性がある点である。このことを敷衍すれば，改革開放以来，沿海部を中心として発展してきた中国製造業が，2000年代の後半以降，その取引関係や産業連関を，中西部を含めたより広域な地域にまで押し広げていると評価できる。中国の長期にわたる工業化の歴史は，内陸部の生産額シェアの高まりという新たな段階に，2000年代に形成された沿海部産業集積とそれをとりまく取引関係を拡張・発展させる形で突入しているのである。

　本書で示されるこのようなストーリーは既存の研究では提示されてこなかったものである。例えば，Lin（2011）では，比較優位の変化に従って，中国は労働集約的産業から卒業するとのシンプルな展望を示しているし，蔡・王・曲（2009）はこれとは違って，沿海部から内陸部へと産業が移転するとの立場を提示している。また中兼（2012）第五章も，中国国内での比較優位構造の差異

---

7) Kimura and Ando（2003）は日系企業の対東アジアと対ラテンアメリカの直接投資データを整理し，その結果から東アジアでは中小企業の直接投資が多い点，そして現地調達と地域内の他国からの調達がラテンアメリカよりも多い点を指摘している。その結論として，ホスト国での産業集積と生産ネットワークの形成が東アジアへの日系企業の直接投資をもたらしていると述べており，産業集積とフラグメンテーションの重要性を強調している。

によって国内における雁行形態的発展パターンが成立していると見ている。しかし，本書の実証研究によれば，少なくとも 2000 年代後半に，中国国内で労働集約的産業の産出が相対的に中西部で高まるという産業立地の再編と，沿海部での産業の発展の両方が生じ，またその両者は産業あるいは企業間関係として一定の連関性を持ったものとして，包括的に把握可能な現象である。つまり，沿海部から中西部へと，ある産業がそのまま移転するというのではなく，実態としては産業連関や取引関係を伴った形で生産の空間的範囲が集積を起点として拡張していると考えることができる。「移転する」，「高度化する」，「集積の経済性が発揮される」といった，単純な説明では理解できない，有力集積における供給力の向上と，集積地を起点とした地理的分業範囲の再編と拡大というメカニズムが 2000 年代後半以降の中国で発生していたのである。

このような展開を捉えるためには，本書で重視してきた中国における産業集積の構造と機能を把握することが必要不可欠である。取引制度として開かれた構造を有し，その結果として幅広い品種を供給可能とする中国の産業集積は，その構造と機能ゆえに，中核的集積地がありながらも，地理的にも，産業連関として，広がりを持つものとして理解することができる。仮に，各々の産業集積には特殊な構造や機能はなく，特定行政区域内に存在し，外部とは独立したものだと捉えた場合，現在中国で起きつつある現象は「沿海部の集積の相対的衰退と，内陸部での成長」との理解になるが，実態は，沿海部の産業集積と内陸の成長がリンクしている可能性が高い。中国製造業の変動期における立地と産業連関の変化を理解するうえでも，各々の産業集積の構造と機能という視点を導入することが必要である[8]。

---

8) 上記の結論は他の関連研究やデータからどの程度確認されるであろうか。岡本（2012）第二部は 1987 年，1997 年，2007 年のデータを基に，中国の地域間の産業連関を分析している。その結果，省間の中間財の取引ネットワークは，その形状として広東，江蘇，山東といった地域がそのハブとなる構造が 3 時点にわたって安定的である一方，1997 年から 2007 年にかけて広東省と西部地域の陝西や内モンゴルといった地域との新たなネットワークの形成が観察され，地域間の連関性が空間的に広がることで，生産工程の迂回化が起きていると指摘している。また，生産額の付加価値額が周辺地域から中核地域に移転される効果も確認されたが，中核から周辺各省への経済成長の波及効果も観察された（同書，pp. 155-174）。これらの結果は，本書の結論である，中国沿海部の主要

4 「世界の工場」中国の変動と展望

　それでは本書の知見は,序章の冒頭で触れた「世界の工場」中国時代が終わるとの見方に対して,どのようなインプリケーションがあるだろうか。この点を包括的に検討するためには,本書で取り上げた雑貨産業の事例から言えることは限定的であるものの,本書で得られた「雑貨のストーリー」から,思い切って展望を示せば以下のようになる。すなわち,中国が生産面においても国内市場の面でも大国であることを背景として,労働集約的産業においても,中国の沿海部での主要産業集積の供給力の拡充と,そこを基点とした分業範囲の拡張が生じ,この結果,中国は幅広い品目の供給能力を全体として維持し,また深化させていく余地がある。つまり,中国は比較優位の変化による競争力の低下を延期し,また新たな需要を開拓する内在的メカニズムを持つ。端的に言えば,「世界の工場」中国時代は想定されるよりも長く維持される。

　しかし,このことは「世界の工場」中国が,これまでと同じような産業立地や事業パターンでその地位を維持することを意味しない。むしろ,中国製造業の内部で大幅な構造調整と集積地における対応が取られるからこそ,全体として幅広い品目での高い国際競争力とシェアが維持されうる。より具体的には,産業の担い手,産業立地,需要と事業パターン,国外との分業関係には大きな変化が起きると考えるべきである。担い手について言えば,外資企業主導のパターンはもはや一部の電子産業,輸送機器産業を除けば観察されず,より民営企業主導のパターンを重視すべきである。また産業立地としては,沿海部,それも珠江デルタと長江デルタに集中してきた構造から,より多様な地域間が連関しつつ競争力を発揮する見取り図を重視すべきだろう。事業パターンとしては,加工貿易の比率は低下傾向にあり,逆に一般貿易の比率が高まっている。

産業集積が成長を続けるとともに,産業立地の再編が起きることで,分業の範囲が拡張していくとするストーリーと整合的なものだと考えられる。また,第2章の注50で指摘した山口(近刊)の分析も,本書の結論である,沿海部の産業集積間での取引の重要性と,中西部への分業関係の空間的拡張とフラグメンテーションの発生を裏付けるものである。

そして輸出先としては，これまでの先進国市場と国内市場に加えて，新興国市場に向けて，中国企業のOEM生産ではなく独自のブランドのもとでの事業発展を模索していく余地は大きい[9]。この背後には世界経済の中で新興国市場の重要性が高まりつつある状況を反映しており，2010年代の中国経済を展望するうえでもこの点は看過できない。また本書で強調したように，既存の集積地と中国国内の他地域との連関にも注目する必要がある。

　このような姿は2000年代初頭の中国製造業とは大きく異なる特徴を備えている。2000年代後半に胎動し始めた，こうした変動が2010年代に本格化することで，「世界の工場」中国は，2000年代初頭のイメージ——外資主導，人海戦術，加工貿易，沿海部集中，先進国市場輸出を基軸とするバージョン1.0の姿から，「世界の工場＝中国バージョン2.0」とも呼ぶべき状況——すなわち，民営企業主導，生産方式の効率化，部品の現地調達化，中西部も含めた産業立地と産業連関，巨大な国内市場と新興国へのさらなる展開へと変貌を遂げつつ，幅広い品目での国際的に高い競争力とシェアを維持し，また強化する可能性がある。

　ここで指摘できるもう一つの視角は，アジアの生産ネットワークとの関係を深化させていくという可能性である。Asian Development Bank（2013）はアジアの国際生産ネットワークへの参画が，後発国にチャンスをもたらすという視点を強調しており，Factory Asiaをキーワードとして設定している。中国国内の産業と生産ネットワークの変動は，日本，韓国，台湾のみならず，ベトナムやタイをも含む広域アジアの産業と生産ネットワークにも影響を与えつつあると考えられる。この点は今後検討が必要な論点の一つであろう[10]。

　ただし当然ながら，その道のりは保障されたものではない。近年注目を集めている「中所得国の罠」の議論に見られるように，中所得国から高所得国へと

9）同様に，タイでは最低賃金引き上げに伴う近隣国への産業の拡張が生じており，「タイ＋1」と呼ばれているが（大泉，2013），ミャンマーなどの国々との間に新たな取引ネットワークが形成されている点についてもすでに研究が進んでいる（Taguchi, 2011；Taguchi, Matsushima and Hayakawa, 2013）。

10）これらの点については，例えば*The Economist*誌の2015年3月14日号の記事，"The Future of Factory Asia : A Tightening Grip" を参照。

移行する過程では，経済全体の生産性を高めるような様々な取り組み（労働市場，企業経営，産業構造，金融システムの改革等）が必要となる。「中所得国の罠」を産業集積と地域経済の視点から見れば，既存産業の競争力が新興国の台頭に伴って相対的に低下する一方で，地域内に新たな雇用や付加価値生産をもたらす新産業が創生しないというリスクがある。「世界の工場」中国が，その国際競争力を維持しながら，Factory Asia への融合も含めたバージョン 2.0 ともいうべき新たな姿へと移行しつつあるのかは，2010 年代の本格的な分析を行うことで検討しなければならない。

参考文献

【日本語】

阿古智子（2012）「中国における労働問題――国を越えた連携に向けて」浦田秀次郎・金ゼンマ編著『グローバリゼーションとアジア地域統合』勁草書房。

天野倫文（2005）『東アジアの国際分業と日本企業――新たな企業成長への展望』有斐閣。

飯島渉・久保亨・村田雄二郎編（2009）『シリーズ20世紀中国史 第3巻 グローバル化と中国』東京大学出版会。

池辺亮（2008）「産業移転の可能性 産業移転区は新天地か」『ジェトロセンサー』8月号，pp. 20-21.

池間誠編著（2009）『国際経済の新構図――雁行型経済発展の視点から』文眞堂。

石原享一（1990）「1970年代までの中国経済管理――システムと実態」毛利和子編（1990）所収。

─── (2000)「中国型市場経済と政府の役割」中兼和津次編（2000）所収。

伊丹敬之・松島茂・橘川武郎編著（1998）『産業集積の本質――柔軟な分業・集積の条件』有斐閣。

伊藤亜聖（2008）「「専門市場」から見た中国の産業発展――周辺性と生産財に注目して」『中国研究論叢』第8号，pp. 31-53.

─── (2012)「書評：駒形哲哉著『中国の自転車産業：「改革・開放」と産業発展』」『アジア経済』第53巻第4号，pp.146-150.

─── (2013)「書評：Ding, Ke著 *Market Platforms, Industrial Clusters, and Small Business Dynamics : Specialized Market in China*」『中国経済研究』第10巻第1号，pp. 142-146.

今井健一（2000）「中国の地方分権型産業政策――市場補完の意義と限界」丸川知雄編（2000）所収。

─── ・丁可編（2008）『中国――産業高度化の潮流』独立行政法人日本貿易振興機構アジア経済研究所。

植田浩史編著（2004）『「縮小」時代の産業集積』創風社。

─── ・立見淳哉編著（2009）『地域産業政策と自治体――大学院発「現場」からの提言』創風社。

─── ・三浦秀之（2012）「アジア域内の貿易と投資」浦田秀次郎・栗田匡相編著『アジア地域経済統合』勁草書房。

絵所秀紀（2013）「アジアの工業化とイノベーション――開発経済学からのアプローチ」馬場敏幸編『アジアの経済発展と産業技術――キャッチアップからイノベーションへ』ナカニシヤ出版所収。

エスカット，ユベール・猪俣哲史編著（2011）『東アジアの貿易構造と国際価値連鎖――モノの貿易から「価値」の貿易へ』日本貿易振興機構アジア経済研究所。

王穎琳（2013）「技術移転・産業政策・産業発展——中国紡織機械製造業における技術移転と形成」峰毅・王穎琳著『中国機械産業の発展——紡織機械とセメント機械の事例』東京大学社会科学研究所現代中国研究拠点．
大泉啓一郎（2013）「現実味を持ち始めた「タイプラスワン」——新興国・途上国市場を狙う新しいビジネスモデル」『日本総研　Research Focus』No. 2013-19．
大島一二・佐藤宏（1994）「中国農村経済の市場化と郷鎮企業「供銷員」の役割」『農村研究』79号，pp. 95-106．
大塚啓二郎他（2013）「産業集積と産業発展——日本と中国の経験と途上国」『中国経済研究』第10巻第2号，pp. 61-77．
大西康雄編著（2006）『中国・ASEAN経済関係の新展開——相互投資とFTAの時代へ』日本貿易振興機構アジア経済研究所．
大野健一・桜井宏二郎（1996）『東アジアの開発経済学』有斐閣．
大橋英夫（2009）「珠江デルタの専業鎮と産業集積」専修大学社会知性開発研究センター・中小企業研究センター編（2009）所収．
―――（2012）「産業・貿易工場の変化と発展方式の転換」大橋英夫編著（2012）所収．
―――・丸川知雄（2009）『中国企業のルネサンス』岩波書店．
―――編著（2012）『変貌する中国経済と日系企業の役割』勁草書房．
大原盛樹（2005）「浙江省の産地のものづくりと競争力」丸屋豊二郎・丸川知雄・大原盛樹（2005）所収．
岡部達味（1989）『中国近代化の政治経済学——改革と開放の行方を読む』PHP研究所．
尾上悦三（1971）『中国の産業立地に関する研究』アジア経済研究所．
岡本信広（2012）『中国の地域経済——空間構造と相互依存』日本評論社．
加藤弘之（1997）『中国の経済発展と市場化——改革・開放時代の検証』名古屋大学出版会．
―――（2003）『地域の発展』（シリーズ現代中国経済6），名古屋大学出版会．
―――・日置史郎編（2012）『中国長江デルタ産業集積地図』人間文化研究機構（NIHU）現代中国地域研究幹事拠点・早稲田大学現代中国研究所．
―――・渡邉真理子・大橋英夫（2013）『21世紀の中国　経済編　国家資本主義の光と影』朝日新聞出版．
―――編著（2012）『中国長江デルタの都市化と産業集積』勁草書房．
梶谷懐（2009）「「積極果敢な楽観主義者」としての地方政府——地方主導型経済発展の変容」『中国経済研究』第5巻第2号，pp. 47-60．
川上桃子（2007）「国際価値連鎖論の可能性と課題——木村誠志氏との対話を手がかりに」『商学論集』第76巻第2号，pp. 75-82．
―――（2012）『圧縮された産業発展——台湾ノートパソコン企業の成長メカニズム』名古屋大学出版会．
関志雄（2009）「中国における国内版雁行形態の展開——地域格差の是正と産業の高度化に寄与」『世界経済評論』8月号，pp. 28-32．
―――（2013）『中国　二つの罠——待ち受ける歴史的転機』日本経済新聞出版社．
―――・朱建栄・日本経済研究センター・清華大学国情研究センター編（2008）『中国の経

済大論争』勁草書房。
岸保行・内村幸司（2011）「転換期を迎えた中国・華南地域におけるものづくり——労務費追求の限界と拡大する中国市場への対応」『国際ビジネス研究』第 3 巻第 2 号，pp. 159-171.
木村福成（2009）「東アジア経済の新たな潮流と雁行形態論」池間誠編著（2009）所収。
―――・丸屋豊二郎・石川幸一編著（2002）『東アジア国際分業と中国』ジェトロ。
久保亨（1993）「内陸開発論の系譜」丸山伸郎編著（1993）所収。
―――（2009）「統制と開放をめぐる経済史」飯島渉・久保亨・村田雄二郎編（2009）所収。
―――（2013）「1950 年代の中国経済と日中関係」NIHU 現代中国研究拠点連携プログラム第 6 回国際シンポジウム『人民共和国史——今どこまで解明されるのか』報告論文。
―――編著（2012）『中国経済史入門』東京大学出版会。
黒田篤郎（2001）『メイド・イン・チャイナ』東洋経済新報社。
厳善平（2012）「労働需給と賃金上昇——現状と展望」大橋英夫編著（2012）所収。
小池洋一（2010）「グローバル・バリュー・チェーンと開発」『立命館経済学』第 58 巻第 5・6 号，pp. 1267-1278.
国民金融公庫総合研究所編（1992）『日本の雑貨製造業』中小企業リサーチセンター。
―――編（1995）『転機を迎えた地域経済——変わる地場産業の役割』中小企業リサーチセンター。
小島清（2003）『雁行型経済発展論』文眞堂。
―――（2009）「雁行型経済発展論——小島ヴァージョンの成果と課題」池間誠編著（2009）所収。
駒形哲哉（2004）「温州モデル研究の視角——中国経済の体制移行に寄せて」『三田学会雑誌』第 96 巻第 4 号，pp. 467-485.
―――（2005）『移行期中国の中小企業論』税務経理協会。
―――（2011）『中国の自転車産業——「改革・開放」と産業発展』慶應義塾大学出版会。
斎藤修（2008）『比較経済発展論　歴史的アプローチ』岩波書店。
坂本光司・山田伸顯編著（2008）『百均商品のふるさと——中国義烏ビジネス事情』同友館。
佐藤泰裕・田渕隆俊・山本和博（2011）『空間経済学』有斐閣。
佐藤幸人編（2012）『キャッチアップ再考』日本貿易振興機構アジア経済研究所調査報告書。
徐一睿（2011）「中国地方政府の「都市経営」から見る土地と財政」日本地方財政学会編『地方財政の理論的進展と地方消費税』（日本地方財政学会研究叢書 18），勁草書房。
新宅純二郎（2009）「東アジアにおける製造業ネットワーク——アーキテクチャから見た分業と協業」新宅純二郎・天野倫文編著（2009）所収。
―――・天野倫文編著（2009）『ものづくりの国際経営戦略——アジアの産業地理学』有斐閣。
末廣昭（2000）『キャッチアップ型工業化論——アジア経済の軌跡と展望』名古屋大学出版会。
―――（2003）『進化する多国籍企業——いま，アジアでなにが起きているのか？』岩波書店。

───（2005）「東南アジアの自動車産業と日本の多国籍企業──産業政策，企業間競争，地域戦略」工藤章・橘川武郎・グレン・D. フック編『現代日本企業 2　企業体制（下）秩序変容のダイナミクス』有斐閣．

───（2014）『新興アジア経済論──キャッチアップを超えて』岩波書店．

───他（2010）「東南アジア研究，工業化プロジェクト，企業と経営の研究」『アジア経済』第 51 巻第 5 号，pp. 49-81.

隅谷三喜男編著（1998）『隅谷三喜男産業経済論文選　第 3 巻　地域経済と中小零細産業』通商産業調査会出版部．

生活用品産業問題研究会編（1984）『生活用品ハンドブック』東洋法規出版．

関満博編著（2001）『アジアの産業集積──その発展過程と構造』日本貿易振興会アジア経済研究所．

瀬戸林政孝（2012）「在来綿業史」久保亨編著（2012）所収．

専修大学社会知性開発研究センター・中小企業研究センター編（2007）『国別実態調査報告書 2006 年　中国』専修大学社会知性開発研究センター／中小企業研究センター．

───・───編（2009）『中国の産業発展と中小企業』専修大学社会知性開発研究センター．

園部哲史（2010）「発展途上国の産業集積の立地と発展」園部哲史・藤田昌久編著（2010）所収．

───・大塚啓二郎（2004）『産業発展のルーツと戦略──日中台の経験に学ぶ』知泉書館．

───・藤田昌久編著（2010）『立地と経済発展──貧困削減の地理的アプローチ』東洋経済新報社．

高中公男（2000）『外国貿易と経済発展』（東アジア長期経済統計シリーズ 9），勁草書房．

竹内常善編（2004）『中国工業化の農村的基礎──長江下流域を中心に』名古屋大学東アジア工業化研究会．

田島俊雄（2002）「経済」松丸道雄・池田温・斯波義信・神田信夫・濱下武志編（2002）所収．

───編（近刊）『現代中国の農業・農村問題』東京大学出版会．

谷浦孝雄編（1988）『台湾の工業化──国際加工基地の形成』アジア経済研究所．

中小企業研究センター編（2001）『産地解体からの再生──地域産業集積「燕」の新たなる道』同友館．

───編（2003）『産地縮小からの反攻──新潟県ニットメーカーの多元・多様な挑戦』同友館．

張茜（2005）「中国「小商品市場」の形成と義烏市の発展経路」三井逸友編『地域インキュベーションと産業集積・企業間連携──起業家形式と地域イノベーションシステムの国際比較』御茶の水書房．

辻美代（2000）「繊維産業──輸出振興政策の帰結」丸川知雄編（2000）所収．

丁可（2005）「常熟アパレル産地の専業市場に関する一考察」『中国経営管理研究』第 5 号，pp. 57-82.

───（2007）「中国の対アフリカ消費財貿易」吉田栄一編（2007）所収．

―――（2008a）「アパレル産業の産業組織と競争力形成――産業集積とオーガナイザーの視点から」今井健一・丁可編著（2008）所収．

―――（2008b）「「市場」はなぜ中小企業活躍の舞台になれるのか？――雑貨産業にみる新興市場バリューチェーンの創出過程」今井健一・丁可編著（2008）所収．

―――（2011）「中国の地域経済発展と地方政府の役割――プラットフォーム経営者の視点から」佐々木智弘編『中国「調和社会」構築の現段階』日本貿易振興機構アジア経済研究所．

中井英基（1996）『張謇と中国近代企業』北海道大学図書刊行会．

中兼和津次（1990）「中国における集団農業の展開とその限界」毛利和子編（1990）所収．

―――（1999）『中国経済発展論』有斐閣．

―――（2002）『経済発展と体制移行』（シリーズ現代中国経済1），名古屋大学出版会．

―――（2012）『開発経済学と現代中国』名古屋大学出版会．

―――編著（2000）『現代中国の構造変動2　経済――構造変動と市場化』東京大学出版会．

西岡久雄・松橋公治編著（1990）『産業空間のダイナミズム――構造再編期の産業立地・地域システム』大明堂．

延岡健太郎・伊藤宗彦・森田弘一（2006）「コモディティ化による価値獲得の失敗――デジタル家電の事例」榊原清則・香山晋編著『イノベーションと競争優位――コモディティ化するデジタル機器』NTT出版．

日置史郎（2010）「中国における産業集積の立地パターン――江蘇省の郷鎮レベルの分析を中心に」『Tohoku Economics Research Group Discussion Paper』No. 255.

―――（2011）「地域開発政策の展開と産業・人口の集積」加藤弘之・上原一慶編著『現代中国経済論』ミネルヴァ書房．

平野健一郎・土田哲夫・村田雄二郎・石之瑜編（2011）『インタビュー戦後日本の中国研究』平凡社．

藤田昌久，ポール・クルーグマン，アンソニー・ベナブルズ（2000）『空間経済学――都市・地域・国際貿易の新しい分析』東洋経済新報社．

藤本隆宏（1997）『生産システムの進化論――トヨタ自動車にみる組織能力と創発プロセス』有斐閣．

―――・新宅純二郎編著（2005）『中国製造業のアーキテクチャ分析』東洋経済新報社．

弁納才一（2004）『華中農村経済と近代化――近代中国農村経済史像の再構築への試み』汲古書院．

馬欣欣（2012）「労働市場の多重構造と「ルイスの転換点」」大橋英夫編著（2012）所収．

松原宏（2006）『経済地理学――立地・地域・都市の理論』東京大学出版会．

松丸道雄・池田温・斯波義信・神田信夫・濱下武志編（2002）『世界歴史体系　中国史5』山川出版社．

丸川知雄（2001）「中国の産業集積　その形成過程と構造」関満博編著（2001）所収．

―――（2004）「温州産業集積の進化プロセス」『三田学会雑誌』，第96巻第4号，pp. 521-541.

―――（2007）『現代中国の産業――勃興する中国企業の強さと脆さ』中央公論新社．

―――（2008）「産業政策――高度化か比較優位か」関志雄・朱建栄・日本経済研究センター・清華大学国情研究センター編（2008）所収。
―――（2009a）「中国の「78年画期説」の再検討――工業の場合」『現代中国』Vol. 83, pp. 59-68.
―――（2009b）「広東省のステンレス食器産業集積」丸川知雄編著（2009）所収。
―――（2013）『チャイニーズ・ドリーム――大衆資本主義が世界を変える』筑摩書房。
―――編（2000）『移行期中国の産業政策』日本貿易振興会アジア経済研究所。
―――編著（2009）『中国の産業集積の探求』東京大学社会科学研究所現代中国研究拠点。
丸屋豊二郎（2000）「中国華南の産業集積とアジア国際分業の再編」丸屋豊二郎編著（2000）所収。
―――・石川幸一編著（2001）『メイド・イン・チャイナの衝撃――アジア12ヵ国・地域からの緊急リポート』ジェトロ（日本貿易振興機構）。
―――・阿部宏忠（2002）「中国の産業発展と海外直接投資」木村福成・丸屋豊二郎・石川幸一編著（2002）所収。
―――・丸川知雄・大原盛樹（2005）『メイド・イン・シャンハイ――躍進中国の生産と消費』岩波書店。
―――編著（2000）『アジア国際分業再編と外国直接投資の役割』日本貿易振興会アジア経済研究所。
丸山伸郎（1993a）「一九九〇年代の地域経済圏の発展方向」丸山伸郎編著（1993）所収。
―――（1993b）「終章」丸山伸郎編著（1993）所収。
―――編著（1993）『長江流域の経済発展――中国の市場経済化と地域開発』アジア経済研究所。
南亮進・馬欣欣（2009）「中国経済の転換点――日本との比較」『アジア経済』第50巻第12号, pp. 2-20.
―――・―――（2013）「中国労働市場の変貌と転換点」南亮進・牧野文夫・郝仁平編著（2013）所収。
―――・牧野文夫・郝仁平編著（2013）『中国経済の転換点』東洋経済新報社。
村上直樹（2013）「中国における出稼ぎ農村労働者とその帰郷――誰が残り，誰が戻るか？」『中国経済研究』第10巻1号, pp. 1-19.
孟健軍（2006）「適正規模の「地区」へ，地方行政組織の改革を」日本経済研究センター・清華大学国情研究センター編『中国の経済構造改革――持続可能な成長を目指して』日本経済新聞社。
毛里和子（2011）「現代中国は手に余るものになった」平野健一郎・土田哲夫・村田雄二郎・石之瑜編（2011）所収。
―――編（1990）『毛沢東時代の中国』（現代中国論1），日本国際問題研究所。
森路未央（2013）「中国での生産の一極集中からアセアンとの国際分業が加速"世界の第2工場"候補のベトナム・フィリピンでの萌芽的動き」『日刊通商弘報』2013年8月1日。
山口真美（近刊）「農家の就業行動――出稼ぎと地元兼業」田島編（近刊）所収。
山崎充（1977）『日本の地場産業』ダイヤモンド社。

吉岡英美（2010）『韓国の工業化と半導体産業――世界市場におけるサムスン電子の発展』有斐閣．
吉田栄一編（2007）『アフリカに吹く中国の嵐，アジアの旋風――途上国間競争にさらされる地域産業』日本貿易振興機構アジア経済研究所．
林毅夫・蔡昉・李周（渡辺利夫監訳・杜進訳）（1997）『中国の経済発展』日本評論社．
林松国（2009）『中国の産業集積における商業の役割――専業市場と広域商人活動を中心に』専修大学出版局．
―――（2012）「2000 年代以降における「温州モデル」の変化プロセスとその方向性――産業集積の視点から」『三田学会雑誌』第 105 巻第 3 号，pp. 153-178．
若杉隆平（2009）「オフショアリングと新たな国際分業――雁行型経済発展論の再考」池間誠編著（2009）所収．
渡邉真理子編著（2013）『中国の産業はどのように発展してきたか』勁草書房．
渡辺幸男（1997）『日本機械工業の社会的分業構造――階層構造・産業集積からの下請制把握』有斐閣．
―――（2004）「温州の産業発展試論――自立・国内完結・国内市場向け産業発展，その意味と展望」『三田学会雑誌』第 96 巻第 4 号，pp. 503-520．
―――（2007）「日本の産業発展の中国産業発展への示唆――機械工業の発展を中心に」『三田学会雑誌』第 100 巻第 2 号，pp. 443-469．
―――編著（2007）『日本と東アジアの産業集積研究』同友館．
―――（2009）「華南のステンレス製食器産地からの示唆――華南調査ノート」丸川知雄編著（2009）所収．
―――（2011）『現代日本の産業集積研究――実態調査と論理的含意』慶應義塾大学出版会．

【中国語】
蔡昉・王徳文・曲玥（2009）「中国産業昇級的大国雁陣模式分析」『経済研究』第 9 期，pp. 4-14．
―――・楊濤・黄益平編（2012）『中国是否跨越了劉易斯転折点』社会科学文献出版社．
陳洪才（2008）「中国小商品市場発源地与湖清門市場的興起」『義烏方志』季刊 1 号（義烏市政府 HP にて閲覧）．
陳新・叢国滋編（1990）『中国軽工業四十年（1949〜1989）』中国軽工業年鑑出版社．
程東昇・林桂文・呉一暁（1999）「古鎮灯飾名揚四海――来自古鎮灯飾一条街的報道」『広東大経貿』第 9 期，pp. 41-43．
《当代中国》叢書編輯委員会（1985）『当代中国的軽工業』中国社会科学出版社．
―――（1985）『当代中国的軽工業』上，中国社会科学出版社．
董碧霞（2005）「"灯都"一盞耀眼的灯――記中山温州商会」『温州瞭望』9 月，pp. 26-27．
工業和信息化部産業政策司・中国社会科学院工業経済研究所編（2012）『中国産業発展和産業政策報告（2012）――産業転移』経済管理出版社．
国家発展和改革委員会産業経済与技術経済研究所編（2013）『中国産業発展報告 2012〜2013――我国産業跨区域転移研究』経済管理出版社．

国家計画委員会市場物価司編（1993）『中国市場概覧』経済管理出版社．
範剣勇・李方文（2011）「中国製造業空間集聚的影响――一個総述」『南方経済』第 261 期，pp. 53-67.
費孝通（1987）『沿海六行』江蘇人民出版社．
―――（1999）『費孝通文集』第 10 巻，群言出版社．
馮根福・劉志勇・蔣文定（2010）「我国東中西部地区間工業産業転移的趨勢，特征及形成原因分析」『当代経済科学』第 32 巻第 2 期，pp. 1-10.
郭今吾主編（1986）『経済大辞典　商業経済巻』上海辞書出版社．
古鎮鎮灯飾行業協会（2012a）「中山市照明灯飾行業的現状与発展趨勢」内部資料．
―――（2012b）「古鎮灯飾産業概況」内部資料．
何栄飛（1989）『温州民間市場考察』人民出版社．
黄毅・羅衛東（2002）「規模経済，聯合兼併与企業家創新――温州楽清柳市鎮電器産業案例研究」史晋川・金祥栄・趙偉・羅衛東編著（2002）『制度変遷与経済発展――温州模式研究』浙江大学出版社．
黄祖輝・張棟梁編著（2007）『为什么是義烏』浙江人民出版社．
江世銀他（2010）『四川承接産業転移，推動産業結構優化昇級』経済管理出版社．
金明路・潘満紅（1997）「専業市場制度与浙江経済発展模式研討会綜述」『浙江経済』第 5 期，pp. 45-47.
金碚・呂鉄・鄭洲（2011）「中国工業結構転型昇級――進展，問題与趨勢」『中国工業経済』2 月号，pp. 5-15.
金祥栄（1996）「為什麼外国没有中国特有？――一種制度演進的路径依頼模式」『浙江社会科学』第 5 期，pp. 18.
塊状経済向現代産業集群転型昇級課題調研組（2010）「2009 年浙江省塊状経済調査報告」浙江省経済和信息化委員会報告書．
林白・金国文・周益林・胡方松編（1987a）『温州的市場』広西人民出版社．
―――・―――・―――・―――編（1987b）『温州的農民企業家』広西人民出版社．
李松志（2008）『珠江三角洲産業転移研究』中国社会科学出版社．
李中元編（2012）『中国中部地区発展報告（2012）　加快転変発展方式与中部崛起』社会科学文献出版社．
劉福剛・孟憲江主編（2010）『中国県域経済年鑑 2010』社会科学文献出版社．
劉世錦編（2008）『中国産業集群発展報告（2007-2008）』中国発展出版社．
楼玉華（2007）「義烏小商品低価運行的策略案排―基於対義烏中小企業的考察与分析」『中共浙江省委党校学報』第 6 期，pp. 59-63.
陸剣宝・梁琦（2011）「多元主体推動的産業集聚演進――中山古鎮灯飾産業集聚的案例」『広東専業鎮』第 3 号，pp. 27-32.
―――（2012）「広東製造業集聚転移博弈与産業空間結構演進」『広東科技』4 月号，pp. 66-71.
陸立軍・白小虎・王祖強（2003）『市場義烏』浙江人民出版社．
―――・王祖強（2008）『専業市場――地方型市場的演進』上海人民出版社．

―――編著（2006）『義烏商圏――从鶏毛換糖到国際商貿』浙江人民出版社.
羅衛東（1996）「専業市場的前景不容楽観」『浙江社会科学』第5期, pp. 25-27.
呂政（2001）「中国能成為世界的工廠嗎？」『中国工業経済』第11期, pp. 5-8, 21.
馬洪編（1982）『現代中国経済事典』中国社会科学出版社.
米増渝（2003）「論珠江三角洲専業鎮経済的発展――中山市古鎮灯飾専業鎮的個案分析」『中国農業大学学報（社会科学版）』第53期. pp. 37-44.
潘善庚（1988）『温州試験区』中国展望出版社.
彭澤益編（1957）『中国近代手工業史資料（1840-1949）』第3巻, 生活・読書・新知三聯書店.
裴長洪・黄速建編（2007）『浙江経験与中国発展』社会科学文献出版社.
軽工業部（1983）『二軽工業 集体工業 歴年統計資料（1949-1982）』内部印刷資料.
商務大全編委会編（2006a）『中国義烏――中国小商品城商務大全』Ⅰ, 中国青年出版社.
―――編（2006b）『中国義烏――中国小商品城商務大全』Ⅱ, 中国青年出版社.
―――編（2006c）『中国義烏――中国小商品城商務大全』Ⅲ, 中国青年出版社.
盛世豪・鄭燕偉（2004）『浙江現象』清華大学出版社.
申兆光・邝国良（2007）「広東中山古鎮灯飾産業集群模式研究」『改革与戦略』第171号, pp. 109-111.
史晋川・金祥栄・趙偉・羅衛東編著（2002）『制度変遷与経済発展――温州模式研究』浙江大学出版社.
王珺（2000）「論専業鎮経済的発展」『南方経済』No. 12, pp. 9-11, 39.
王雲平編著（2010）『産業転移和区域産業結構調整』中国水利水電出版社.
王中編（1983）『軽工業経済的組織与管理』軽工業出版社.
厳中平編（1955）『中国近代経済史統計資料選輯』中国社会科学出版社.
楊小川・寥容添（2006）「関於古鎮灯飾業的調研報告」『現代郷鎮』第7期, pp. 11-15.
楊宇帆（2010）『産業集群与区域品牌――古鎮灯飾集群研究』広東人民出版社.
義烏市工商行政管理局編（1992）『義烏市工商行政管理志』義烏市工商行政管理局.
―――編（2004）『義烏市工商行政管理志 1992-2002』義烏市工商行政管理局.
張公嵬・梁琦（2010）「産業転移与資源的空間配置効応研究」『産業経済評論』第9巻第3輯, pp. 1-21.
張偉（2011）「2010年度中国照明行業発展研究報告」『中国照明電器』第7期, pp. 1-5.
張文学・朱恒興編（1993）『義烏小商品市場研究――社会主義市場経済在義烏的実践』北京群言出版社.
浙江省二軽工業志編纂委員会編（1998）『浙江省二軽工業志』浙江人民出版社.
浙江省商業庁商業史編輯室編（1990）『浙江当代商業史』浙江科学技術出版社.
浙江省統計局・国家統計局浙江調査総隊編（2010）『浙江60年統計資料滙編』上・下, 中国統計出版社.
浙江省政協文史資料委員会編（1997）『小商品 大市場――義烏中国小商品城創業者回憶』浙江人民出版社.
鄭勇軍・袁亜春・林承亮編著（2002）『解読"市場大省"――浙江専業市場現象研究』浙江

大学出版社。
中共義烏市委党史研究室（2005）『中国共産党義烏市歴次代表大会文件選編』上・下，中央文献出版社。
《中国軽工業輝煌 60 年》編輯弁公室編（2009）『中国軽工業輝煌 60 年』中国軽工業联合会・中華全国手工業合作総社。
《中国軽工業年鑑》編輯部編（1985）『中国軽工業年鑑 1949～84』軽工業出版社。
―――編（1986）『中国軽工業年鑑 1986』軽工業出版社。
―――編（2011）『中国軽工業年鑑』2011 年版。
中国社会科学院工業経済研究所（2003）『中国工業発展報告 2003――世界分工体系中的中国製造業』経済管理出版社。
―――（2008）『中国工業発展報告 2008――中国工業改革開放 30 年』経済管理出版社。
―――（2011）『中国工業発展報告 2011――中国工業的転型昇級』経済管理出版社。
―――（2012）『中国工業発展報告 2012――"十二五"開局之年的中国工業』経済管理出版社。
中共中央党校教務部編（2003）『十一届三中全会以来党和国家重要文献選編』上，中共中央党校。
中国社会科学院工業経済研究所課題組（2010）「"十二五"時期工業結構調整和優化昇級研究」『中国工業経済』第 262 期。
中国社会科学院浙江経験与中国発展研究課題組（2007）『浙江経験与中国発展 科学発展観与和諧社会建設在浙江【政府管理巻】』社会科学出版社。
中華全国手工業合作総社・中共中央党史研究室編（1992）『中国手工業合作化和城鎮集体工業的発展』第 1 巻，中共党史出版社。
―――編（1994）『中国手工業合作化和城鎮集体工業的発展』第 2 巻，中共党史出版社。
―――編（1997）『中国手工業合作化和城鎮集体工業的発展』第 3 巻，中共党史出版社。
中華人民共和国国家経済貿易委員会編（2000）『中国工業五十年』第 6 部上巻，中国経済出版社。
中華人民共和国商務部（2008）『小商品分類与代碼』中国標準出版社。
中山市古鎮鎮経済貿易辦公室（2006）「中山市古鎮灯飾産業集群」『現代郷鎮』第 1 期，pp. 20-22.
周陽敏（2011）「回帰式産業転移与集群昇級研究――対固始銀針産業集群的案例実証」『産経評論』第 6 期，pp. 20-31.
―――・髙友才（2011）「回帰式産業転移与企業家成長――"小温州"固始当代商人崛起実証研究」『中国工業経済』第 278 号，pp. 139-148.
朱柏青・水寿傑・王志運他著（1989）『十万供銷大軍』上海交通大学出版社。

【英語】

Akamatsu, Kaname（1962）"A Historical Pattern of Economic Growth in Developing Countries," *The Developing Economies*, 1（1, Preliminary）: 3-25.
Asian Development Bank（2013）*Beyond Factory Asia : Fuelling Growth in a Changing World*,

Background Paper for the Asian Development Bank 2013 Annual Meeting Governor's Seminar, Manila : Asian Development Bank.

Baldwin, Richard and Rikard Forslid (2014) "The Development and Future of Factory Asia," in Benno Ferrarini and David Hummels ed., *Asia and Global Production Networks : Implications for Trade, Incomes and Economic Vulnerability*, Cheltenham : Edward Elgar.

Barbieri, Elisa et al. (2010) "Industrial Development Policy and Innovation in Southern China : Government Targets and Firms' Behaviour," *European Planning Studies*, 18 (1) : 83-105.

Bramall, Chris (2007) *The Industrialization of Rural China*, Oxford : Oxford University Press.

Blazquez-Lidoy et al. (2006) "Angel or Devil? China's Trade Impact on Latin American Emerging Markets," OECD Development Centre, Working Paper No. 252.

Breznitz, Dan and Michael Murphree (2011) *Run of the Red Queen : Government, Innovation, Globalization, and Economic Growth in China*, New Haven and London : Yale University Press.

Cai, Fang (2010) "Demographic Transition, Demographic Dividend, and Lewis Turning Point in China", *China Economic Journal*, 3 (2) : 107-119.

Chan, Kam Wing, Vernon Henderson and Kai Yuen Tsui (2008) "Spatial Dimensions of Chinese Economic Development," in Loren Brandt and Thomas Rawski ed., *China's Great Economic Transformation*, New York : Cambridge University Press.

Chen, Baizhu and Yi Feng (2000) "Determinants of Economic Growth in China : Private Enterprise, Education, and Openness," *China Economic Review*, 11 (1) : 1-15.

Collier, Paul (2007) *The Bottom Billion : Why the Poorest Countries Are Failing and What Can Be Done About It*, New York : Oxford University Press（中谷和男訳『最底辺の10億人――最も貧しい国々のために本当になすべきことは何か？』日経BP社，2008年）．

Cui, Zhiyuan (2003) "China's Export Tax Rebate Policy," *China : An International Journal*, 1 (2) : 339-349.

Ding, Ke (2006) "Distribution System of China's Industrial Cluster : Case Study of Yiwu China Commodity City," IDE-JETRO, Discussion Paper, No. 75.

――― (2012) *Market Platforms, Industrial Clusters and Small Business Dynamics : Specialized Market in China*, Cheltenham : Edward Elgar.

Dinh, H. T. et al. (2012) *Light Manufacturing in Africa : Targeted Policies to Enhance Private Investment and Create Jobs*, Washington, D. C. : The World Bank.

Fah, Daniel (2008) "Markets, Value Chains and Upgrading in Developing Industrial Clusters," Diploma Thesis of Department of Geography, University of Zurich.

Fan, C. Cindy and Allen J. Scott (2003) "Industrial Agglomeration and Development : A Survey of Spatial Economics Issues in East Asia and a Statistical Analysis of Chinese Regions," *Economic Geography*, 79 (3) : 295-319.

Fujita, Masahisa and Takatoshi Tabuchi (1997) "Regional Growth in Postwar Japan," *Regional Science and Urban Economics*, 27 (6) : 643-670.

―――, Tomoya Mori, J. Vernon Henderson and Yoshisugu Kanemoto (2004) "Spatial Distribution of Economic Activities in Japan and China," in J. V. Henderson and J. F. Thisse, ed., *Handbook of Regional and Urban Economics*, Vol. 4.

Gallagher, K. P., J. C. Moreno-Brid and Roberto Porzecanski (2008) "The Dynamism of Mexican Exports: Lost in (Chinese) Translation?" *World Development*, 36(8): 1365-1380.

Ganne, Bernard and Yveline Lecler, ed. (2009) *Asian Industrial Clusters, Global Competitiveness and New Policy Initiatives*, Singapore: World Scientific.

Gao, Ting (2004) "Regional Industrial Growth: Evidence from Chinese Industries," *Regional Science and Urban Economics*, 34(1): 101-124.

Gao, Yuning (2012) *China as the Workshop of the World: An Analysis at the National and Industrial Level of China in the International Division of Labor*, New York: Routledge.

Greenaway, David, Aruneema Mahabir and Chris Milner (2008) "Has China Displaced Other Asian Countries Exports?" *China Economic Review*, 19(2): 152-169.

Hanson, Gordon (1998) "Regional Adjustment and Trade Liberalization," *Regional Science and Urban Economics*, 28(4): 419-444.

―――― and Raymond Robertson (2010) "China and the Manufacturing Exports of Other Developing Countries," in Robert Feenstra and Shangjin Wei, ed., *China's Growing Role in World Trade*, Chicago: The University of Chicago Press.

Henderson, J. Vernon (1997) "Externalities and Industrial Development," *Journal of Urban Economics*, 42(3): 449-470.

Huang, Yasheng (2008) *Capitalism with Chinese Characteristics: Entrepreneurship and the State*, Cambridge: Cambridge University Press.

―――― (2009) "Private Ownership: The Real Source of China's Economic Miracle," *The McKinsey Quarterly*, 1: 149-155.

Ito, Asei (2011) "Agglomeration Economies with Heterogeneous Firms in China: Evidence from Firm-level Data in 2007," 『社会科学研究』63巻3号, pp. 121-141.

Kimura, Fukunari and Mitsuyo Ando (2003) "Fragmentation and Agglomeration Matter: Japanese Multinationals in Latin America and East Asia," LAEBA Working Paper, No. 12.

Komiya, Ryutaro (1987) "Japanese Firms, Chinese Firms: Problems for Economic Reform in China Part 1," *Journal of the Japanese and International Economies*, 1(1): 31-61.

Lin, Justin Yifu (2011) "From Flying Geese to Leading Dragons: New Opportunities and Strategies for Structural Transformation in Developing Countries," The World Bank Policy Research Working Paper, No. 5702.

Lin, Justin Yifu and Yang Yao (2001) "Chinese Rural Industrilization in the Context of the East Asian Miracle," in J. E. Stiglitz and S. Yusuf, eds., *Rethinking East Asia Miracle*, Oxford: Oxford University Press.

Long, Cheryl and Xiaobo Zhang (2011) "Patterns of China's Industrialization: Concentration, Specialization, and Clustering," *China Economic Review*, 23(3): 593-612.

Mano, Yukichi and Keijiro Otsuka (2000) "Agglomeration Economies and Geographical Concentration of Industries: A Case Study of Manufacturing Sectors in Postwar Japan," *Journal of the Japanese and International Economies*, 14(3): 189-203.

Marukawa, Tomoo (2009) "The Emergence of Industrial Clusters in Wenzhou, China," in Bernard Ganne and Yveline Lecler, ed. (2009).

Milberg, William and Deborah Winkler (2010) "Trade, Crisis, and Recovery : Restructuring Global Value Chains," in Oliver Cattaneo, et al., ed., *Global Value Chains in a Postcrisis World : A Development Perspective*, Washington, D. C : The World Bank.

Naughton, Barry (1995) *Growing Out of the Plan : Chinese Economic Reform, 1978-1993*, Cambridge : Cambridge University Press.

―――― (2006) *The Chinese Economy : Transitions and Growth*, Cambridge : MIT Press.

OECD (2010) *OECD Territorial Reviews : Guangdong, China 2010*, OECD Publishing.

Oi, Jean (1993) *Rural China Takes Off : Institutional Foundations of Economic Reform*, Berkeley : University of California Press.

Ottaviano, Gianmarco and Diego Puga (1998) "Agglomeration in the Global Economy : A Survey of the 'New Economic Geography'," *The World Economy*, 21(6) : 707-731.

Pomeranz, Kenneth (2013) "Labour-intensive industrialization in the rural Yangzi Delta : Late impetial patterns and their modern fates," in Gareth Austin and Kaoru Sugihara, ed., *Labour-Intensive Industrialization in Global History*, London and New York : Routledge.

Puga, Diego (1999) "The Rise and Fall of Regional Inequalities," *European Economic Review*, 43(2) : 303-334.

―――― and Anthony Venables (1996) "The Spread of Industry : Spatial Agglomeration in Economic Development," *Journal of the Japanese and International Economies*, 10(4) : 440-464.

Qian, Yinyi and Cherggang Xu (1993) "Why China's Economic Reform Differ : The M-form Hierachy and Entry / Expansion of the Nonstate Sector," *The Economics of Trarsition*, 1(2), pp. 137-170

Ruan, Jianqing and Xiaobo Zhang (2010) "Do Geese Migrate Domestically? Evidence from the Chinese Textile and Apparel Industry," IFPRI Discussion Paper, No. 01040.

Sugihara, Kaoru (2007) "Labour-intensive Industrialization in Global History," *Australian Economic History Review*, 47(2) : 121-154.

Taguchi, Hiroyuki (2011) "Trade Integration of Thailand with the Greater Mekong Sub-region : An Assessment Using the Gravity Model of Trade," PRI Discussion Paper Series, No. 11 A-08.

―――― , Daisuke Matsushima and Kazunobu Hayakawa (2014) "The Emerging Production Network in Mekong Region," *International Journal of Trade and Global Markets*, 7(1) : 18-35.

Tomiura, Eiichi (2003) "Changing Economic Geography and Vertical Linkages in Japan," *Journal of the Japanese and International Economies*, 17(4) : 561-581.

Wang, Jici (2009) "New Phenomena and Challenges of Clusters in China in the New Era of Globalization," in Bernard Ganne and Yveline Lecler, ed. (2009).

Wang, Jun (2009) "Interaction and Innnovation in Cluster Development : Some Experiences from Guangdong Province, China," in Bernard Ganne and Yveline Lecler, ed. (2009).

Wu, Yuan-Li (1967) *The Spatial Economy of Communist China : A Study on Industrial Location and Transportation*, New York : Frederick A. Praeger Publishers.

Xinhua News Agency (2004) "Call China Workshop Instead of World Factory," April 26 (http://www1.china.org.cn/english/features93993.htm).
Zhang, Kevin Honglin, ed. (2006) *China as the World Factory*, New York : Routledge.

【インターネットサイト】
①中国語
鳳凰網：http://finance.ifeng.com/
国家統計局：http://www.stats.gov.cn/
科技日報：http://www.stdaily.com/kjrb/
銭江晩報：http://qjwb.zjol.com.cn/
人民網：http://www.people.com.cn/
新華社：http://www.xinhuanet.com/
義烏商報：http://www.ywnews.cn
義烏市市場貿易発展局：http://scfzj.yiwu.gov.cn/
義烏市統計局：http://tjj.yiwu.gov.cn/sqgy/
義烏市政府：http://www.yw.gov.cn/
義烏小商品指数：http://www.ywindex.com/
義烏新聞網：http://www.ywnews.cn/
義烏中国小商品城網：http://www.onccc.com/
浙江大学：http://www.zju.edu.cn/
浙江在線：http://www.zjol.com.cn/
中国広播網：http://www.cnr.cn/
中国小商品城集団：http://www.cccgroup.com.cn/
中国新聞網：http://www.chinanews.com/
中山市地情信息庫：http://www.zsda.gov.cn/html/zsdq/
中山市古鎮鎮人民政府：http://www.zsguzhen.gov.cn/
中山市古鎮鎮商会：http://www.gzcoc.cn/
中山市照明電器行業協会：http://www.zslia.com/
②日本語
聞蔵Ⅱビジュアル：http://database.asahi.com/library2/
長江・珠江デルタ産業集積地図集（科研費成果 HP，基盤研究 A，代表者加藤弘之）：http://www.econ.tohoku.ac.jp/~hioki/homepage/kato_kaken_hp/root/index.htm
日経テレコン：http://t21.nikkei.co.jp/
日本照明器具工業会：http://www.jlassn.or.jp/
ヨミダス文書館：http://www.yomiuri.co.jp/database/
EMSOne：http://www.emsodm.com
③英語
UN Comtrade：http://comtrade.un.org/
UNCTAD（国際連合貿易開発会議）：http://unctad.org/

UNIDO（国際連合工業開発機関）：http://www.unido.org/
WTO（世界貿易機関）：http://www.wto.org/

あとがき

　本書は中国の草の根の産業集積の形成と変動を辿ることで「世界の工場」とまで呼ばれた中国経済の発展パターンを展望しようとしたものである。大きな問題意識から時代を問う，現地資料と現地調査を積極的に活用する，最後は自説を明確に打ち出すという方針で執筆に取り組んだ。目下，「中国製造2025」政策に見られるような先進分野における産業政策とサービス産業の成長，またもう一方での投資効率の低下や労働人口の減少が注目を集めているが，本書では中国の地域産業の姿から製造業と関連サービス業も含めた中国産業の等身大の姿を描こうと試みた。

　本書の分析から示されるのは，改革開放期の市場経済化と対外開放の中で，国内市場に立脚した民営企業群が，商業と工業の両面から立ち現れてきたことと，この過程で地方政府の役割に加えて，周辺地域の関連産業との連関も重要であったこと，そして近年例えば産業立地の面での再編が起きつつあることである。近年の変化を単純な地域産業の衰退と位置づけることは難しい。そして結論として改革開放期に形成された有力な産業集積が，環境の変化の中で既存の産業連関と集積の特徴をもとにした再編と拡張を遂げつつある，という先行研究にはない仮説的な展望を示した。踏み込んだ事例研究は二つに限られ，また地方財政や企業の生産性向上に関わる論点など，検討できなかった論点も少なくない。多くの課題が残されていることは疑いないが，本書の議論については読者の評価を待ちたい。少なくとも，「世界の工場＝中国の時代はもう終わった」という日本においてある種のステレオタイプになりつつある認識を省みるきっかけを，本書が提供できたなら，それは筆者にとって望外の喜びである。

　本書の執筆にあたっては，現地調査の着手の段階，いやそれ以前から，数多くの方々にご支援をいただいた。長くなってしまうが，ここに感謝の念を記すことをお許しいただきたい。

　修士課程在籍時，一般財団法人霞山会派遣・中華人民共和国政府奨学生とし

て北京の中国人民大学に1年間留学する機会を得た。人民大学で東北出身の標準的な発音の教師に学ぶ機会を得て，その後の現地調査に必要となる中国語を多少なりとも身に着けることができた。人民大学ではある学生に「中国人でも中国経済がわからないのに，君（外国人）に果たしてわかるのかな？」と率直に言われたことが胸に残る。滞在時には星野真先生に書店めぐりをはじめとした研究の手ほどきをしていただき，またこの分野の大先輩である加藤弘之先生，大原盛樹先生，渡辺真理子先生に初めてお目にかかったのもこの時の北京だった。寮の919号室のルームメイトとして出会った Lee Byung-ho さんはミシガン大学博士課程からの留学中で，父同士が知り合いという信じがたい縁があったほか，彼のおかげで部屋では英語で朝まで議論，外では中国語で生活という充実した留学生活を謳歌できた。

　帰国後は修士論文執筆にあたって，渡辺幸男先生，植田浩史先生，北村洋基先生，駒形哲哉先生より，企業調査を帰納的にどうまとめ，どのような示唆を引き出すべきかご指導をいただいた。渡辺先生の破壊的なコメントと植田先生の緻密なコメントを毎月，場合によっては毎週の研究報告で得ることで，論文を自ら組み立てる力を深めることができた。ある日，ゼミで義烏市場の存在理由をうまく説明できなかった私に対して，口数の少ない北村先生が「存在するものは合理的である」とヘーゲルの言葉を引かれたことは特に印象深かった。また日本中小企業学会の東部部会と全国大会での活発な議論から得るものも大きかった。現地調査に際しては，上海社会科学院の雷新軍先生，稠州商業銀行の陳向紅さん，日系買い付け事務所経営者の飯村司さん，松村勉さん，現地メーカー総経理の Kirk Lau さんには，調査のたびに大変お世話になった。現地にて時間をとっていただいた多くの企業家の方々に感謝したい。

　博士課程では，慶應義塾大学経済学研究科にて引き続き諸先生方のご指導をいただいたが，それに加えて神戸大学の加藤弘之先生の科研プロジェクトに声をかけていただき，その後，研究会の席にて中兼和津次先生，梶谷懐先生，陳光輝先生，日置史郎先生，藤井大輔先生，橋口善浩先生から多くのコメントを頂戴した。また慶應義塾大学産業研究所の松浦寿幸先生の計量分析講座を受講できたことも貴重な機会となった。博士課程2年時には，筆者の唐突なお願い

にもかかわらず，丸川知雄先生に広州の中山大学管理学院の符正平先生をご紹介いただき，符先生のご尽力により2011年に再度の中国留学が実現した。猛暑の広州，中山大学では符先生や空間経済学の梁琦先生のゼミに参加し，珠江デルタでの現地調査にも同行して，各地域の動向をこの目で見ることができた。研究室を訪ねて広東省の産業集積に関する情報が限られていると嘆く私に対して，符先生は「あれは見たか？　これはやったか？　こうすればある程度の規模はわかる」などと懇切丁寧にご指導いただいたことは忘れがたい。当時の同窓である陸剣宝氏とは，その後もたびたび珠江デルタの産業集積を共同で調査する仲となり，欠かせない研究パートナーとなって今に至る。また大学院時代には先輩の野田顕彦さん，徐一睿さん，同窓の大滝英生さん，前田廉孝さん，白鳥潤一郎さん，陳傑さんとの議論や雑談から常に刺激を受けることができた。

　いつまで研究を続けられるかわからなかった私だが，博士課程満期退学後には人間文化研究機構（NIHU）の「現代中国地域研究」プロジェクトの派遣研究員として，東京大学社会科学研究所にて研究に従事するという幸運を得て，望みうる最高の環境で本書の最終的なとりまとめを行うことができた。NIHUのプロジェクトでは，丸川知雄先生，田島俊雄先生，末廣昭先生，グレゴリー・ノーブル先生，大泉啓一郎先生，宮島良明先生，田口博之先生，助川成也先生，加島潤先生にお世話になったほか，政治学の高原明生先生，近現代史の川島真先生のご研究にも接することができた。学外ではプロジェクトリーダーである天児慧先生，実務を担当する鄭成先生，張望先生をはじめ，早稲田大学，京都大学，慶應義塾大学，愛知大学，東洋文庫，法政大学，神戸大学の各研究機関の先生方と各研究員から刺激をいただくことで，中国経済研究を超えた日本の中国研究全体についての見取り図を感じることができた。NIHUはインド地域とイスラーム地域についても同様の大型プロジェクトを実施しており，年1回ではあったが，他地域の研究員と丸一日議論する機会があったことは，中国研究すらを相対化して見る貴重な機会となった。NIHU本部から日々サポートしていただいた中尾正義先生と昆雅史さんに感謝したい。さらに経済産業研究所の若杉隆平先生には中国経済研究のプロジェクトにお声をかけていただき，藤田昌久先生からコメントをいただく機会を得たほか，張紅咏先生からも折に

触れて実証分析に関わるアドバイスを頂戴した。

　改めて振り返ってみると，上記のような幸運の連続の中で，所属機関と分野，そして国を問わず，多くの先生方からのご指導と励ましをいただき，また現地調査やデータの入手と分析が徐々に可能となったことによってはじめて本書を仕上げることができた。そのお一人お一人に，心より感謝を申し上げたい。中でも慶應義塾大学経済学部の3年時から現在までお世話になっている駒形哲哉先生には，研究の入り口に立つうえでの思考力を鍛えていただき，また現場から着想を得る研究を自ら実行するために必要不可欠な条件について，折に触れてご指導いただいた。考えぬく思考力と根気，そして一社会人としての常識を厳しく求める駒形ゼミで学べたことは，私にとっての誇りである。これからも変わらぬ厳しいご指導を賜りたい。

　現地調査を実施するうえでは小泉信三記念大学院特別奨学金，松下幸之助記念財団研究助成，日本学術振興会特別研究員奨励費（11J03422）および科学研究費補助金（24830024，26780140）から得た研究資金に感謝したい。本書は慶應義塾大学経済学研究科に提出した博士論文に修正と加筆を加えたものである。本書は慶應義塾大学経済学研究科に提出した博士論文に修正と加筆を加えたものである。また初出は以下の通りである。転載を快諾いただいた関係各位に感謝する。

第1章
「「専門市場」から見た中国の産業発展——周辺性と生産財に注目して」『中国研究論叢』中国研究論叢編集委員会・財団法人霞山会，第8号，2008年。

第2章
「「義烏」のジレンマと発展のダイナミクス——安物雑貨供給システムとしての発展」『三田学会雑誌』第103巻第1号，2010年。
「中国雑貨産業ハブ「義烏」の競争優位とインパクト——なぜ彼女はドバイを中抜きしたのか？」『日本中小企業学会論集』第30巻，2011年。
「「闇市」から「雑貨の殿堂」へ——義烏市から見る中国の地域経済発展」

加藤弘之編『中国長江デルタの都市化と産業集積』勁草書房，2012 年。

第 3 章

「珠江デルタにおける「産地」の形成と拡張——中国広東省・照明器具産業の事例」『三田学会雑誌』第 105 巻第 3 号，2012 年。

第 4 章

「中国沿海部の産業移転動向——「国内版雁行形態」の実証分析」『中国経済研究』第 10 巻第 1 号，2013 年。

出版に際しては東京大学社会科学研究所・現代中国研究拠点から出版補助を頂戴した。そして名古屋大学出版会の橘宗吾さんにお声をかけていただき，同会の三木信吾さんから度重なる励ましに加えて，細部にわたる調整と修正，そして写真の掲載にお力添えいただいた。校正段階では同会の長畑節子さんの丁寧な指摘にも感謝したい。本書に読みやすい，見やすい箇所がいくらかでもあったとすれば，それはお二人のご尽力による。ここに篤く御礼を申し上げる。

最後に，家族に感謝したい。韓国朝鮮研究を続ける父・亞人と国際経済学に取り組む兄・萬里，企業家精神に富む母・雅子と無尽蔵の活力の源である姉・薫夜に囲まれ，そして励まされ，常に前向きに研究に取り組むことができた。忙しくまた慣れない環境の中，絶えず出版に向けた作業を励ましてくれた妻の由賀にも感謝し，またこれからも変わらぬ支援をお願いしたい。

2015 年 11 月

伊 藤 亜 聖

図表一覧

写真 2-1　義烏市場内の髪飾り売り場 …………………………………… 63
写真 2-2　義烏市内最大規模の靴下メーカーの工場内 ………………… 68
写真 2-3　義烏市内の工場が参照していた中間財の見本例 …………… 72
写真 2-4　義烏市内のある家での委託加工（キューピー人形組み立て） … 76
写真 2-5　義烏市場内のラテンアメリカ向けの買い付け事務所の広告 … 87
写真 2-6　新光飾品董事長兼人民代表・周暁光氏と温家宝氏 ………… 102
写真 3-1　古鎮中心部，照明器具メーカーのショールーム …………… 117
写真 3-2　プラスチック，金属製でデザイン性を売りにした照明 …… 125
写真 3-3　古鎮内の部品卸売市場の一つ ………………………………… 129
写真 3-4　中型メーカー G 社の照明器具用基板生産ライン …………… 141

図序-1　主要国の工業製品輸出額の世界シェア推移（1900〜2014 年）……… 8
図序-2　アジア諸国の労働集約的製品の輸出特化指数推移（1985〜2011 年）… 13
図 1-1　戦前期輸出額に占める手工業製品の割合（1912〜37 年）……… 32
図 1-2　一部雑貨製品の生産量推移（1952〜82 年）……………………… 37
図 1-3　浙江省と広東省における第二軽工業企業と郷鎮工業企業の平均従業員数（1949〜92 年）……………………………………………………………………………… 40
図 2-1　全国，浙江省，義烏市の経済成長率（1979〜2008 年）………… 55
図 2-2　全国，浙江省，義烏市の産業構造の変化（1978〜2008 年）…… 56
図 2-3　義烏市場と調達元・仕向地の概念図（2005 年）………………… 60
図 2-4　外国人バイヤーの義烏市場評価（算術平均）（2010 年）………… 83
図 2-5　外国人バイヤーの義烏市場評価（優先順位）（2010 年）………… 83
図 2-6　浙江省産業集積群の連関概念図 …………………………………… 89
図 3-1　古鎮照明器具産業の部品・生産・流通の流れ（2010 年頃）…… 131
図 4-1　沿海部と二大デルタ地域の全国工業生産額に占めるシェア（1952〜2011 年）… 151
図 4-2　都市と農村における私営企業の賃金差（2011 年）……………… 154
図 4-3　東部 10 省合計シェア変化と KL 比率 …………………………… 163
図 4-4　東部各省シェア変化と KL 比率 …………………………………… 163
図 4-5　広東省市レベル産出額シェアの変化（文化教育スポーツ用品製造業）（2003〜10 年）…………………………………………………………………………… 174
図 4-6　広東省市レベル産出額シェアの変化（工芸品・その他製造業）（2003〜10 年）… 175
図 4-7　内陸都市の輸出額推移（1999〜2012 年）………………………… 177
図 4-8　河南省鄭州市の輸入国推移（2007〜12 年）……………………… 178

表序-1	中国および各国・地域の労働集約的製品の世界シェア（1995～2014年）	12
表序-2	中国の労働集約的産業の概況（2010年）	15
表序-3	一部雑貨製品の生産量推移および主要生産地域（1980～2010年）	16
表序-4	紡織・アパレルと雑貨産業の生産額推移（2003～10年）	18
表1-1	計画経済期の第二軽工業の概況（1957～78年）	35
表1-2	第二軽工業生産額の分布（沿海部のみ抜粋，1952～89年）	38
表1-3	浙江省第二軽工業の業種別従業員数（1952～90年）	42
表1-4	浙江省の上位25産業集積の概要（2009年）	47
表1-5	広東省の上位25「専業鎮」産業集積（鎮レベル，2011年）	49
表2-1	義烏市場発展の概況（1982～2010年）	57
表2-2	義烏市内の主要卸売市場と専業街（2010年時点）	58
表2-3	義烏市の工業・卸売企業の概況（2004年時点）	64
表2-4	義烏市場内企業の売り上げ別輸出先（2005年時点）	69
表2-5	ブース経営主の分布と直売ブース比率（2006年時点）	70
表2-6	義烏市場内ブースの新製品販売（2007年10月時点）	73
表2-7	義烏市党大会の主要報告の概要と同時期の集積関連政策（1984～2003年）	96
表2-8	「義烏指数」に含まれる製品の主要産地の分布（2008/15年）	99
表3-1	中国照明器具産業の概況（2010年）	110
表3-2	広東省内の照明器具法人メーカーの分布（2004年）	111
表3-3	古鎮照明器具メーカーの推移（1985～2010年）	114
表3-4	古鎮灯飾博覧会の概況（1999～2011年）	116
表3-5	古鎮における照明器具卸売市場（2010年時点）	117
表3-6	古鎮の一定規模（年間販売収入500万元）以上企業の工業生産額推移（2001～10年）	118
表3-7	古鎮の工業の状況（2008～10年）	119
表3-8	古鎮産業集積の形成と発展	120
表3-9	調査企業の概況	123
表3-10	調査企業の生産業務の内製状況	128
表4-1	中国4地域別の労働集約的産業とエレクトロニクス産業の総生産額分布変化（2005～09年）	152
表4-2	分析対象	161
表4-3	各変数の記述統計量	162
表4-4	全国の推計結果（2005～10年）	165
表4-5	地域別推計の結果（2005～10年）	167
表4-6	広東省における産業移転関連の政策・計画リスト（2002～09年）	171
表4-7	広東省の主要産業移転園区のリスト（2008年時点）	173
表4-8	鄭州市の輸入品目の構成変化（2010～12年）	179
補表	地域別推計（省ダミー込）	181

索 引

ア 行

アメリカ　8, 82
Eコマース　97
イラク　82, 86
イラン　82, 86, 122
インド　74, 82
インドネシア　14
インフラストラクチャー　69, 81, 169, 171
永康（市）　48, 89, 93
エージェント　67, 76
エジプト　82
沿海地区発展戦略　5
大田区　21
卸売市場　24, 46, 53, 55-56, 70-72, 79-80, 84, 93, 113, 117, 129-130, 136, 144, 185
温家宝　102
温州（市）　24-25, 38, 42, 50, 55, 61, 88-91, 93-94, 98, 113, 115, 118, 121, 130, 132-133, 136, 139, 150, 186, 191
温州モデル　24
温嶺（市）　47-48

カ 行

外国直接投資　6, 8
外資企業　5, 17, 108, 139, 198
金型産業　90
河南（省）　98-99, 143, 176
河北（省）　98-99
雁行型モデル　7, 186
雁行形態　153-154, 156-157, 197
　国内版——　149-150, 153, 155-156, 159-160, 168-169, 180, 186
韓国　72, 85, 177, 199
広東（省）　19, 26, 31, 37, 39, 46, 48, 50, 91, 107, 109-110, 126, 129-131, 133, 138, 142-143, 171, 185-188
簡便化開発　90
義烏（市）　26, 48, 53-79, 81-103, 115, 187-188, 190, 192, 195
　——指数　98-99
　——システム　53, 61-62, 65-66, 69-70
　「——商圏」　60-61
　——中国小商品城（集団）　53, 55, 95
機械化　31, 127, 159
供給不足　25, 44, 50, 88, 185
行政的な垂直性　193
空間経済学　20
空間的な重層性　27, 53, 192, 195
グローバルバリューチェーン　194
計画経済　23, 25, 31-39, 43, 45, 50, 88-89, 91, 93, 95, 132, 185, 193
軽工業化　31
景徳鎮　130
「鶏毛換糖」　90-92, 94
経路依存　92, 180
ケニア　82, 85
工業基盤　92, 111, 136, 169, 193
工業情報化部　19, 155
広州（市）　49, 74, 142, 172
「興商建市」　95-96
江西（省）　38, 98-99, 130-131, 138
広西（省）　74
江蘇（省）　19, 24, 37, 39, 93, 98, 110, 122, 127, 133, 140-141, 154, 170
郷鎮企業　5, 23, 38
江門（市）　48-49, 110, 133, 138, 143, 169
国務院　34, 156, 190-191
国有企業　23
　——改革　3
黒竜江（省）　144
古鎮　26, 49, 107-109, 111-124, 126-128, 129-145, 186-188
国家資本主義　19, 190
国家発展改革委員会　155
コロンビア　78

サ 行

雑貨産業　3, 8, 21-27, 37, 50, 53
雑貨製品　16-17, 34-35, 38
差別化　70-71, 80
産業移転園区　171-173

索 引 225

産業空洞化　155
産業集積（または単に集積）　3, 8, 21-27, 31,
　45-50, 53-54, 61-64, 66, 68-69, 71-72, 74, 79,
　81, 87-90, 92, 95, 102, 107, 149, 155-158, 167,
　170, 172-175, 178-180, 185, 198, 200
　オープンな――の構造　62, 66
　広域――　107, 192
　――の機能（または集積機能）　22, 185,
　　197
　――の経済性（または集積の経済性）　69,
　　191, 193, 197
　――の効果（または集積の効果）　20, 149,
　　170, 180
　――の構造（または集積構造）　62-63,
　　66, 107, 121-122, 131, 134, 136-137, 185, 197
山東（省）　98-99, 110
三類商品　34-35, 44
四川（省）　75, 176
自動化　124
資本集約的製品　12
資本労働比率　159-162, 164, 166, 170
社会主義改造　33-34
社会主義集団化　38-40, 42, 185
社隊企業　23-24
上海　5, 19, 31, 37, 53, 98, 110, 124, 153
上海証券市場　95
重慶（市）　75, 176
集権制（または集権化）　33
重工業化　25, 33
集積力　20, 150, 159, 161, 164, 180, 187
集団所有制企業　23-24, 33, 42-43, 91
12期3中全会　45
手工業　31-33, 36, 39, 50
珠江デルタ　24-26, 48-49, 107-109, 111, 113-
　114, 122, 135-136, 142, 151, 172, 186, 192,
　198
珠江モデル　24-25, 108
「省管県」　97, 101
紹興（市）　47, 71, 89
小商品　34, 44, 53, 60, 94-96
省内移転　170
情報　61, 64, 74, 76, 80-81, 85, 87, 174
照明器具（産業）　26, 48, 107-125, 127-144,
　186
諸暨（市）　47-48
シリア　82
新製品　72, 80, 83, 103, 125, 186

深圳　85, 107, 130, 142, 144-145, 172-173
人民公社　23, 39, 43
垂直分裂　3, 9-10
スピルオーバー　120
スピンアウト　113
スペイン　74, 82
スミス的成長　193
汕頭（市）　85, 91
生産ネットワーク　8, 177, 199
成都　75, 113, 176
製品品質　82
「世界の工場」　3-4, 6, 9, 11-12, 26-27, 103,
　108, 149, 194, 198-200
浙江省　19, 24, 26, 31, 37-39, 41-42, 46-48,
　53-55, 88-90, 93, 97-98, 102, 109-110, 113,
　115, 121-122, 130-131, 133, 138-140, 142,
　154, 185, 191
専業鎮　116, 136
ソヴィエト連邦　33
蘇南地域　23
蘇南モデル　24

タ　行

タイ　14, 199
台州（市）　89, 98
大衆資本主義　19, 190-191
大唐　89
太平洋ベルト　20
大躍進　33, 36, 38-39
台湾　48, 74, 85, 107, 113-115, 120, 125-126,
　177, 187, 199
淘宝　100
地域産業特化係数　159, 166-167
中間財　77, 140, 191-193
中小企業　21, 24, 46, 128-129, 133-134, 136,
　191
長江デルタ（または汎長江デルタ）　41, 53,
　185, 198
潮州（市）　126, 130
趙紫陽　5
朝鮮戦争　32
鄭州（市）　176-177
デザイン　80, 131, 142, 145, 188
デリバリー　83
澄海（市）　91
鄧小平　5, 93
東陽（市）　93, 98-99

ドバイ　86, 103
トルコ　82, 143
東莞（市）　10, 48-49, 85, 107, 109, 113-114, 130, 132-133, 138, 142, 144-145, 150, 172

ナ 行

内製化　107, 127-128, 137
中抜き　84-85
中山（市）　48-49, 107, 111, 172
二軽工業（第二軽工業）　34-35, 37-38, 40-41, 50
21世紀シルクロード　101
日本　6, 20-22, 77-78, 83-84, 90, 119, 170, 192, 199
寧波（市）　47, 89
農村委託加工　67, 76, 79
農村工業（化）　23, 36, 45

ハ 行

ハーフィンダール指数　159, 166-167
バイヤー　76, 79, 81-85, 103, 186, 191, 194-195
パキスタン　82
バラエティ（製品バラエティ）　27, 54, 191-192, 195
バングラデシュ　82
「汎古鎮」　122, 133, 137, 186
比較優位　153, 156-157, 169, 180, 196, 198
費孝通　23
ブース（または店舗数）　53, 56, 72, 76, 78
フォックスコン　176-177, 196
福建（省）　38, 75, 91, 110, 140
佛山（市）　48-49, 109, 111-113, 126, 133, 135, 143, 172
フラグメレーション　196
フラグメンテーション　8, 175, 180, 196
プラザ合意　5
プラットフォーム　46, 121, 134, 174
フレキシビリティ　54, 83
文化大革命　36
分散力　20, 150, 159, 161, 164, 168, 180, 187

ベトナム　8, 74, 177, 199
浦江（市）　89, 93, 121, 130, 141-142, 145
ボトムアップ型経済発展　188, 190
ボトムアップの模索　104, 189, 193
香港　50, 85, 107, 113, 120, 125-126, 139

マ 行

ミャンマー　8
民営企業　17-18, 25, 45, 49-50, 88, 103, 155, 185, 188, 191, 199
「民工荒」　151, 160, 162, 171
毛沢東時代（または毛沢東期）　5, 7, 36
モジュラー化　8, 132
模倣　70-72, 79-80, 114-115

ヤ 行

輸出指向型工業化　5, 188-189
輸出特化係数　13
輸入代替工業化　188-189
要素賦存　23, 153, 156

ラ 行

「ルイスの転換点」　157
ルイスモデル　156
麗水（市）　75-76, 93, 122
労働集約的工程　175
労働集約的産業　3, 5, 14, 16, 20, 26, 103, 133, 137, 160, 168, 170, 174, 178-179, 185
労働集約的製品　3, 6, 11-12
ローエンド市場（またはミドル・ローエンド市場）　3, 10, 46, 71, 80, 135, 188-189
ロシア　82, 119, 143-144, 194
ロット　66, 83, 87, 142, 195

A-Z

ASEAN　7
EMS　150, 176, 187
Factory Asia　8-9, 199-200
iPhone　176
OEM　67, 127, 134, 139, 141, 199
WTO　6

《著者紹介》
伊藤 亜聖(いとう あせい)

1984年生
2012年　慶應義塾大学大学院経済学研究科博士課程単位取得退学
　　　　日本学術振興会特別研究員，人間文化研究機構研究員，東京大学
　　　　社会科学研究所特任助教を経て
現　在　東京大学社会科学研究所講師，博士（経済学）
著　書　『東大塾 社会人のための現代中国講義』（共編，東京大
　　　　学出版会，2014年）

現代中国の産業集積

2015年12月15日　初版第1刷発行

定価はカバーに表示しています

著　者　伊　藤　亜　聖

発行者　石　井　三　記

発行所　一般財団法人　名古屋大学出版会
〒464-0814　名古屋市千種区不老町1 名古屋大学構内
電話(052)781-5027/FAX(052)781-0697

Ⓒ Asei Ito, 2015　　　　　　　　　　　Printed in Japan
印刷・製本 ㈱太洋社　　　　　　ISBN978-4-8158-0823-5
乱丁・落丁はお取替えいたします。

Ⓡ〈日本複製権センター委託出版物〉
本書の全部または一部を無断で複写複製（コピー）することは，著作権法上
での例外を除き，禁じられています。本書からの複写を希望される場合は，
必ず事前に日本複製権センター（03-3401-2382）の許諾を受けてください。

中兼和津次著
開発経済学と現代中国　　　A5・306 頁
　　　　　　　　　　　　本体 3,800 円

中兼和津次著
体制移行の政治経済学　　　A5・354 頁
―なぜ社会主義国は資本主義に向かって脱走するのか―　本体 3,200 円

加藤弘之著
中国の経済発展と市場化　　A5・338 頁
―改革・開放時代の検証―　本体 5,500 円

梶谷　懐著
現代中国の財政金融システム　A5・256 頁
―グローバル化と中央-地方関係の経済学―　本体 4,800 円

末廣　昭著
ファミリービジネス論　　　A5・378 頁
―後発工業化の担い手―　　本体 4,600 円

末廣　昭著
キャッチアップ型工業化論　A5・386 頁
―アジア経済の軌跡と展望―　本体 3,500 円

柳澤　悠著
現代インド経済　　　　　　A5・426 頁
―発展の淵源・軌跡・展望―　本体 5,500 円

川上桃子著
圧縮された産業発展　　　　A5・244 頁
―台湾ノートパソコン企業の成長メカニズム―　本体 4,800 円

岡本隆司編
中国経済史　　　　　　　　A5・354 頁
　　　　　　　　　　　　本体 2,700 円

中兼和津次監修
シリーズ 現代中国経済 1～8　四六・平均 272 頁
　　　　　　　　　　　　本体各 2,800 円